JN291859

東アジアと江田船山古墳

白石太一郎 監修
玉名歴史研究会 編

雄山閣

江田船山古墳全景（写真提供・熊本県教育委員会）

金銅製冠帽
（以下写真提供・東京国立博物館）

長型垂飾付耳輪

衝角付冑

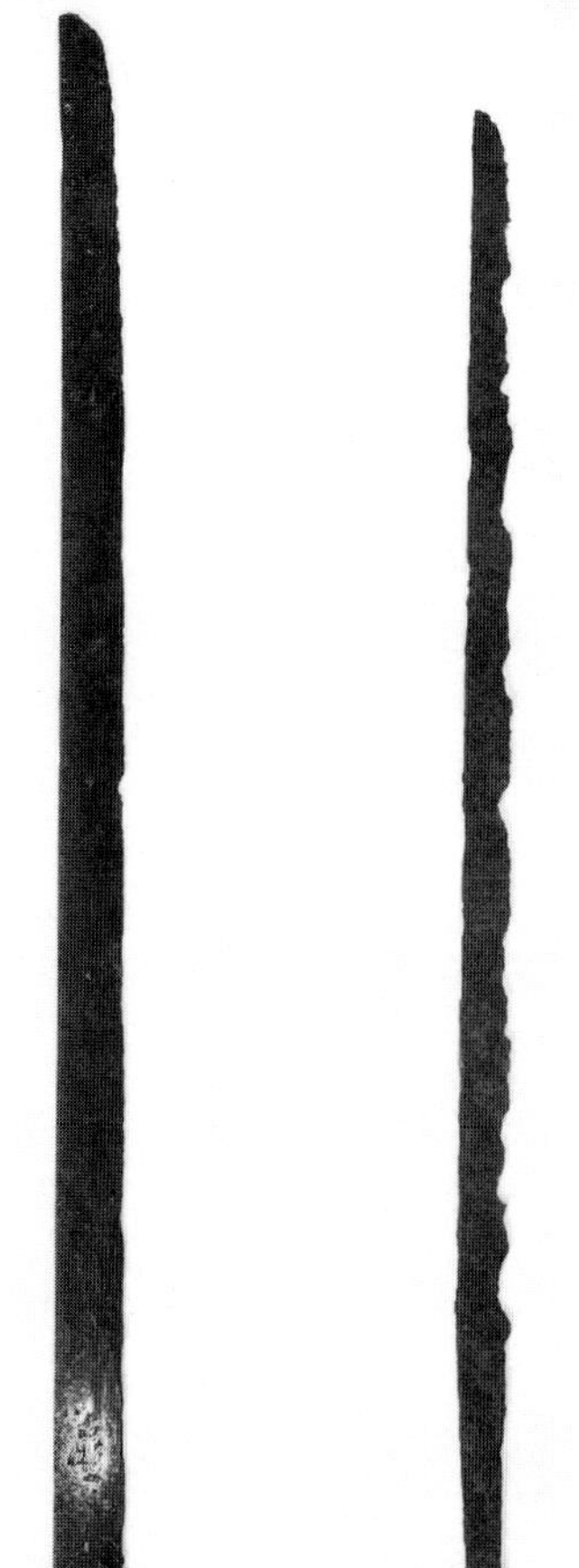

銀象嵌銘大刀（左）
と環頭大刀（右）

銀象嵌銘大刀に銀象嵌された魚・馬と天馬

画文帯神獣鏡

画文帯環状乳神獣鏡

四獣鏡

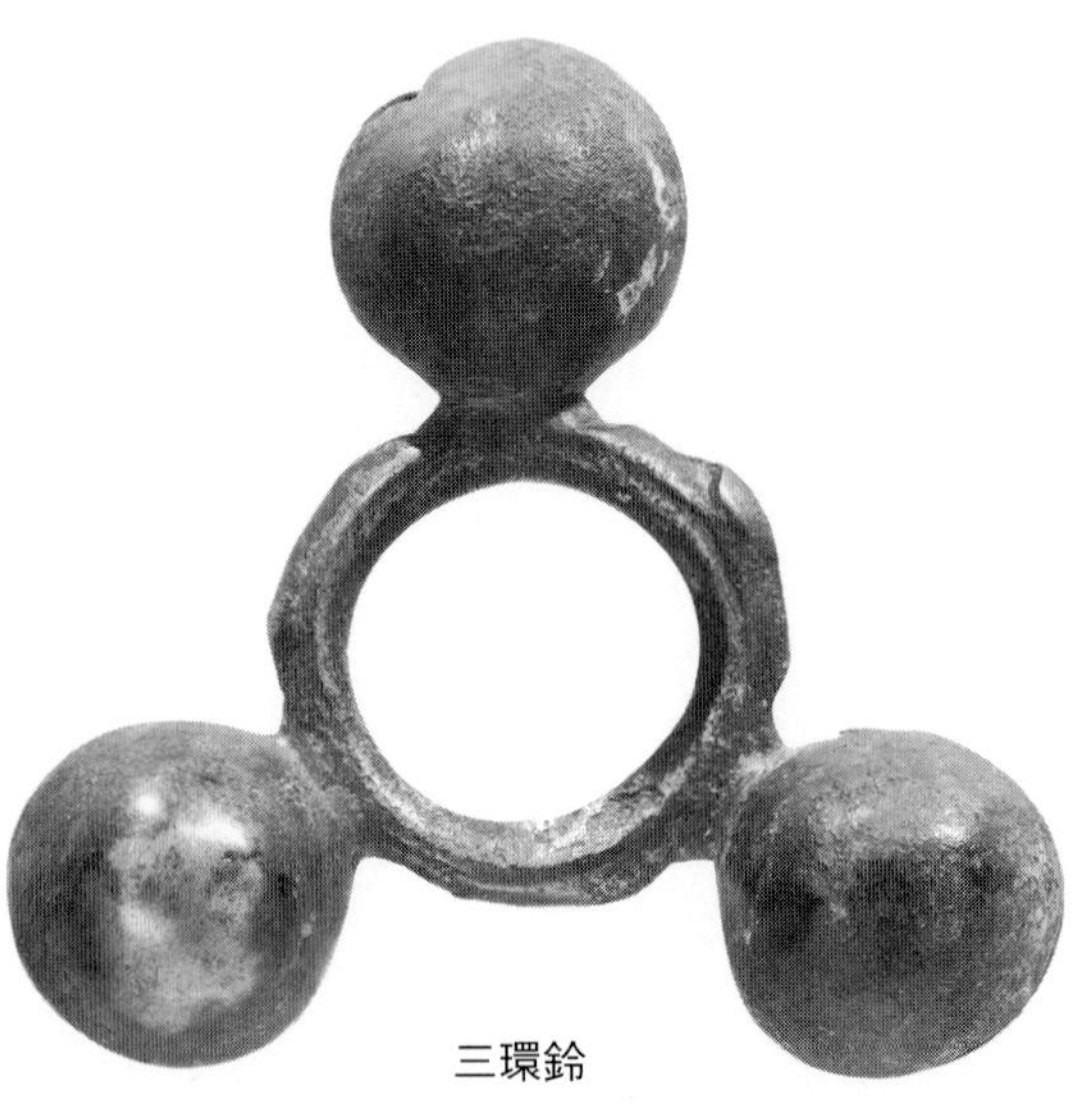

三環鈴

シンポジウム記録の刊行にあたって

国武慶旭

一　はじめに

平成十一年十一月二十日・二十一日のシンポジウムの開催は、玉名歴史研究会発足十周年にあたりますので、その記念の一つとしてシンポジウム記録の刊行を企画いたしました。

記念行事を企画してから、十数回の実行委員会を開催して準備に備え、開催に当たっては、シンポジウムの講師である、国立歴史民俗博物館副館長の白石太一郎先生、第一経済大学教授の田中正日子先生、地元では山鹿市立博物館長の隈先生を始め県郡市の関係機関の暖かいご協力により記念行事の準備が整いました。

シンポジウムは、二日間とも玉名市民会館大ホールの会場に満員のご参加をいただき、極めて盛会に開催することができまして感謝に耐えません。

二　古墳の立地

開催地玉名地方は平野地域で、西方は内海の有明海に面し、長崎県の雲仙岳が遠望されます。北方は、福岡県を境にしています。菊水町は北に隣接していますが、市のほぼ中央をＪＲ鹿児島本線や国道二〇八号が通過し、歴史文化の交流の地域であります。

玉名市に隣接する菊水町は、玉名平野の平坦地から次第に傾斜地になっており、船山古墳を中心とした清原《せいばる》台地は、玉名平野の生活地から約一〇メートル程度の台地をなしています。江田船山古墳の立地を考えてみますと、玉名平野から東方を見れば、古墳は清原台地に位置しており、西端に立つと玉名平野上流部は眼下に収めることができます。船山古墳の性格を見る上で重要な地点と考えます。

しかも古墳時代の政治文化等を中心とした豪族の生活やその威勢を考えた場合、菊池川の南流は歴史的には重要な性格をもっています。菊池川の流れは、菊池渓谷に源を発して山鹿市から菊水町沿い玉名地域へと流れ有明海に注いでいますが、船山古墳や柳町遺跡を育んできたのです。中流の鹿央町には国指定史跡の岩原古墳群があり、台地中央には、熊本県立装飾古墳館が設置されています。

菊池川は阿蘇外輪山の一角の大分県境の尾の岳の南麓に源をなしていますが、菊池渓谷の夏は、若い家族連れで賑わう避暑地で有名で、秋には紅葉の渓谷と変わります。

菊池川は山鹿流域になって、次第に幅も広くなっていきますが、流域の古墳文化は栄え、特に山鹿のチブサン・オブサン古墳・弁慶ケ穴古墳は貴重な装飾古墳として知られています。さらに下れば菊水町となりますが、菊水町の清原台地は船山古墳を中心にいくつかの古墳群となっています。

現地は、菊池川左岸に位置する台地で、出土遺物は全国でもトップクラスの副葬品で知られ名を残しています。

三　古墳の主の勢力を探る

船山古墳は、清原台地にある前方後円墳で、周辺には塚坊主・虚空蔵などの前方後円墳や、京塚の円墳などがありますが、現地は、江田川が本流の菊池川に合流する付近の西南に横たわる広大な台地上にあります。出土遺物については、長年の専門的な学術研究調査がなされていることは周知の通りです。古墳とは近世に言う優れた墓地の意味であり、時代は古墳時代の五世紀後期の頃で、遺物の内容が豪華な副葬品と共に埋葬された玉名一帯を勢力下に治めた族長であり、しかも有明海を交易としていた豪族だったのです。

これらの意味から考えて清原台地は当時の生活の場ではなく、古墳の立地に恵まれた環境の地だったのでしょう。そうだとすれば、そもそも族長の生活の根拠地はどこであったのか、大変興味深く歴史上からも考古学からも極めて関心が高いところでしょう。

生活地は平野の菊池川に隣接する場所で、しかも菊池川への河川交通の便利な所の生活維持に条件のよい場所を選択したに違いないと思われます。

私は、先般県文化課参事の高谷和生氏の案内により、玉名市川崎の柳町遺跡を訪れ、氏の説明を聞くことができました。高谷氏によれば当遺跡は、玉名平野のほぼ中央に位置しており、弥生時代後期から古墳時代前期、奈良時代末から平安初頭の複合遺跡であるということです。

ちなみにこの遺跡は、古墳時代初頭の拠点集落で、多種多様な木製品が出土し、中でも「木製単短甲」と文字が書かれた棒状留具等が知られています。

高谷氏の説明によれば、船山古墳の時期より約一世紀近く古い遺跡で、全く同時期ではないが一部、船山古墳と接近した時期のある遺跡でもあるという。遺跡の周囲には、集落を巡る広い溝が検出され、菊池川に極めて接近している位置に集落が立地しているということです。菊池川と直接繋がっている集落遺跡であることは間違いありません。

白石太一郎先生は、大陸海上交通の窓口であった場所であり、最古の文字が出現しているので、政治の中心であった大和地方でも使われていた可能性は高いと述べておられます。

しかし、この地点から玉名市の中心地に向けて流れている繁根木川は、次第に菊池川沿いに接近し、陸地は狭くなっています。五世紀後半から六世紀にかけて大陸との交流のために少しでも海岸地に接近するために移動した可能性もあるとすれば大変興味深く、また古墳時代豪族の住居跡が近い将来発見されれば、玉名地方への夢は膨らむものであります。

四　盛況の開催にお礼

二日目のシンポジウムで磐井の乱後の肥後の様子など船山古墳との時代背景、そして玉名平野の柳町遺跡などを参考にすれば、前後の古代遺跡の展望が開けるかも知れません。菊水町船山古墳の清原台地の主が、朝鮮半島との交易による文化関係の様子が滲みでたことであります。大地に刻まれた郷土の遺産を、今後どのように次世代に誇れる地域再生を築いていくのか地域に課せられることでしょう。

今度は全国県内各地から参加を頂き、考古学ファンの皆様方および行政機関とともに本シンポジウムの成果がそれぞれの地域における古代の里づくりに資することができればこのうえもない光栄と考えます。

開催企画の当初からどんなにして多数方の参加者の理解を得られるか大変心配してきましたが、関係者の皆様方の心温まる御支援ご協力によりまして二日間とも盛況に開催できまして衷心より感謝に耐えません。そして会場の皆様に心よりお礼申しあげます。

最後になりましたが、玉名歴史研究会会長でありました田邉哲夫先生が平成十一年六月から病気で急遽入院されましたので私が会長代行に選任されました。微力ではありますが、十周年記念のシンポジウムの実行委員長として当日まで各委員の皆様とともに準備に勤めてきました。再度今度の開催のお礼を申しあげご挨拶と致します。

目次

カバー写真　東京国立博物館提供

玉名歴史研究会10周年記念シンポジウム
「船山古墳の主は誰か？」
■主催　玉名歴史研究会
■シンポジウム
「船山古墳をめぐって」
■講演
「船山古墳の主は誰か」
白石 太一郎 氏
「土蜘蛛津頬」のクニ
田邊 哲夫 氏

第一部　船山古墳の主は誰か

土蜘蛛津頬のクニ

田邉哲夫

一　はじめに

さて、本日の話の題は「土蜘蛛津頬のクニ」です。大和朝廷が各地を平定します時に言うことを聞かないものですから、大和朝廷から征伐されるわけですが、その征伐した地方の豪族を古典には「土蜘蛛《つちぐも》」と書いてあります。その土蜘蛛の中に津頬《つづら》というのがおりまして、その「津頬を倒伐した」と『日本書紀』に書いてあります。その津頬はどこかということに定説がないので、それをまず申し上げたいと思っているのです。結論を先に申しますと、「その津頬のクニ」は菊水町江田ではないかと私は思っています。ですから、まんざらこの話が無関係ではなく、入口にあたるわけでございます。

最近は考古学が非常に発展をいたしまして、いろいろなことがわかりましたけれども、私どもが若い時は文字に書いてあるものが歴史であって、考古学のように土器があったり、槍があったりというのは歴史のうちではなく、考古学をやるものは歴史学者のうちには入らないと思われていたのです。

二　『古事記』『日本書紀』の記載

そのように字で書いてあるほうが一番わかりやすい歴史でありますが、字で書いてある本で一番古いのは、皆さん方ご承知の歴史の本では『古事記』、そして一〇年ばかりあとに『日本書紀』が奈良時代にできています。『古事記』

は、年配の方には小学校の歴史の教科書に出ておりました日本武尊が熊襲征伐をしたり、九州に下ってきたとされておりますが、場所がわかっていないのです。

川上梟師という熊襲がおりまして、彼がどうも家を造ったのか新築パーティーをやっている。当時一六歳ぐらいの日本武尊は、女の格好をして紛れ込み、お酌に出るのです。そして熊襲を酔わせ、酔っ払ったところで川上梟師を刺し殺すわけです。殺される前に「ちょっと待ってくれ。おまえはえらく強いな。だれだ」「自分は大和の王子である」「そうか、大和から来たのか。それなら日本武と言え」と言って死んだというお話。これはよく耳に留まっている話だと思いますが、それが『古事記』に書いてある。

実は菊池川の鉄橋の下辺りで川の中から土器がたくさん出るのです。その土器は、須恵器という古墳時代からもう少しあとにかけての土器ですが、そこに竹べらで字が書いてあります。「川上」と書いてある。「川上梟師の川上なのか。まさか古事記の……」と思いたいのですが、そこまではわかりません。とにかく「川上」と達筆な字が書いてありました土器を玉東町のお寺の住職が拾って届けてきました。

『古事記』はそんなことですが、『日本書紀』のほうは非常に詳しいのです。『古事記』は非常に薄っぺらです。けれども『日本書紀』は堂々たる漢文で長々と書いてあるのです。分量でも『古事記』の十倍、それ以上もあるのです。『古事記』はどちらかというと国内版の伝承を書いた日本史ですけれども、『日本書紀』は堂々たる漢文で書いてありまして、これは国際的なＰＲ版日本史と言うべきものでございます。

これは『日本書紀』の中の文章です。あの日本武尊のお父さんが景行天皇です。『日本書紀』では、子供のほうが先に征伐をしたのでは格好が付かないものですから、お父さんの景行天皇が先に征伐に行ったというようになっているのです。その景行天皇がいろいろ行かれて、この辺が葦北です。そして、火の国に行ったところが夜になっても岸に着かない。ところが、火が見えたのでその火を指して「この火は何か」と言ったが、「知らない」と言う。それが不知火です。今では海の中にちらちらしているのを不知火と言っていますけれども、これを読みますと陸上の村の火なのです。その火を目指して着いたと言うのですが、それが八代の豊村で、だから火の国と言うのだと書いてあるのです。

そしてこれから六月一日に、いわゆる島原の高来郡《たかく》、その高来県から玉杵名邑《たまきなむら》。われわれは古い名前で玉杵名と言います。「玉杵名」とい名前は実に『日本書紀』のここに出てくるのです。その玉杵名邑に渡ってこられた。そしてそこの土蜘蛛津頰を殺す。ここからここまでそれだけ書いてあるのです。けれども、玉杵名邑に天皇が来られて、その土蜘蛛津頰を殺したというのですから、その土蜘蛛がいる所は玉杵名邑かもしれないし、そこからそう遠くない所かもしれない。だから、この土蜘蛛というのは、例えば阿蘇だとか菊池辺りにしても私は予想がつかない。そこのどこかと書いてありますからね。そのあと阿蘇の国に行かれた。やがて帰り道に、「最後の夜は御木国《みきのくに》に行かれた」と書いてあるのです。

景行天皇の行かれたルートを見ますと、山口県のほうから大分県を通って宮崎に行って、例の西都原《さいとばる》古墳群のある所を通って人吉のほうに行って、それから雲仙のほうに行って玉名に来て阿蘇に行って、ここだけ往復しているのですが、三池に行って八女郡に行ってと書いてあるのです。

けれども、土蜘蛛は大和朝廷の言うことを聞かなかった豪族のことなので、ここだけに土蜘蛛がいるわけではございませんで、土蜘蛛はほうぼうにいるのです。これが九州の地図ですけれども、この黒い四角が古典に書いてある土蜘蛛がいた所です（図1）。

佐賀県にたくさんあるでしょう。ところが、『肥前国風土記』にはこういう所は景行天皇や大和朝廷にやられたと書いてあるのです。『肥前国風土記』『豊後国風土記』はほとんど残っておりますけれども、残念ながら『肥後国風土記』は全部は残っておりません。所々しか残っていないのですが、この『肥後国風土記』は、ほかの本に所々引用してある。たまたま引用してあるので、われわれ玉名にとっては非常にありがたいことがこれだけ書いてある。

「肥後国風土記に言う」ということで『釈日本紀』という本の中に引用してあったのですけれども、玉名郡の長渚《ながす》

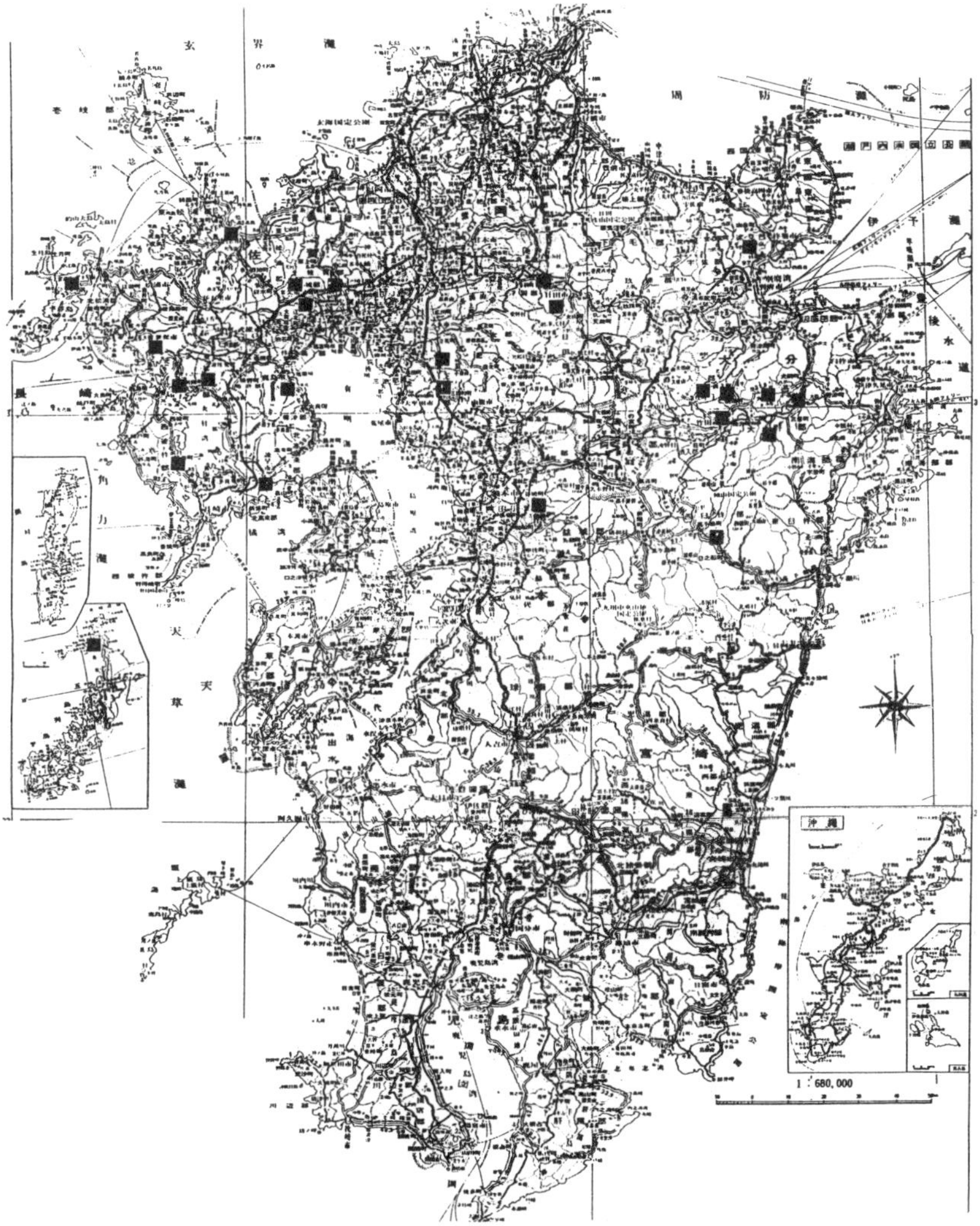

図1　土蜘蛛の分布

の浜が玉名郡の役所の西にある。それへ景行天皇が熊襲を征伐して帰り道に船を留められた。その船の両側に魚がたくさんいた。そこでかじ取りですから、船のかじを取った船頭か何かでしょうが、「吉備の国の朝勝見《あさのかつみ》」と書いてある。吉備の国というと吉備団子の吉備で、備中、備前、備後、岡山県辺りです。あそこの朝勝見というものが魚を釣り針で釣った。たくさん取れた。そこで天皇が「この魚は何か」と聞かれた。ところが、朝勝見が言うには、「名前は知りません。しかし、形はマスに似ている」と言う。天皇がこれをご覧になって「そうか、えらくたくさんいるな。たくさんいると言うことをニベイサンミというから、ニベノゴウと言え」とおっしゃった。ニベノゴウというのは、こういう由来があるのだと書いてあります。

長洲近くに腹赤村というのがあります。腹赤贄という物語はまた別にあるのです。腹赤の贄を正月の元日の宮中の新年会が始まる前の儀式で奉るのです。元日の午後、新年会があるのですが、文武百官集まりまして天皇もおいでになります。まず、三つのものを奉ります。始めは「暦」です。暦は天皇にだけ制定権があります。ですからそれをまず奉ります。一番目に「氷《ひ》の様《ためし》を奉る」といって、大和の国の都ゲ《つ》という所の氷室で池に張った氷を確保しておくのです。その氷室の氷を奉ります。三番目に、大宰府のお役人が「腹赤の贄」を奉るのです。その三つを奉ったら儀式は終わりであとは飲み会になるのですが、その儀式は天平十五年に始まって平安時代もずっと行なわれて、源平合戦のころになって行なわれなくなったと書いてあるのです。

その腹赤の贄は、のちに細川さんが肥後の殿様になって、細川家は故事来歴が詳しい家柄ですから、これは復活しなければいけないということで復活。「めでたい魚はタイだ」となったのです。タイを天皇や上皇、あるいは将軍にも奉るようになったのですけれども、タイは腹が白い。腹白で、背中は赤いですけれども腹赤ではありません。そういうめでたい魚になる。日本で一番めでたい魚でしょう。正月の元日の儀式のたった一つ奉る魚、要するに食べ物の代表です。「今年はこんなにたくさんいい食べ物が取れます」ということで奉るのがここで取れた腹赤なのです。それがこの物語にいうニベです。

ニベはグチに似ておりまして、グチは小さいですけれども、ニベは一メートル五〇センチぐらいになるそうです。深い海におりましてお産をするときだけ浅い所へ来る。ニベの腹が赤いと言っても黄色が少し濃いぐらいで、しかし黄色いのも赤と言いますからそういうことだろうと思うのです。

いずれにしても、ここから持っていった魚が日本で一番めでたい。タイよりめでたい魚なのでありまして、玉名はもっとこのニベというのを大事にしなければならない。ところが、ニベは現在、有明海から取れません。しかし、養殖している所があるので、手に入らないことはないのです。だから、どこでも食べられ安く買えるタイとは違って、ニベは本当に珍しい魚で、しかも本場のここで食べるなら一番ありがたい。玉名最大の料理にしなければならないのに、私は声高らかにこの十年間言い続けておりますけれども、いまだニベ料理が玉名温泉に実現しないのは非常に残念なことでございます。

もう一つ古典にこのことが出る。これは佐賀県、長崎県の『肥前国風土記』の中に出てきます。高来郡という所がありまして、景行天皇が肥後の国の玉名郡の長渚の浜の行宮におられて、高来郡の山というから雲仙岳でしょうが、それを見て「あの山の形は別の島のようだ。これは陸につながっているのか。朕は知りたいと思う」。神大野宿禰に命じられて「それを見に行け」と言われた。それで見に行ったと書いてあるのです。神大野宿禰、武内宿禰となっていますが、「宿禰《すくね》」というのは位です。

ところが、「大野」という地名は島原半島の中にもあります。『肥前国風土記』で読むのですから、その大野は今までのいろいろな本を見ると、肥前の国の島原の中と書いてあるのです。ところが、玉名郡のわれわれはそうは思わない。長渚の浜によって天皇に命じられたのですから、大野は玉名の大野に間違いないです。大野下《しも》という駅もある。この間までは大野村という村もあった。野口なんて大野の入り口だから野口と言うのでしょう。だから、大野宿禰が大野ということは、恐らく大野地方に国があって、その国の大将が大野。見に行かなくてもこの辺のものは雲仙岳がつながっていることを知っています。「見に行け」と言われたことは、「征伐しに行け」と言われたのではないかと思

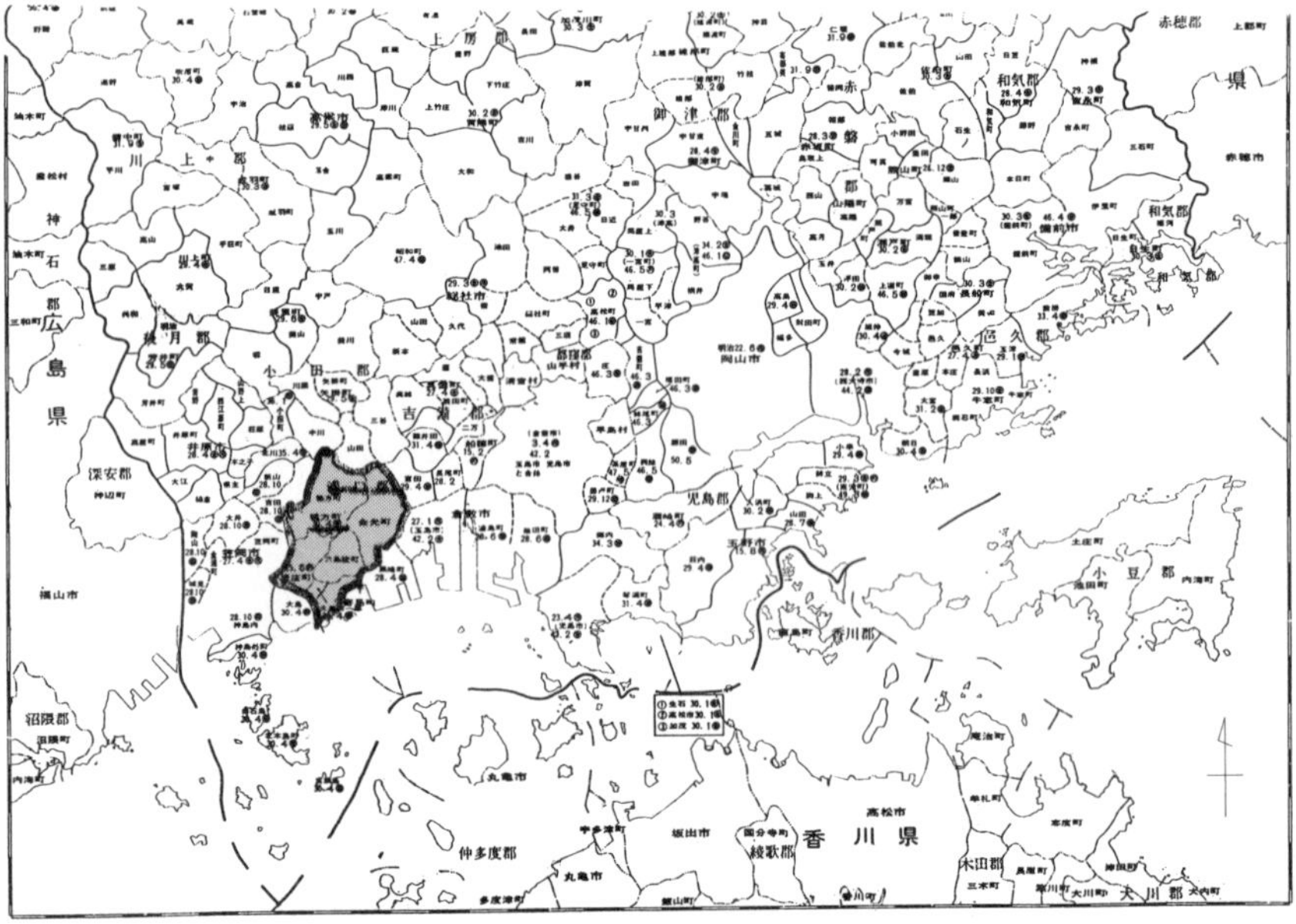

図２　岡山県浅口郡の位置

うのです。そういうことが書いてあるのです。

さて、吉備の国の朝勝見というのが来ているわけですが、日本の古墳で仁徳天皇陵が一番大きいということはご存じでしょう。三番目、四番目に大きいのは岡山県にあるのです。造山《つくりやま》古墳という古墳がどーんとありまして、その岡山の吉備の国の勢力が大和朝廷を支えた大きな勢力だったのです。だから、それが先鋒となって玉名の平定に当たったことは充分に考えられます。

その朝勝見はどこかアサという所が岡山県にあって、そこだろうと思うのです。岡山ですから、田舎者の私どもが調べても岡山県の学者がどういうことを言っているかなかなかわからないのですが、やはり言っていらっしゃる方もあると思うのです。見たところ朝勝見というこの文献も岡山県の本の中で引用しておられるのをほとんど見たことがないのです。そこで調べました。

『和名抄』という平安時代の全国の郡の名前、郷の名前を書いた本があるのですが、その中の岡山県の備中の国の中に浅口郡という郡がある。ここがどこかと思ってさらに地図で調べました（図2）。広島県の県境に近い瀬戸内海の所に浅口郡という郡があるのです。ちょっと調べてみましたら、古墳もたくさんあるそうです。「ここだ」と私は思っております。ここの兵隊が玉名の平定にやってきたのでしょう。

それから明日、磐井の乱を中心にやるのですが、その磐井の乱のある地区が八女のほうでやはり『日本書紀』の中に出てくるのですけれども、土蜘蛛田油津媛というのを征伐したという話があって、その前に吉備の国の先祖、鴨別が熊襲の征伐に来たと書いてあるわけです。このことからもそういうことが言えるわけであります。

三　舟形石棺について

午後のシンポジウムでお話をされる宇土市史編纂室長の髙木恭二さんという、今熊本県では現役第一のばりばりの考古学者がこの舟形石棺、船の形をした石棺は瀬戸内海にもありますし、四国のほうにもありますし、近畿地方にもあるとおっしゃっています。その舟形石棺は実は長谷郡と玉名郡が一番多いのです。

若いころ、まだ二六、七ぐらいの時に、院塚古墳という古墳があって、そこに工場ができるというので、私は反対したのですけれども、反対すると「玉名の発展のために邪魔だ」と言って、三九歳で小国高校の教頭に大栄転をさせられたのです。その院塚古墳は舟形石棺の最も代表的な古墳です。ところが、たたってかその会社はつぶれてしまいました。地主とか関係者が二、三人死なれたと聞きました。

その後、いろいろ調べますうちに舟形石棺が多いのです。大塚初重先生はそのころ僕と年が変わらないぐらいなものですから、やってきましていろいろ話しているうちに、「舟形石棺はここだ。君、日本で一番多いよ」と言う。田舎者なのでよく知りませんでしたから「そうか、ここが一番多いのか」と驚いたくらいです。

玉名に渡辺一徳という熊本大学の地質学の教授がいらっしゃいます。渡辺先生と髙木恭二さんが共同で、瀬戸内海のあるいは近畿地方の舟形石棺の石の質を調べたのです。そうしたら、これは菊池川下流域の石だ。これは宇土郡の灰石だ。全部灰石なのです。宇土郡のものは少し赤みがかっていますが違うのです。この辺のものがこういうふうに運ばれたという研究ですが、最近では、「どこのこの四角のものが菊池川流域のものだ」などという研究も非常に進んでいるわけです。

さて、その次にまいります。土蜘蛛の津頬というのはどこかというと、従来は南関の大津山と言われておりました。大津山がツヅラ岳という名前なのです。ツヅラ岳というのが活字にないのです。草冠に田を三つ書いてツヅラと読むのだそうです。南関の大津山だと定説化していて、だれも異論を差し挟む者がいなかったのです。

この津頬として成敗されるわけですが、少しは刃向かわなければいけないでしょう。刃向かうほどの勢力があるのならば、古墳を造っているはずです。古墳も作れないのに刃向かうことができるわけがない。だから、かなりの古墳がなければ土蜘蛛の場所ではないと私は思うのです。なるほど南関の大津山は富士山のような格好をした山です。今でもお宮になっているぐらい神体岩なのです。

どうしてそれをツヅラ山と言うのかよくわかりませんが、草のつるになっているものが「つづら」です。だから、それを編んで入れ物を作ると「つづらの箱」になるわけです。あるいは山で曲がっている所は、つづらみたいに曲がっているから「つづら折」です。だからツヅラという地名は実はたくさんある。

南関へ行って古墳を調べました。八角目に八角目《はっかくめ》古墳というかなり前から知られた古墳があります。有力でありますす。けれども、この八角目古墳はどうも六世紀の横穴式石室と言いまして、石の部屋がありまして横から入れるようになっている古墳なのです。そういうものは大体新しいのです。舟形石棺のある時代は大体五世紀です。

そうすると、大和朝廷が攻めてきたというならば、その舟形石棺のころよりちょっと前ぐらい、四世紀の終わりか五世紀に入るころだと思うのです。ですから、この八角目古墳は時代が合わない。新しい。だから、この南関では決められないと思ったのです。

ただ、ここがツヅラ山だけだというならば、もし「津頬のクニ」という国があったならば、津頬のクニで一番格好の良い山がツヅラ岳と言うかもしれないと思う。といいますのは、熊本の西にあります金峰山は富士山のような格好をしています。あの山はアサデ山とも言ったのですが、飽田《あきた》山と言ったと『肥後国誌』という本に書いてあります。飽託郡は飽田郡と詫麻郡を明治になって合併して、上だけ取って飽託郡にしたのです。その飽田郡の中で一番格好の良い山だから飽田山と言ったならば、この津頬のクニで一番格好の良い山をツヅラ山と言ったと見てもおかしくない。しかし、これは当たっていないかもしれません。

さて、その次の江田付近の弥生遺跡というお話です。江田船山古墳は今日の主題ですので、どうも五世紀の終わりから六世紀の初めごろにかけてのお墓であることは今日定説化していると思います。「清原」と書いて、「セイバル」、「セバル」と読んでおります。この中に船山古墳があることは地元の方はよくご存じの通りです。

ところが、この九州縦貫道路を造ります時に、近ごろは道路を造る前に発掘調査をしなければいけないことはご承知の通りです。これは文化財保護法で決まっている。だから、昭和四十四、五年ごろではなかったかと思うのですが、これを熊本県が発掘いたしました。ところが、そこからじゃんじゃん出たのです（図3）。この四角形のものが全部弥生時代の終わりの家の跡でございます。大住居跡群があったことがわかったのです。「古墳ばかりではないのだ。家もいっぱいある」となったのです。

また隣接して弥生時代の墓地があります。これを掘ったのは、別府大学助教授の坂田邦洋先生。この方は玉名市大浜の出身で、玉名高校考古学部の部長をされた方です。ばりばりの考古学者です。私の教え子にしては上出来ですが、この方がこの発掘をしたのです。要するに、船山古墳のかなり前からここに有力な王様が成長していたことを彼が証明してくれたのです。

それでは、船山古墳の中です。船山古墳のすぐ近くの所に船の形をした石棺の破片があるのです（図4）。ところが、そこに石を組んであります。こういう上のほうに人形みたいなものがあります。石人、石で作った王様の腰掛け、それから家の屋根のようなものを見つけ出したのです。それが菊水町出身の高木正文さん。県の文化課で中心になっ

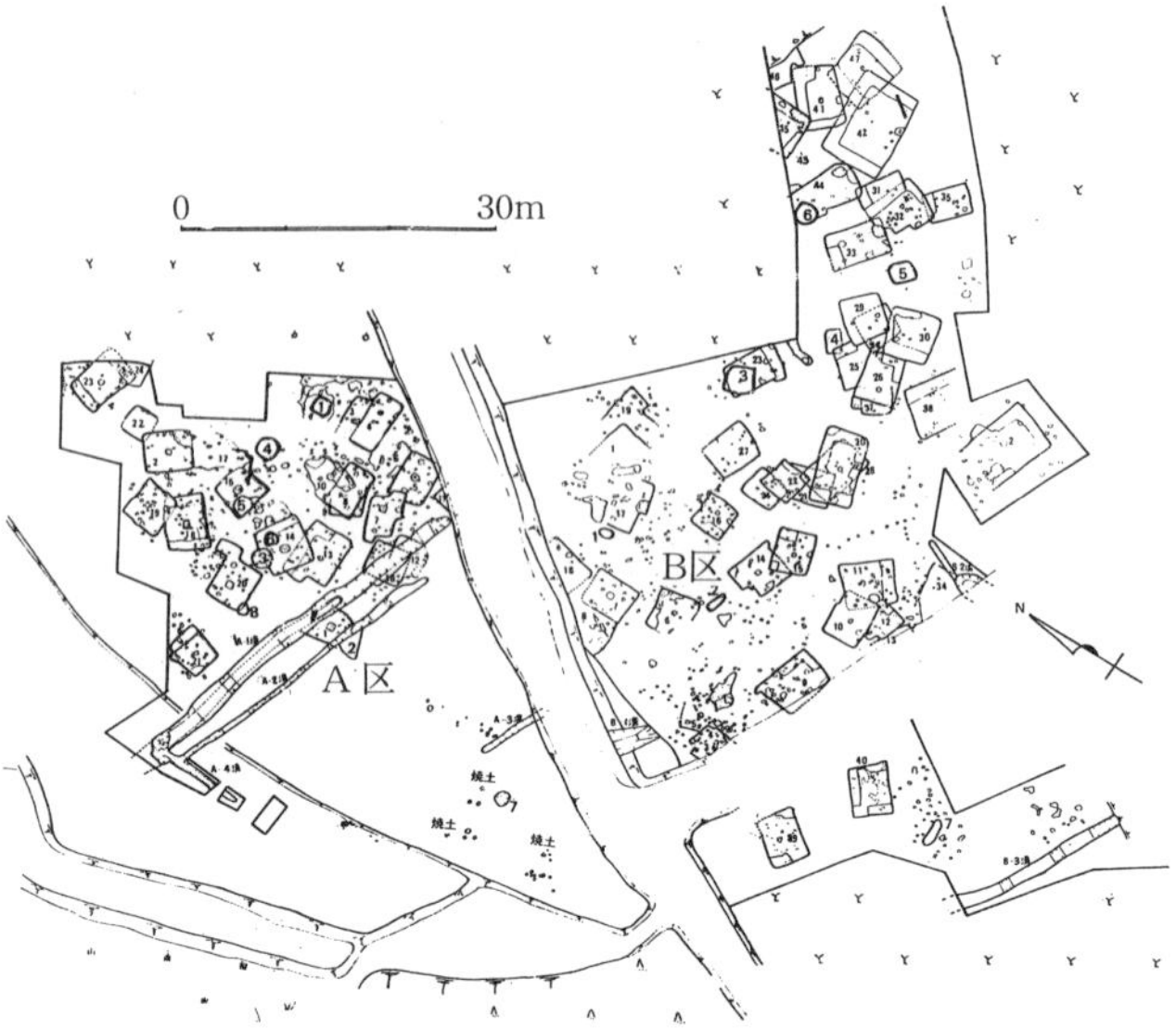

図 3　諏訪原遺跡遺構配置図

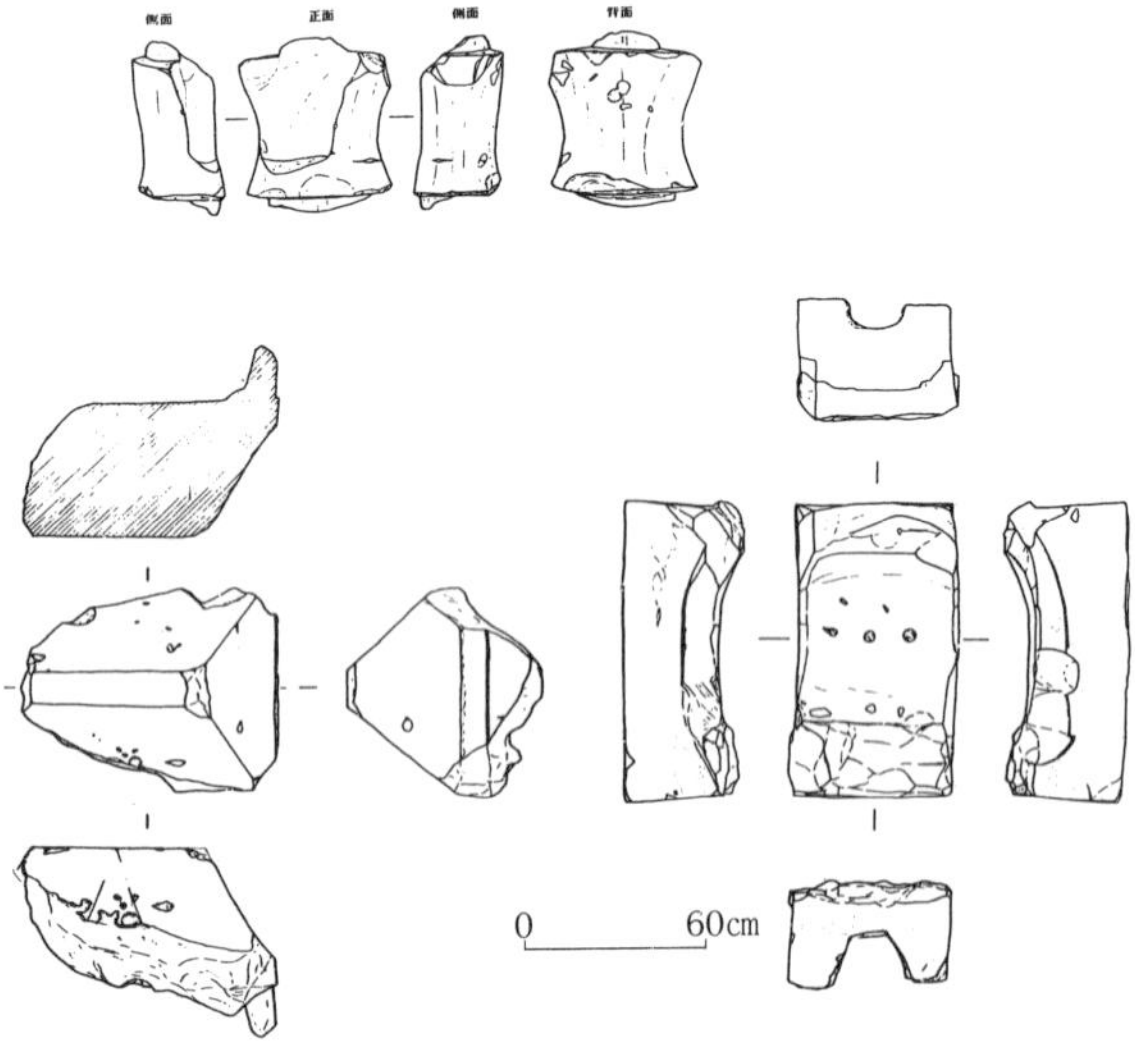

図 4　石棺の破片

て頑張っておられる方で、菊水町のご出身なのです。

そういうこともあるものですから、近所に広場がありましてそこを掘ってもらったのです。そのころ私は県の初代の文化課長で掘らせる権限があるのですが、掘りたい所はじゃんじゃんやれるわけです。それで彼に「やれ」と言って掘りました。これは上の盛り土はなくなっておりましたけれども、溝が見つかりまして、ここならばそれが山だと、清原では一番高いことがわかったのです。船山古墳の近くには虚空蔵塚《こくぞうづか》がありまして、前方後円墳にしては少し前のほうが足りないと思いますが、溝、堀があることを髙木さんが掘って調べてわかったのです。

それから、さらに南のほうには塚坊主という前方後円墳がありまして、京都大学の梅原末治先生が戦時中に掘ろうとしましたところ、大学から来ると新聞に出たものですから、泥棒が毎晩来る。それで取られたわけですが、その後また熊本県が掘りました。装飾古墳があって、屋根が付いて、チブサン古墳辺りとほとんど同じ格好の古墳だとわかったのです。

そういうものがあそこには続々とあるのですが、丸い古墳の前に方形周溝墓、正方形で周囲に溝があって出入り口がある。その中央に棺がある。舟形石棺がある場合もあります。あるいは普通は箱式石棺とか箱式の木棺が多いのですが、やがて古墳ができる。塚原古墳はこれがいっぱいあったのです。

さっきの王様の墓はどうも二世紀前後と思うのですけれども、そのあと四世紀前後ぐらいに入ると思うのですが、菊水町方面から今のところこれが見つかっていないのです。あると思うのです。まだ菊水町はお金の出し方が足りませんよ（笑い）。そういうのがないから四世紀がぽかっと空いているのです。空いているのは、大和朝廷からやられて滅びたので墓が造れなかったこともありますけれども、われわれの掘り方が少なくて見つかっていないこともあるのです。要するに、坂田邦洋先生が掘ったあの王様の墓の子孫が船山古墳につながるかどうかという接点が見つからないのです。やや疑問がありますけれども、常識的にはつながると思っています。

さて、菊水町の江田という地名でございます（表1）。先程から言いますように、『和名抄』の中にはこの江田とい

1．肥後国玉名郡江田郷《江田駅》
2．日向国宮崎郡江田郷〈式内社江田神社〉
3．備後国三谿郡江田郷
4．上総国市原郡江田郷（衣多）
5．加賀国加賀郡英多郷（江太）
6．信濃国埴科郡英多（太）郡（叡太・衣太）〈姓氏録・英多真人〉
7．日向国臼杵郡英多郷
8．美作国英多郡英多郷
9．三河国浜名郡英多郷〈式内社英多神社〉
10．河内国河内郡英多郷〈式内社英多神社〉
11．紀伊国在田郡英多郷（阿手河）
12．伊予国濃満郡英多郷（阿加多）
13．伊勢国飯高郡英太郷（阿加太・阿加多）
14．伊勢国安濃郡英太郷（阿賀太・阿加多）
15．伊勢国鈴鹿郡英多（太）郷（阿賀多・安加多）〈式内社県主神社〉

表１　『倭名抄』に見る江田・英多地名

う字はこういうふうに書いたのもあります。ここに『和名抄』にある郷《ごう》の名前をずっと書いているのですけれども、全国でもかなり例があるのです。その江田に「あがた」と振り仮名が振ってある所があるのです。だから、あの江田は県《あがた》です。国の都を県にしているのは聞いたことがあるでしょう。あの県なのです。

県は大体大和朝廷の直轄地ですから、場合によっては大和朝廷に負けて県になった所もあるし、あるいは磐井の息子は自分の領域をささげて何とか県があるわけです。要するに大和朝廷の直轄地が県です。県がほうぼうにこんなにたくさん、一五もあるのです。玉名の江田と同じ江田を書いたのが日向とか備後とか上総にもある。

ですから、実は玉名菊水町の江田は県なのです。大和朝廷の直轄地です。何であそこが直轄地になったか。ある時期あそこが負けたに違いないわけで、要するに大和朝廷の直轄地にどうしてなるかということが一つ問題でございます。

そういう中で、われわれは船山古墳の付近のいわゆる清原台地の古墳ばかりに気を取られておりました。ところが、あれよりも南のほうの梅林村とか小田村とかに前方後円墳で舟形石棺があったのです。それが梅林の辺の土は御影石でさらさらして土木工事によい砂です。だけどＪＲの鉄道工事の際に古墳まで削ってしまった。昭和五十年代か四十年代の終わりぐらいか、四十年代初めかもしれません。そのころ削ってしまってなくなったのです。

舟形石棺は全国で玉名に一番多い。こんなにあると言いながら、舟形石棺が四つも並んでいる院塚古墳を、われわれが生きているうちに失いました。そして今度は玉名市が鉄道の土砂採りで二つの前方後円墳と舟形石棺を失いました。こんなことがあっていいのかということです。

こういう前方後円がありますが、どうもちょっと離れているのです。これとこれは別の勢力かと思っておりました。ところが、ちょうどこの中間の菊水町に松坂という所があります。ここは昔、私に村のほうから「見てくれ」という話がありまして見に行きました。ところが、埴輪もなければ、葺石もないのです。形は前方後円墳ですが、自然の山のようなので、そのころの私は「古墳ではない」と言いました。否定すると学者は見えっ張りです（笑い）。本当は間違いで、この年になると「あれは全部若げの至り。怪しいものは全部残すべきだ」と思うのです（図５）。

私がそう言ったものですから、その古墳の中に入っていなかったのです。ところが、また最近の学者は偉いのです。先程の坂田邦洋先生です。これを掘りました。そうしたら、何とあるではないですか。前方後円墳なのです。ここをまだ前方後円墳と認めない学者も県内にはいるのです。けれども、ここから舟形石棺が見つかりました（図６）。

全部同じものですが、こういう舟形石棺があって、この横に箱式石棺がある。箱式石棺のほうに男女一体ずつ、そして舟形石棺のほうに男女二体ずつの骨がありました。坂田邦洋先生は普通の考古学者と違って人間の骨がおわかりになる。この人は長崎大学医学部の人類学教室の講師をしていました。だから骨を見ることができるわけです。そういう考古学者は少ししかいません。ですから、最近は足跡調査。ここでも別々にやりましたけれども、足跡は年齢はいくつぐらい、性別はどちら、この家の家族は何人ぐらいという推定を全国で初めてやったのです。そんなことは普通ではできません。人類学がばっちりわかるのでそれができるわけです。

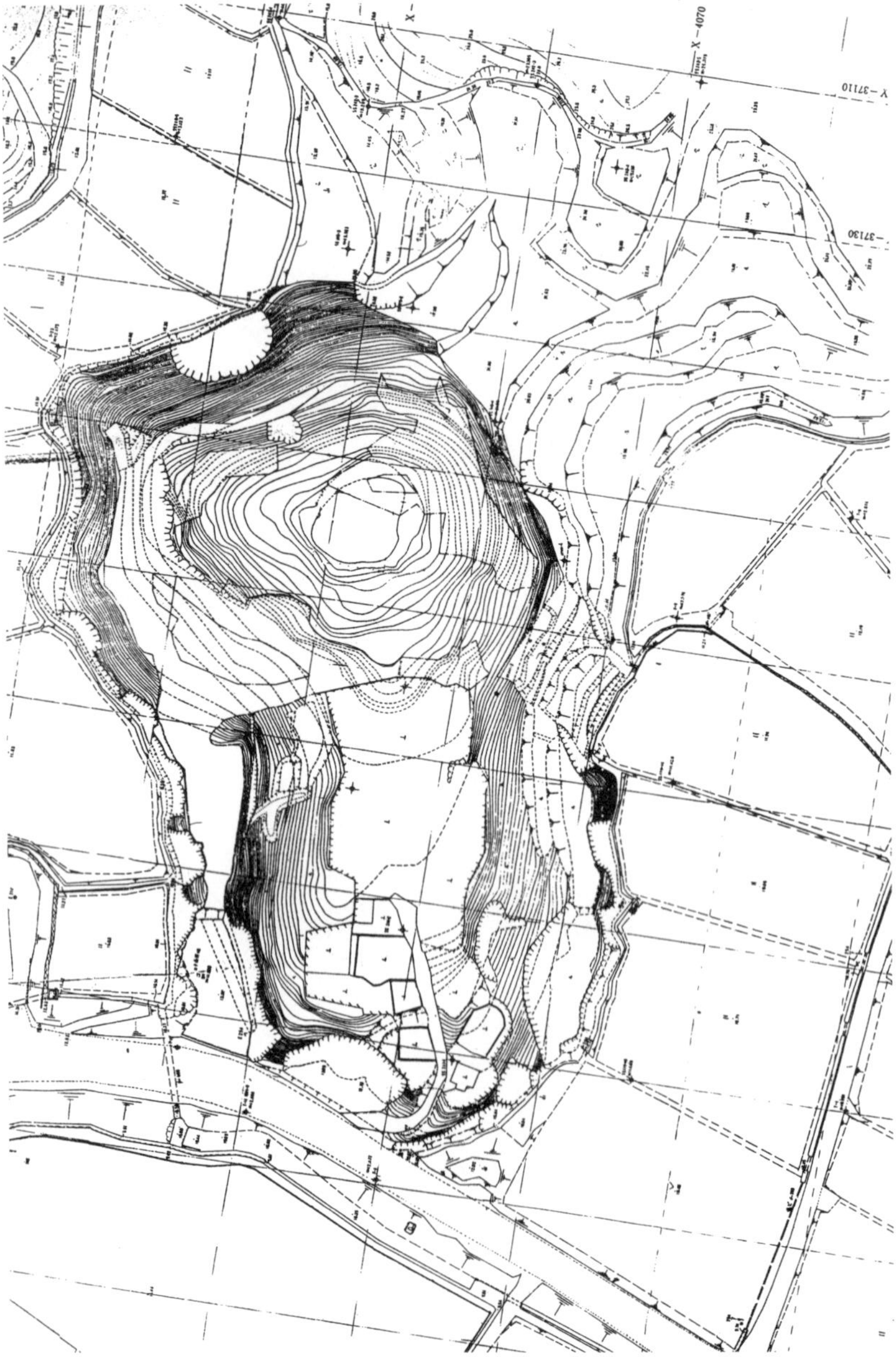

図 5　菊水町松坂古墳（菊水町教育委員会『松坂古墳』による）

図６　松坂古墳から検出された遺構（菊水町教育委員会『松坂古墳』による）
土壙の確認（北から）　人骨取り上げ後（東から）
土壙の確認（東から）　人骨取り上げ後（北から）

その骨を見たら、女の人の骨はどうも顔が曲がっている。生まれてすぐ石、あるいは木で縛って顔の形を変えて、普通の状態ではないようにしているわけです。そういうのは巫女《みこ》、神様に仕える特別の人だからです。巫女の子供だから生まれた時にそういうことをするのでしょう。

天水町に最近大塚古墳が見つかりまして、前方後円墳だとわかりました。そこにも舟形石棺の壊れかかったのがあるのですけれども、その近くに経塚古墳というのがありまして、玉名女子高校がこれを発掘しました。その経塚も私は前方後円墳だと思うのですけれども、これまた円墳だとおっしゃる方もあるのです。その近くに大塚がありまして、大塚も見たところ円墳でしたけれども、どうも土地の格好から前方後円墳ではないかと思って注意しましたところ、ちゃんと前方後円墳になりました。

さっきも言いましたように、学者は否定して大いに学を曲げているところが多いと思うのですけれども、文化財保護をやる立場からあまり否定してもらうと困るのです。否定するとどうにもならない。実は院塚古墳を昭和二十三年ごろ見に行きました時に、小学校の先生が「院塚から出ました」と言って王様の印で玉のような飾りの壁を持ってきたのです。私は鉛で作ってあると思ったので、「あなた、その品は偽物です」と言ったのです。その後、「いや、ガラスが鉛化するのだ。あれは本物だ」と思って探したけれども、もうないのです。僕が「偽物だ」と言ったので、「はい」と捨てたのです。ゆめゆめ疑うなかれと言うことです。

四　おわりに

さて、津頬です。最後になって慌てます。ここにつれづれの文書があります。この文書の一番最後に「津々良殿」と書いてあります。これは戦国時代の文書でして、玉東町に西安寺という所があるでしょう。その西安寺に伝わる文書です。西安寺の東のほうの植木町にあるお寺と境もめして、その時に仲裁に立ったというか、その時の殿様が津々良殿です。その津々良殿に宛てた文書です。だから、どうも戦国時代に津々良殿というのがあの辺にいたと思われます。

ところが、もう一つ、江田船山のすぐ南の小田、上小田に所領を持っている津々良殿がおりまして、それが滅んでその領地を没収した記録があります。そういうことからしますと、どうも津々良殿というのは西安寺一帯から植木町にかけていたのかもしれない。ただ、時代が約千年ばかり違いますから当てにならないかもしれませんが、菊水町に津頬がいたとして、それが滅びるか何かで逃げていったと見れば、場所的にはいいと思うわけです。また、疑うことからかかって調べるうちには本物にぶち当たるかもしれません。私はもう年で駄目ですけれども、ひとつ皆さん方で研究していただきたいものだと思っております。

このあと主題の船山古墳の主がどうも磐井に味方して滅びるかもしれない。そのあと玉名郡の司《つかさ》として日置氏がやってくる。その日置氏は私の思うところでは、どうも出雲方面から来たのではないかと思うのです。大和朝廷の有力な氏族ですけれども、それが六世紀ごろにやってきて、その本拠が玉杵名邑という玉名市の大字玉名。そこには六世紀の古墳があります。そういうことで、その日置氏は大変な発展をいたしました。

ＪＲ玉名駅の真ん前はオオ湊というのです。コ湊ではなくオオ湊です。坂田邦洋先生に、そのオオ湊は、駅前の広場がミナトと思うもので、ミナトの入り口に当たると思う所を掘ってもらったところ、入り口が見つかりました。木もありました。木があると炭素で年代がわかるから奈良時代の終わりだ。その湊から真っすぐ行くと玉名郡の役所です。その跡も発掘しました。そこのお寺が立願寺と言いますが、その瓦が立派なのです。ちょっと良すぎるのです。

こういうことにつきましては、今回お見えになっている田中正日子先生も非常に興味がおありになって、それを盛んに話したいと思っておられると思うのです。けれども、ちょっとこの二日間では無理ですので、次のチャンスにこういう会をやって、その時にその立願寺だとか玉名郡だとかそういう大討論会をやろうと思いますので、ご期待を賜りまして本日、私の雑駁な話を終わらせていただきたいと思います。

船山古墳の墓主は誰か

白石　太一郎

ただいまご紹介にあずかりました白石でございます。本日は江田船山古墳の被葬者が、固有名詞はともかくとして、どういう性格の人物であったかということについて、少し考えるところをお話したいと思います。

一　はじめに

江田船山古墳は、日本の古墳のなかでも珍しい豪華な金銅製の装身具類が一括して出土した古墳として、よく知られています。そればかりではなく、五世紀に日本で書かれたことの明らかな金石文の資料で、内容豊かな銘文を持つ江田船山大刀を出した古墳としても有名で、五世紀の日本の歴史を考える場合、無視することのできない非常に重要な存在です。

江田船山古墳から出た江田船山大刀には、刀を作った人は「伊太和」、銘文を書いた人は「張安」、この刀を作らせたのは典曹人の「无利弖」であると書かれておりまして、研究者のなかにはこの江

図１　熊本県菊水町江田船山古墳
（熊本県教育委員会『江田船山古墳』による）

田船山大刀を作らせた「ムリテ」こそが、江田船山古墳の被葬者にほかならないと考える人も少なくないようであります。また、地元の研究者の方々や関心をお持ちの方々もそうお考えの方が少なくないかと思うのですが、残念ながら私は、そうではないのではないか。「ムリテ」を江田船山古墳の被葬者と考えるのは少し難しいのではないかと考えているわけです。今日はそのことをお話し申し上げようと思っております。

二　江田船山古墳の埋葬施設

江田船山古墳につきましては、みなさん地元の方々ですので詳しくは触れませんが、墳丘長六二メートルの前方後円墳です。明治六年にこの古墳の埋葬施設である横口式石棺と申しますか、石棺式石室と申しますか、明らかにこの地域独特の舟形石棺とこの地域の伝統的な組合せ式の石棺が合体したもので、それが横穴式石室の影響を受けて、横に入り口を付けた特有な埋葬施設がみつかりました。

今日のところは、石棺式石室と呼んでおきたいと思いますが、こういう石棺式石室の中から、日本の古墳でも珍しいくらい大量の、しかも豪華な副葬品が出たわけです。江田船山古墳から出ました遺物についてはきわめて膨大で、これについて逐一ご説明申し上げている時間はありません。ただ、それらの副葬品を出した石室は横に入り口を持った横口式の石棺とも呼ばれるものでありまして、横穴式石室と同じように、あとから追葬することが可能なのです。事実、この古墳には少なくとも三人の

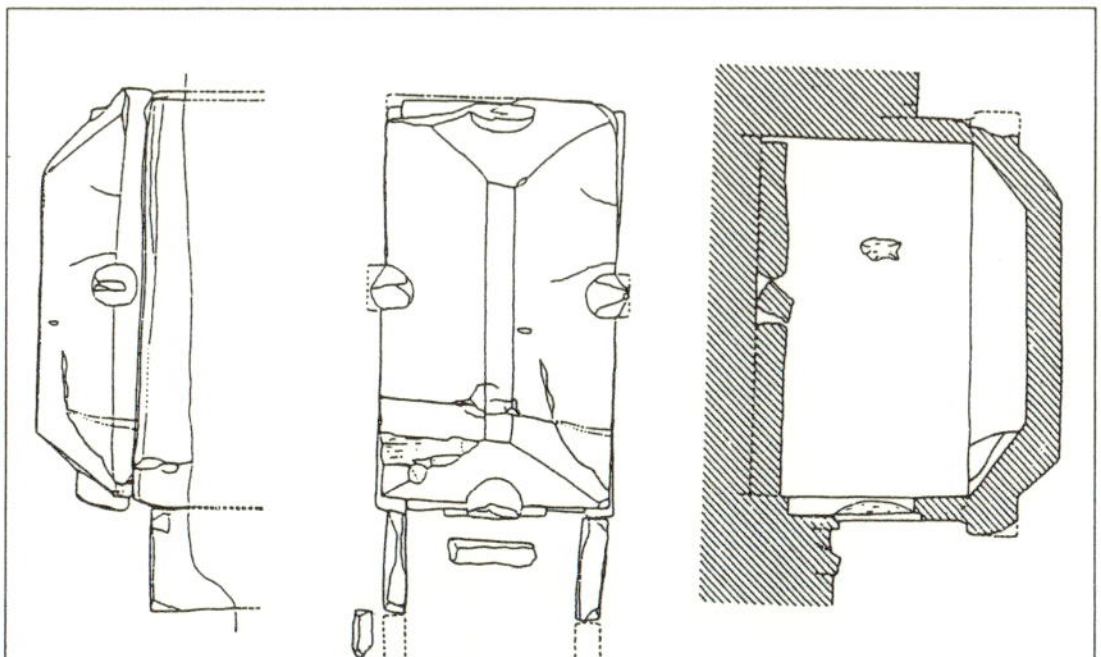

図 2　江田船山古墳の石棺式石室（菊水町『江田船山古墳』による）

被葬者が葬られている、最初の被葬者以外に少なくともあと二人の人物が追葬されていると私は考えております。

江田船山古墳から出ました遺物を今日の考古学的な知識で整理しますと、三つの時期に分けることができます。このシンポジウムのレジュメで、西田道世さんが「船山古墳被葬者像研究略史」ということで今までの研究を整理していただいております。このこと、すなわち江田船山古墳から出ました膨大な遺物が、少なくとも三人の被葬者の持物が一緒になってしまっているものだということは、昭和五十五年に菊水町で行なわれたシンポジウムのなかで、お亡くなりになりましたが、国学院大学の教授をしておられました乙益重隆先生がすでに指摘しておられたことであります。乙益先生はこの副葬品のなかに金の耳飾りが三組あるということに注目され、さらにこの埋葬施設が追葬の可能な石棺式石室であることから、江田船山古墳の埋葬施設には、少なくとも三人の人物が追葬されていると指摘しておられたのです。

五十五年のシンポジウムでは、同志社大学の森浩一さんがそれに反対の意見を表明されていたことが、西田さんのその当時のメモから知ることができるわけです。非常に興味深い記録だと思うのですが、今にして考えますと乙益先生の見解は極めて卓見で、まさにその通りであると思います。その後の研究から考えましても、図3に示しておりますように、江田船山古墳の石棺式石室から出て参りました遺物には、三つの時期のものが一緒になって入っているということがわかるのです。

三　副葬品にみられる三相

私は江田船山古墳の遺物は、古相の遺物、新相の遺物、さらにもう少し新しい最新相の遺物と、三つの時期に分けることができると考えています。このうち古相の遺物の中には、百済の王族のお墓から出てきてもいいような見事な金銅製の冠帽、長い垂れ飾りのついた豪華な耳飾り、金銅製の帯金具、衝角付冑や短甲、見事な龍文の飾りを持つ鏡板を伴う轡を中心とする馬具などがみられます。これは今日の考古学的な知識から言いますと、おそらく五世紀の後

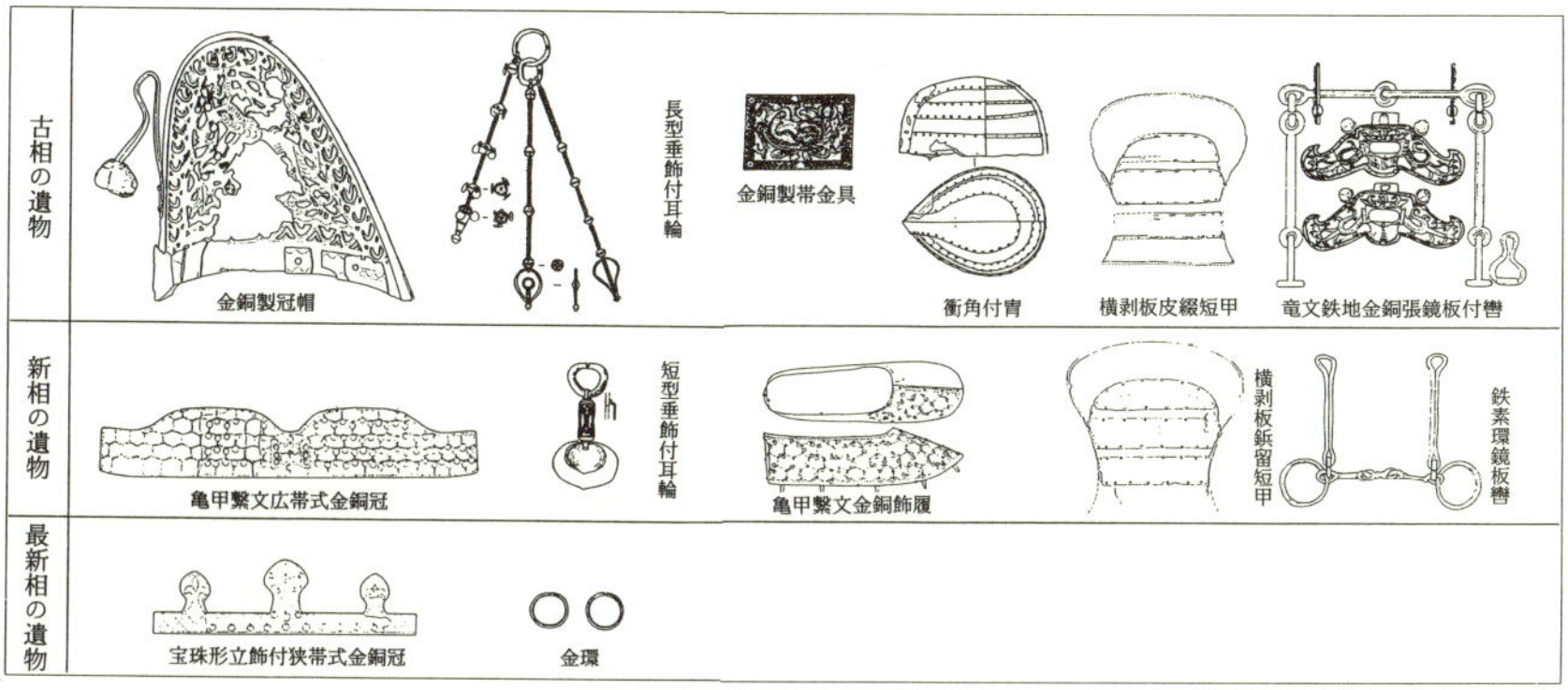

図 3　江田船山古墳の副葬品にみられる三相（縮尺不同）

半の遺物と考えていいものだと思います。

新相の遺物として考えられますものには、広帯二山式と呼んでおりますが、少し幅の広い帯をもつ冠があります。これは日本独特の形ですが、前の部分に二つ山があって、亀甲繋文《きっこうつなぎもん》という文様を施した広帯式の金銅製の冠です。ここにも垂れ飾りを付けた耳飾りがあるのですが、垂れ飾りが非常に短くなっている。それからこの冠と同じような亀甲繋文を施した金銅製の沓、短甲、簡単な轡を伴う馬具などが新相の遺物に含まれる。これは今日の知識からしますと、五世紀末ないし六世紀初頭頃の遺物で、明らかに古相の遺物とは分けられるものです。さらに時期を決定するのが非常に難しいのですが、そこに最新相の遺物としておきました一群の遺物がある。宝珠形の立飾りを付けた細帯式の金銅製冠、垂れ飾りの付かなくなった金環だけの耳飾りなどが最新相の遺物として分離できる。これは恐らく六世紀の前半のものと考えていいのではないかと思います。

このように、早くに乙益先生が指摘しておられましたように、江田船山古墳の遺物というのは、三つの相に分類することができる。そしてここから鏡が六面出ておりますが、これもそれぞれに分けて考えることもできるのではないかと思います。したがいまして、江田船山古墳の後円部に営まれた石棺式石室には、それぞれ埋葬の時期を異にする三人の人物が、いずれも金銅製の冠ないし冠帽を添えて葬られていたということが考えられるのです。

期	西暦	型式(陶邑窯)	(陶邑窯)	地方窯	古墳・宮都地
	A.D. 400				
					○大阪・履中陵古墳
				○大阪・一須賀2号窯	
					○大阪・応神陵古墳
I		TK-73		○宮城・大蓮寺窯	
		TK-216	(ON-46)	○愛知・東山218号窯	○大阪・仁徳陵古墳
		TK-208	(MT-84)	○島根・迫谷2号窯	○島根・金崎古墳
	500	TK-23			
		TK-47	(KM-1)	○島根・高畑窯	○埼玉・稲荷山古墳
				○長野・松ノ山窯	
		MT-15			○福岡・岩戸山古墳
		TK-10			
II		TK-43	(MT-85)		○奈良・飛鳥寺
	600				
		TK-209			

陶邑地区区分の略号　TK＝高蔵，MT＝陶器山，ON＝大野池，KM＝光明池

(田辺昭三『須恵器大成』による)

表1　田辺昭三氏による陶邑窯の須恵器編年（I・II期）

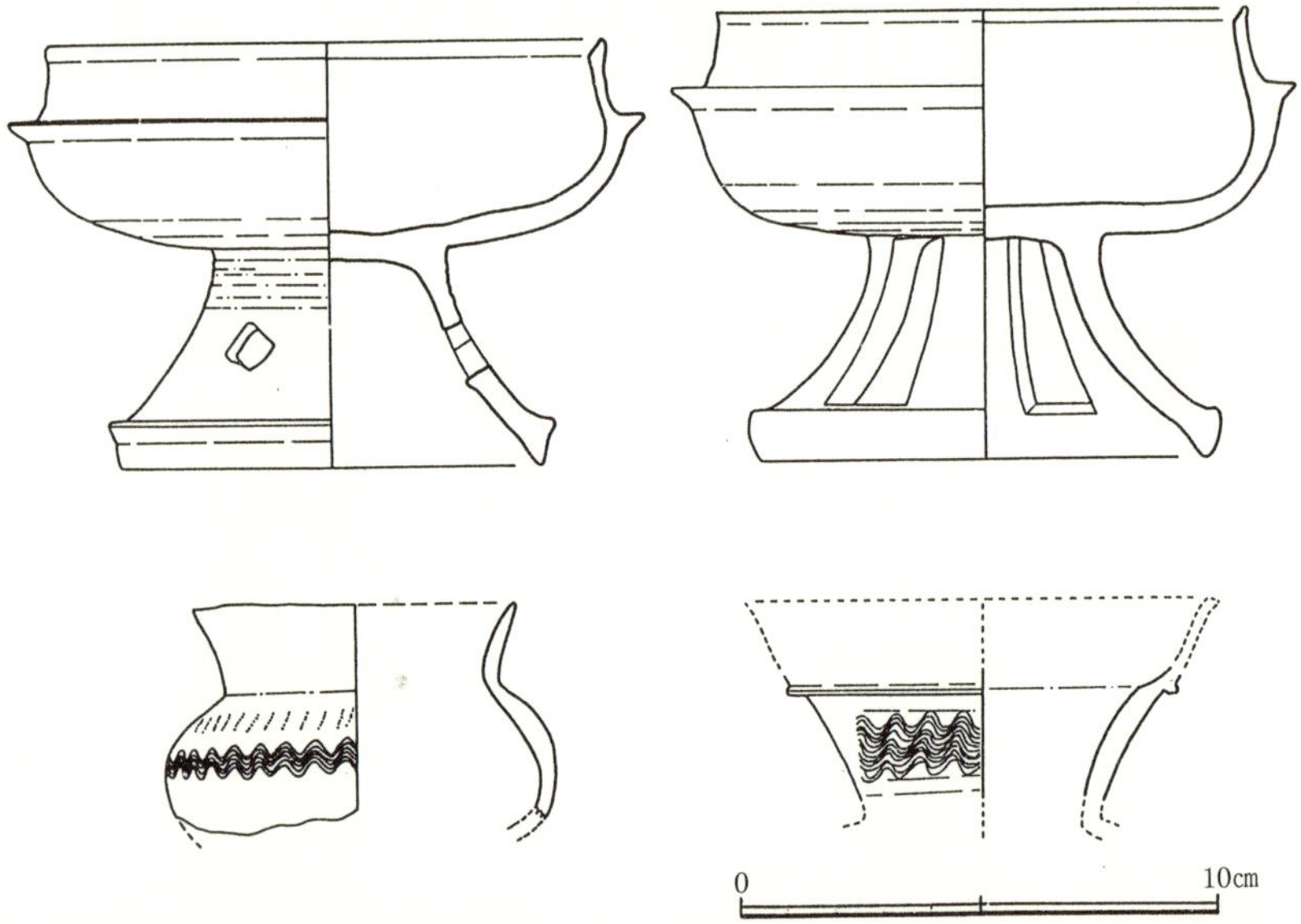

図4　江田船山古墳出土の須恵器（熊本県教育委員会『江田船山古墳』による）

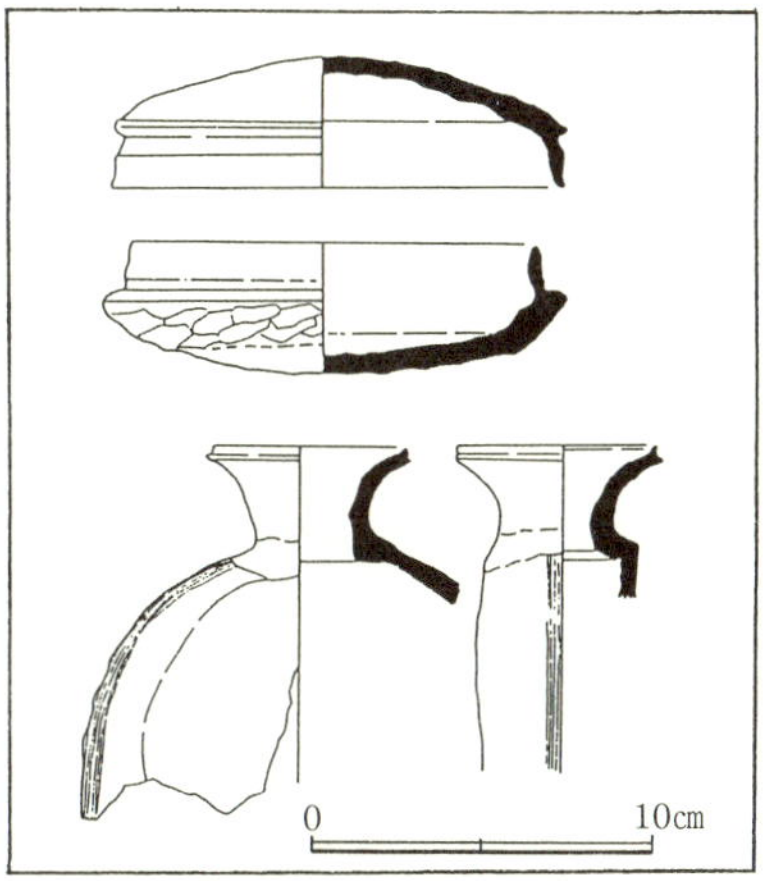

図 5　江田船山古墳出土の陶質土器（中村浩氏による）

なお、「風土記の丘」の整備事業に先立つ発掘調査で、江田船山古墳の周濠の部分から、大量の須恵器が出土しております。おそらく埋葬に伴う祭祀が行なわれ、その葬送儀礼に用いられた須恵器だと思われますが、図4にそのごく一部を示しておきました。少し話が専門的になって恐縮ですが、須恵器については、大阪府に陶邑《すえむら》窯跡群という古墳時代最大の須恵器の生産地帯がありますが、この陶邑窯跡群の須恵器を田辺昭三先生が編年された編年表を表1に挙げておきました。

ご承知のように、考古学では土器を年代の物差しとして使っています。とくに五世紀から七世紀ごろにつきましては、この須恵器が最も基本的な年代の物差しとして使われています。そこにＴＫ73とかＴＫ216と書いてありますが、これは陶邑窯跡群の高蔵地区の第73号窯あるいは第216号窯という窯から出てきた須恵器をもとに設定された型式であります。

江田船山古墳の周濠部から出ております須恵器は、大阪の陶邑窯跡群のものではなくて、おそらく九州で焼かれたものだと思います。ただこの時期、須恵器の型式は大きな目で見ると、近畿地方のものも九州のものも共通しておりますので、大阪の陶邑窯跡群の編年の物差しを使っても、大きな間違いはないと考えられるわけです。江田船山古墳の周濠から出ております須恵器は、陶邑窯跡群の須恵器の編年の物差しで申しますと、ＴＫ23からＴＫ47という型式に近く、それと並行する時期のものと思われます。ただ、表1の編年表で、田辺先生が西暦の年代を入れておられますが、この年代については、私は疑問を持っております。考古学では相対的な年代については考古学的な方向で明らかにすることができるわけです。ＴＫ73のほうがＴＫ216より古いことは明らかです。

それではＴＫ73という型式が西暦何年ごろに用いられたものであるかということは、これは研究者によって大きく意見が違うわけです。最近の研究では、このＴＫ73よりもう一型式古い型式があることもわかってきておりますが、そういうものは、恐らく五世紀の初頭ぐらいまでは溯るだろうと考える研究者が多くなってきております。田辺先生はこれを五世紀の中ごろと考えておられます。そういうことで、実年代については、この表のまま取っていただかないほうがいいと思います。いずれにしても、江田船山古墳の中央部から出て参りました須恵器は、近畿地方の陶邑窯跡群の須恵器の物差しではＴＫ23からＴＫ47と呼ばれる時期に並行するもので、おそらく五世紀後半の古相の遺物に対応するものだと思います。

もう一つ、この江田船山古墳の石棺式石室の中から、須恵器によく似た焼き物が出てきております。図５に示したものですが、これは最近の研究で、日本の須恵器ではなくて、日本の須恵器の源流になっている、朝鮮半島の陶質土《とうしつど》器《き》であるということが明らかになっております。しかも陶質土器といっても、日本に最も近い伽耶地方のものではなくて、百済あるいは百済の南のほうの陶質土器であることがわかってきております。

江田船山古墳の埋葬施設の中には須恵器は入っていなかった。おそらく百済あるいは百済の南のほうからもたらされた陶質土器が入っていたということになるわけです。しかもこの陶質土器は、最近の研究では五世紀末、六世紀の初めぐらいと考えられているようですから、新相の遺物に対応するものと考えていいのではないかと思います。

四　銀象眼銘の大刀

次に大きな問題となりますのは、江田船山大刀、すなわち銀象眼銘の大刀が、古相の遺物を持った被葬者、新相の遺物を持った被葬者、最新相の遺物を持った被葬者のうちの、いずれの被葬者の持ち物であるかという問題です。この江田船山古墳からは、いわゆる江田船山大刀を含めて、実に鉄刀が一四点、それから鉄の剣、両側に刃を持った剣が五点、鉄の矛が四点というように、大量の刀剣類が出ているわけです。そのうちの一つである銀象眼銘大刀については図6をご覧下さい。残念ながら柄の中に差し込む茎《なかご》の部分がすでになくなっており、本来の形はそこに点線で示しておいたようなものであったろうということがわかるわけです。全体として、この時代の古墳から出てくる刀の中でも非常に大ぶりのもので、刀身の幅も非常に広いものです。

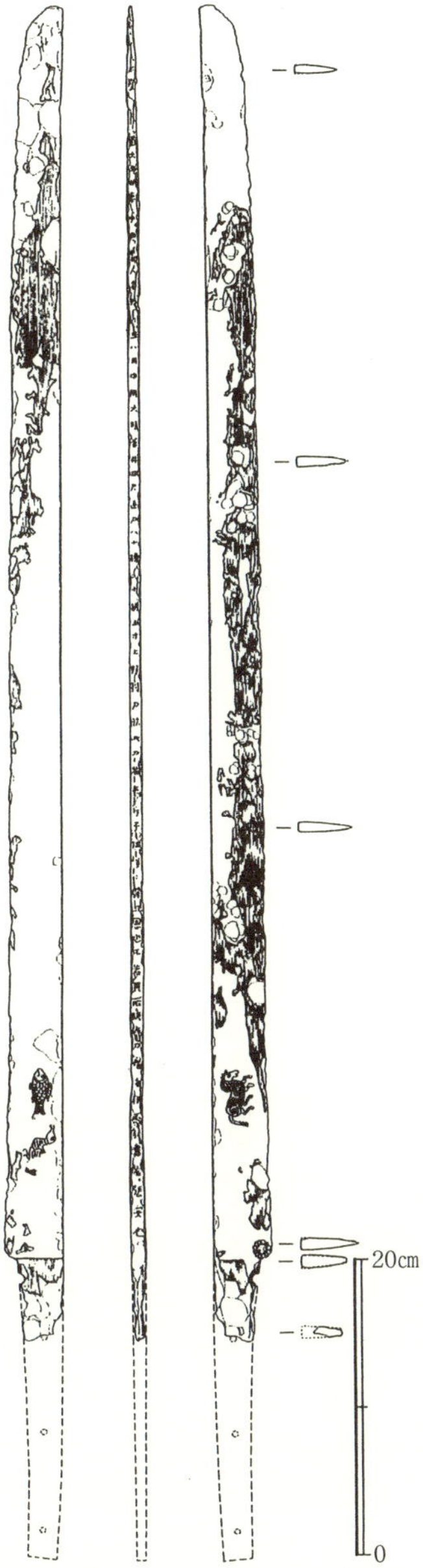

図6　銀象眼銘鉄刀（東京国立博物館『国宝銀象嵌銘大刀』による）

江田船山古墳から出ておりますー四振りの大刀のうち、銀象眼銘の大刀によく似た大振りの大刀がほかにもう二振りあります。それと銀象眼銘大刀を含めた三振りの大刀は、大振りであるということとともに、ほかにもいくつかの特徴を持っております。一つは大刀の柄の中に入る茎と刀身の境の関《まち》の部分に刳り込みを持っていることです。図が小さくて恐縮ですが、関の部分に方形の刳り込みを持っています。

それから江田船山大刀は、銀象眼の銘文以外にもこの刀身の両側に天馬であるとか、あるいは魚の文様などが銀象眼で施されています。大刀は左にはきますから、相手側から見て表になる佩表《はきおもて》の関の部分に花形の文様がありま すが、花形の文様の真ん中の所を深く掘り込んでいます。刀剣の専門用語で、鎺本《はばきもと》孔といっているのですが、ここに孔を持ったものが時々あるのです。さきほど申しました江田船山古墳から出ておりますあと二振りの大刀にも鎺本孔が開けられ、貫通しております。

この時期の刀剣類の、とくに刀身に関する研究はあまり進んでいないわけですが、現在奈良国立文化財研究所におられる臼杵勲さんという方が、刀身の型式学的研究をかつてやられていたことがあるのですが、この臼杵さんの研究によると、いま申し上げましたような特徴を持つ刀身、すなわち関の部分に方形の刳り込みを持っている、あるいは

図7　銀象眼銘鉄刀銘文の釈文（東野治之氏による）

〔釈　文〕

台（治）天下獲□□□鹵大王世、奉事典曹人名无□（利カ）弖、八月中、用大鉄釜、并四尺廷刀、
八十練、□（九カ）十振、三寸上好□（刊カ）刀、服此刀者、長寿、子孫洋々、得□恩也、不失其
所統、作刀者名伊太□（和カ）、書者張安也

〔読み下し文〕

天の下治らしめしし獲□□□鹵大王の世、典曹に奉事せし人、名は无利弖、八月中、大鉄釜を用い、四尺の廷刀を并わす。八十たび練り、九十たび振《う》つ。三寸上好の刊刀なり。此の刀を服する者は、長寿にして子孫洋々、□恩を得る也。其の統ぶる所を失わず。刀を作る者、名は伊太和、書する者は張安也。

鋼本孔を持っている、さらにこういう幅の広い、しかも長さの長い大ぶりの大刀が出てくるのは、さきほどの須恵器の編年でいいますと、ＭＴ15といっている型式の時期である。この江田船山古墳の周濠部から出ているＴＫ23やあるいはＴＫ47よりもう一段階新しいＭＴ15、さらにそれより新しいＴＫ10といったような型式にならないと出てこないということが明らかにされています。

これらを総合して考えますと、この銀象眼銘を持った江田船山大刀は、須恵器の編年の物差しで申しますと、ＭＴ15と呼ばれている須恵器の時期のものであるということが想定される。少なくともそれより古いとは考えられないということになるのです。江田船山古墳の古相の遺物というのは、須恵器の物差しでいいますと、ＴＫ23からＴＫ47といっている時期のものと考えられるわけです。

この発掘調査で濠の中から出ております大量の土器も、その大部分は古相の遺物を持った最初の被葬者に対する葬送儀礼で用いられたものと考えられます。したがって古相の遺物の時期は須恵器の物差しでいえば、ＴＫ23ないしＴＫ47の時期である。新相の遺物がおそらくＭＴ15と想定されることから考えますと、銀象眼銘を持った江田船山大刀は、新相の遺物を伴った二番目の被葬者の持ち物であった可能性がきわめて高いということになるわけです。

五　被葬者の問題

それでは次に、この江田船山大刀を含む新相の遺物を持った被葬者を、江田船山大刀を作らせたムリテと考えていいかどうかということが大きな問題になってくるわけです。図７に江田船山大刀の銘文の読み下し文を示してあります。数年前に東京国立博物館で、江田船山大刀を窒素ガスを封入したケースに入れて保存に万全を期そうということで、新しいケースをつくられたのですが、それに先立って江田船山大刀の再調査が実施されました。その報告書が出ているわけですが、その中で奈良大学におられる古代史の東野治之さんが、銘文について再検討された結果を報告しておられます。いくつかわからなかった文字もわかってきたわけですが、図７に示しておりますのは、この東野さんの読みです。

銘文には「天の下知らしめしし」、そのあと「獲」という字があって三字不明になっていますが、この抜けている所を補いますと、稲荷山鉄剣と同じように、「獲加多支鹵大王」と書いてあることは間違いないと思われます。このワカタケル大王というのは、『古事記』『日本書紀』にいう「ワカタケルノスメラミコト」、すなわち雄略天皇にほかならないと考えられているわけです。

雄略天皇の「世、典曹に奉事せし人」。これは東野さんが「典曹に奉事せし人」と読んでおられるのですが、普通は「奉事せし典曹人」と「典曹人」として読む人が多いのですが、「奉事せし典曹人」あるいは「典曹に奉事せし人、名は无利《ムリ》弖《テ》、八月中、大いなる鉄釜を用い、四尺の廷刀をあわす」と、「八十たび練り、九十たび打つ」。練りに練り、打ちに打

図 8　稲荷山古墳（『埼玉稲荷山古墳』による）

った立派な刀だということです。「三寸上好の利刀なり。この刀を服するものは長寿にして子孫洋々」。そのあとの一字は読めないので、おそらく「三恩を得るなり」などのめでたい吉祥句が書いてあるのだと思います。

さらに「その統ぶる所を失わず」。その治めている土地や支配する人のことだと思いますが、土地や人に対する支配権を失わないという。そして「刀を作る者の名は伊太和、書する者は張安」だという。銘文からこの刀をムリテという人が作らせたことは明らかでありますが、このムリテを江田船山古墳の二人目の被葬者と考えるのがいいのか、あるいはそれ以外の人物と考えるのがいいのかということは大きな問題になってくると思います。

問題はこの「典曹人」でありますが、「曹」は役所、「典」は司るという意味でありますから、典曹人は役所を司る人という意味です。役所を統括する人ということになると、非常に大物になるわけです。まさに雄略天皇の朝廷を統

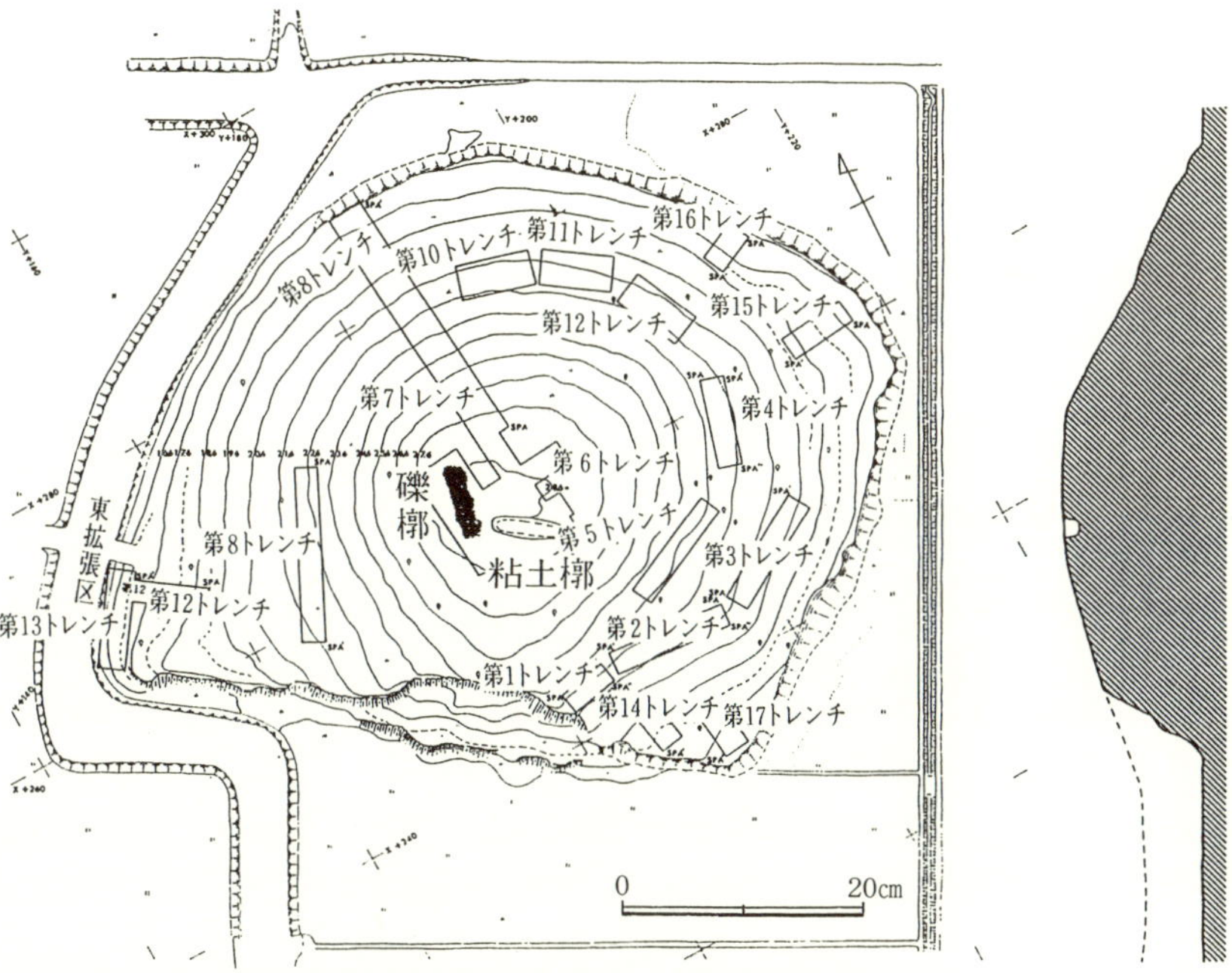

図９　稲荷山古墳墳頂部の埋葬施設（『埼玉稲荷山古墳』による）

図10　稲荷山古墳出土の須恵器と土師器（『埼玉稲荷山古墳』による）

括していた大変な高官ということになります。とくに「典曹人」と読めばそう読まざるをえないのではないかと思うのですが、「典曹に奉事せし人」と東野さんのように読むと、役所に仕えていた文人というだけの意味になります。

さきほど申しましたように、江田船山古墳の被葬者を、ムリテその人と考える人がおられます。それを仮にA案としますと、ムリテはおそらく若き日に大和に上番して、ワカタケル大王の宮に仕えた。そして帰ってきて葬られたということになるのだと思います。

それからもう一つの考え方は、いま申しましたように、典曹人を「役所を司る人」と読めば、非常に大物になる。ワカタケル大王の役所を司る、統括する人物ということになると、おそらく大和の大豪族の族長ということになるわけですが、その可能性は充分あると思います。これをB案としておきます。ワカタケル大王の役所を司る畿内の有力豪族の族長と解釈するB案もまた成り立つ。このA案とB案のいずれが正しいのかということが問題になってくるわけです。

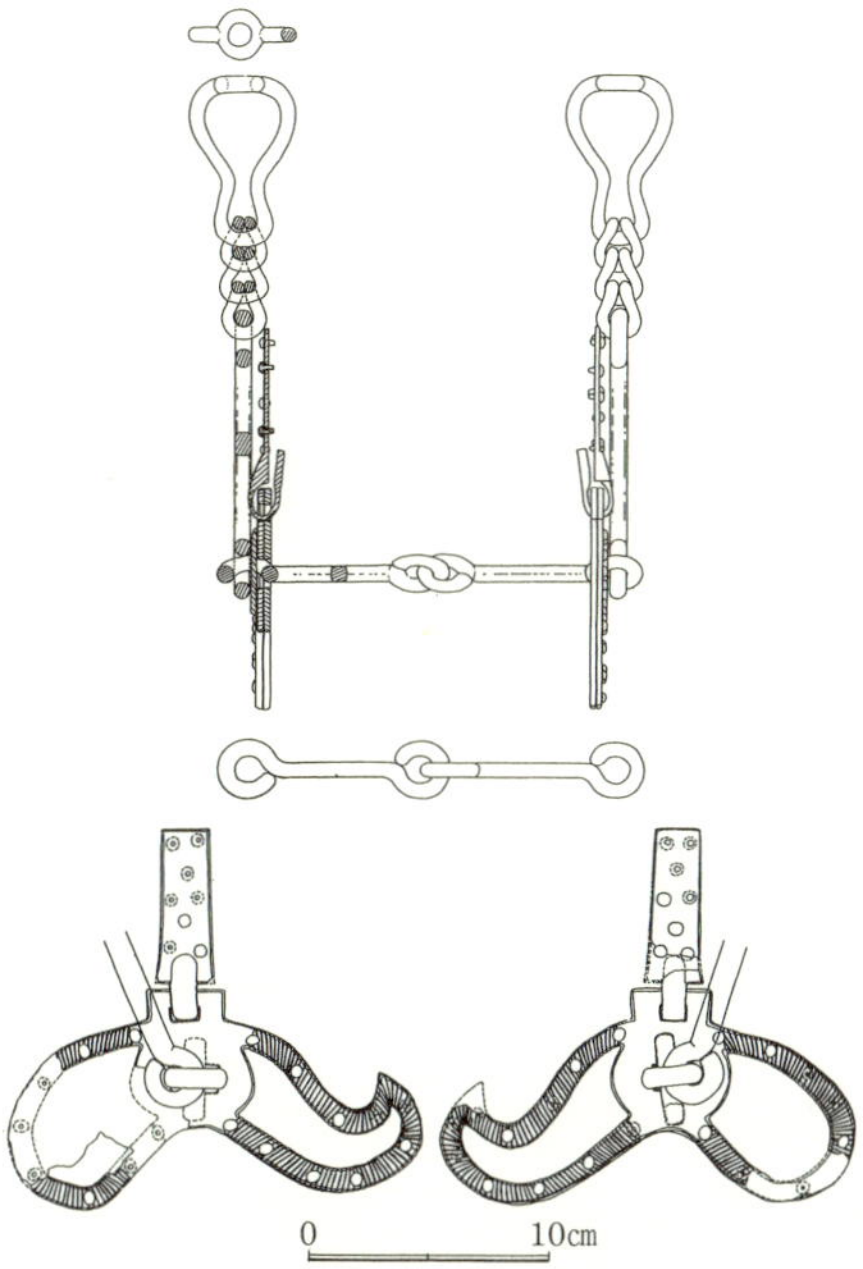

図11　稲荷山古墳出土のｆ字形鏡板付轡
（『埼玉稲荷山古墳』による）

この問題は江田船山古墳、あるいは江田船山大刀だけを考えておりましてもなかなか解けない問題であって、A案とB案が対立したままになっています。この江田船山大刀と非常によく似た性格を持つ稲荷山鉄剣が確認されているわけですが、私はこの稲荷山鉄剣を出した埼玉県の稲荷山古墳の場合と比較することによって、A案・B案のいずれが真実に近いかということに迫れるのではないかと考えています。

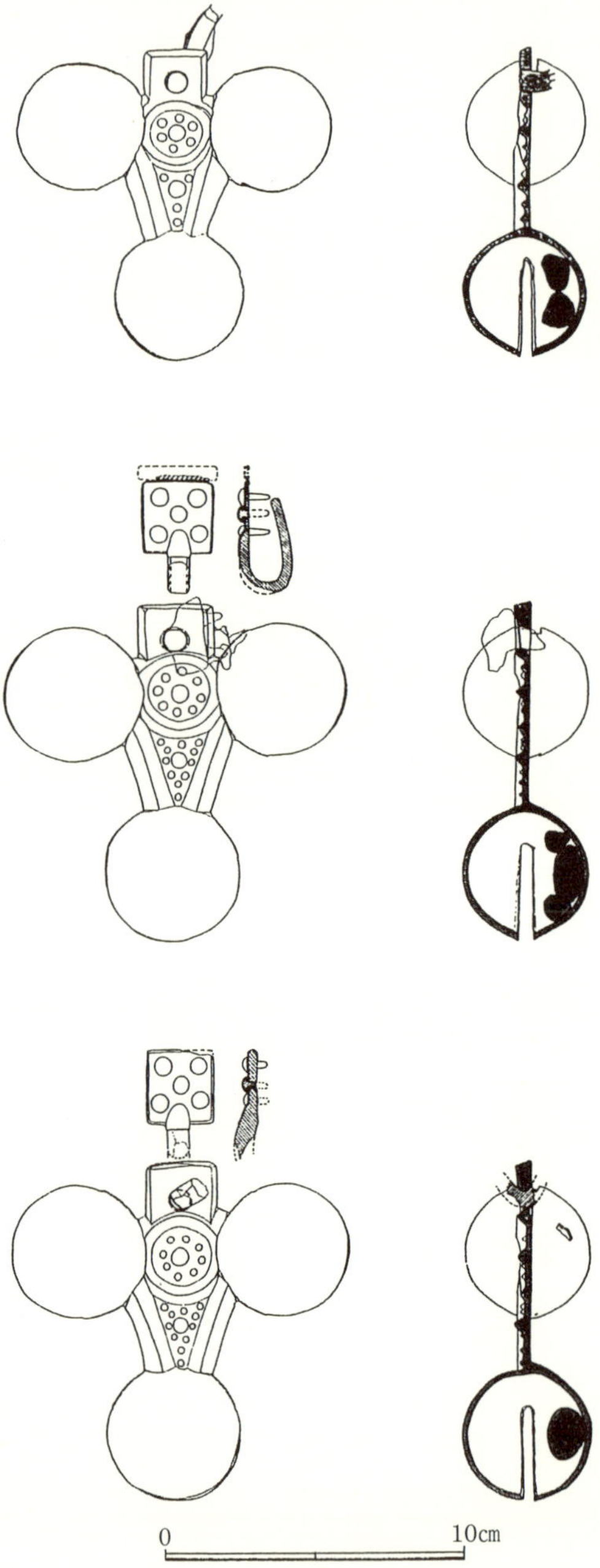

図12　稲荷山古墳出土の鈴杏葉（『埼玉稲荷山古墳』による）

六　稲荷山鉄剣との比較

この稲荷山鉄剣を出しました稲荷山古墳というのは、北武蔵でも最大級の古墳が集中している埼玉古墳群の中で一番古い前方後円墳です（図8）。残念ながら第二次世界大戦中に前方部を削ってしまったのですが、現在は「風土記の丘」として整備され、前方部も復元されています。稲荷山古墳は、復元しますと墳丘の長さが一二〇メートルの前方後円墳ですから、江田船山古墳よりは一回り大きな古墳ということになります。埼玉県教育委員会が発掘調査をしたところ、この後円部の墳頂部から二つの埋葬施設が見つかりました。一つは木棺の下に石を敷いた礫槨と呼ばれて

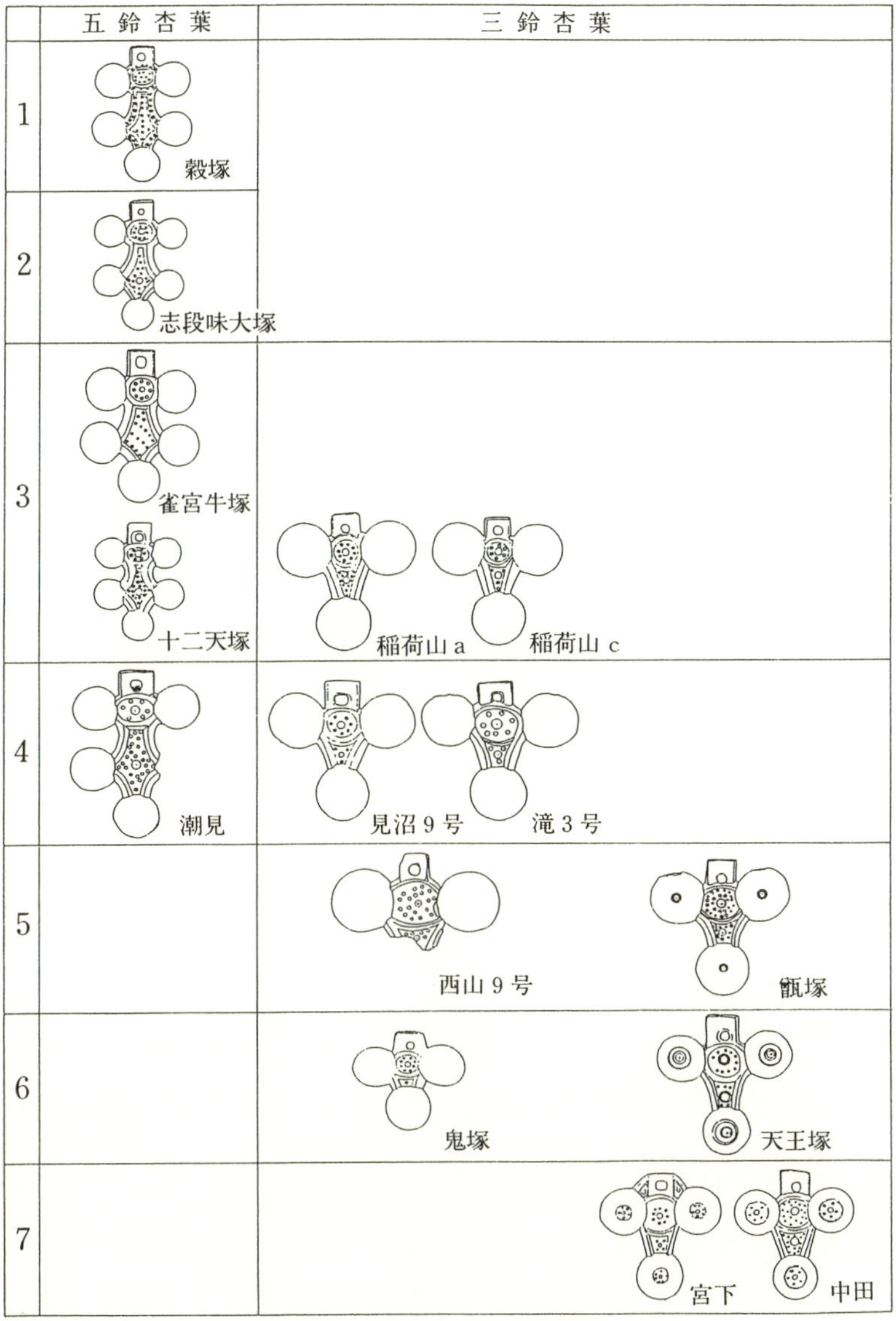

図13　鈴杏葉の型式変遷図

いる埋葬施設、それから棺の下に粘土を敷いた粘土槨と呼ばれる埋葬施設が見つかっています。残念ながら粘土槨のほうはすでに荒らされていて遺物がほとんど残っていなかったのですが、礫槨のほうは未盗掘で、さまざまな遺物が出てきました。その中に稲荷山鉄剣も含まれていたわけです。

稲荷山古墳の場合も江田船山古墳と同じように、埋葬施設の中からは、少なくとも礫槨からは土器が出ていないわけですが、ただ戦前に前方部を削った際に、くびれ部から大量の須恵器が出てきております。それは図10に示したものです。最近になって埼玉県教育委員会がこの稲荷山古墳をさらに整備する事業を進めていまして、くびれ部の周辺を発掘したところ、濠の中から須恵器が見つかっています。戦前に見つかったものと接合できる破片も出ているわけですが、それらも時期的にはここに示しているのと同じような須恵器でありまして、これは先程の田辺昭三さんの須恵器の編年によりますと、TK47型式の中でも古い段階のものと考えられます。

江田船山古墳の周溝部から発見されているのと同じような須恵器が稲荷山古墳からも出てきている。稲荷山古墳の稲荷山鉄剣を出した礫槨の埋葬が行なわれた時期と、くびれ部から出ております須恵器の時期が一致すれば問題ないわけですが、どうも一致しない。私に言わせますと、時期が明らかにずれているわけです。それはどうしてわかるかと申しますと、稲荷山古墳の礫槨からはさまざまな遺物とともに馬具が出ております。アルファベットの小文字のfのような形をした鏡板のついた轡《くつわ》を伴う馬具ですが、この轡自体は非常に古いタイプであって、TK47の時期のものと考えても差し支えないものであります。それとともに馬具のセットの中には、杏葉という馬の胸繋や尻繋にぶら下げる下げ飾りがみられます。これは図12に示していますように、銅で作った鋳造品で、鈴のついた鈴杏葉とよばれるものです。

この時期の馬具の金具は鉄で作りまして、少し立派な馬具は鉄に金銅の薄い板を貼り付けるわけです。鉄地金銅張りの鏡板《かがみいた》だとか、杏葉《ぎようよう》が数多くみられます。この時期、馬具作りの工人だけでは馬具の生産が間に合わない。それで鏡作りの工人も馬具作りに動員されるわけです。とくに構造的にはあまり複雑ではない飾りである杏葉などは、鏡作りの工人が作ったわけですが、鈴杏葉というのはまさにそういうものです。

図13に鈴杏葉の編年表を挙げておきました。詳しいことは省略しますが、本来は周りに五つの鈴をつけた鉄地金銅張りの杏葉があって、それを真似て鏡作りの工人が鋳造品でこういうものを作り始めた。ですから、五つ鈴のついているものが古い。実際、五つ鈴のついている鈴杏葉には、古い須恵器が伴って出ているわけです。

ところが、ある段階から鈴を二つ省略した三鈴の鈴杏葉が出てきます。これは私が仮に編年しておきましたが、第3期といっている時期でも新しい段階にならないと出てこない。この三鈴の鈴杏葉は、いずれの古墳でもMT15ないしそれより新しい時期の須恵器を伴っているわけです。ですから、たとえば第4期としておりますが、第4期の鈴杏葉というのはMT15からTK10と呼ばれる須恵器を伴っているわけであって、まさにMT15からTK10という時期のものである。それ以外の三鈴の鈴杏葉もすべてTK10より新しい時期のものです。

ということは、稲荷山古墳から出ております三鈴の鈴杏葉は、この三鈴の鈴杏葉の中では一番古い型式のものだと思いますが、これだけが突出して古いとは考えられない。したがって、稲荷山古墳の鈴杏葉はMT15の時期と考えるほかありません。それ以外の三鈴の鈴杏葉がいずれもMT15ないしTK10より新しいわけですから、最も古い稲荷山古墳の三鈴の鈴杏葉もMT15よりは古いとは考えられないわけです。そうすると、これは明らかにくびれ部から出た土器と年代が合わないということになります。

この礫槨から出てきた遺物の中には、三鈴の鈴杏葉のように、明らかにMT15の時期、五世紀末から六世紀初頭の須恵器の時期の遺物を伴っているわけですから、礫槨の埋葬が行なわれたのはそれより古いとは考えられません。ところが、この古墳のくびれ部からはそれよりは明らかに古い、大量の葬送儀礼に用いられた土器が出ている。そうすると、この葬送儀礼に用いられたTK47型式の須恵器は、だれのための儀礼に用いられたものなのかということが疑問になってくるわけです。

粘土槨は先程申しましたように盗掘されておりましたけれども、一部残っている遺物から、やはりこの礫槨と非常に近い時期であろうと考えられています。図9の稲荷山古墳の埋葬施設の図を改めてご覧いただきたいのですが、この図で注目していただきたいのは、礫槨も粘土槨も墳頂平坦部の周辺部から見つかっているということです。実はこの稲荷山古墳では、発掘調査をした時、最初はおそらく横穴式石室であろうということでもっと下のほうに埋葬施設があるだろうと考えていたわけです。ところが、墳丘の裾のほうを掘っても石室が見つからない。そこで墳頂部を掘ってみたところ、きわめて浅いところから礫槨と粘土槨が見つかったわけです。それで調査は終わっているのです。

したがって、この墳頂平坦面の中央部分、本来ですと最も重要な埋葬の行なわれている部分というのは、図9でもおわかりいただけますように、発掘調査は行なわれていますが、報告書を見ますと非常に浅いところまでしか掘っていないのです。これだけの古墳の中心的な埋葬施設ですと、当然墳頂部から二～三メートルぐらいまで掘って、そこに埋葬が行なわれるのが普通ですから、この一メートルぐらいの浅いトレンチでは、埋葬施設の本体に当たっていない可能性も充分考えられるわけです。これはさらに追加調査をやらないと何とも申せませんが、私はこの稲荷山古墳

図14　「辛亥年」銘鉄剣（『埼玉稲荷山古墳』による）

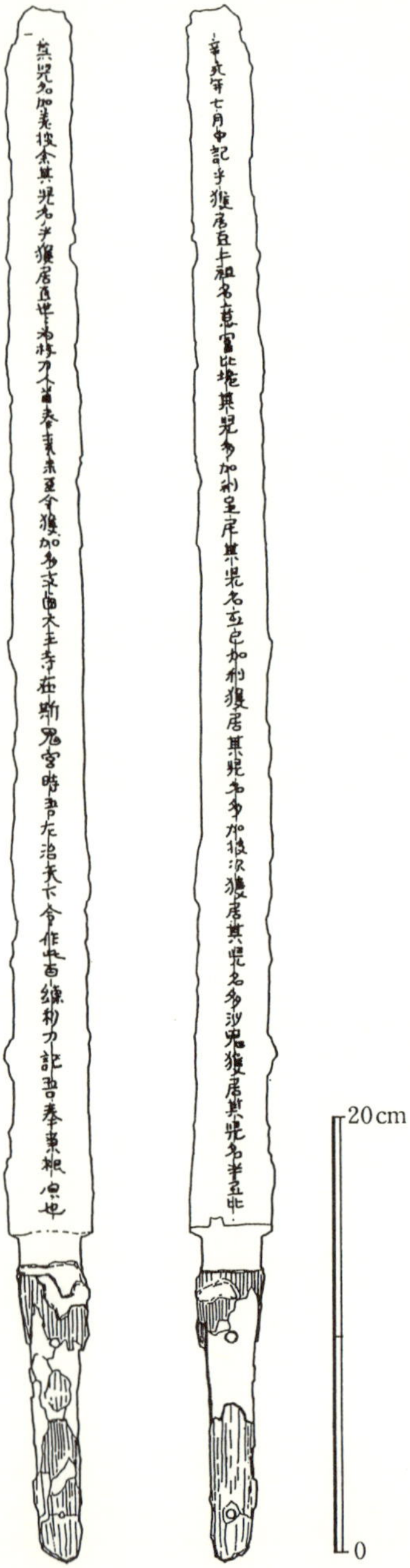

図15　「辛亥年」銘鉄剣銘文の釈文（岸俊男・田中稔・狩野久氏による）

〔釈　文〕

（表）

辛亥年七月中記乎獲居臣上祖名意富比垝其児（名脱カ）多加利足尼其児名弖已加利獲居其児名多加披次獲居其児名多沙鬼獲居其児名半弖比

（裏）

其児名加差披余其児名乎獲居臣世々為杖刀人首奉事来至今獲加多支鹵大王寺在斯鬼宮時吾左治天下令作此百練利刀記吾奉事根原也

〔読み下し文〕

辛亥の年七月中、記す。ヲワケの臣。上祖、名はオホヒコ。其の児、（名は）タカリのスクネ。其の児、名はテヨカリワケ。其の児、名はタカヒ（ハ）シワケ。其の児、名はタサキワケ。其の児、名はハテヒ。

其の児、名はカサヒ（ハ）ヨ。其の児、名はヲワケの臣。世々、杖刀人の首と為り、奉事し来り今に至る。ワカタケ（キ）ル（ロ）の大王の寺、シキの宮に在る時、吾、天下を左治し、此の百練の利刀を作らしめ、吾が奉事の根原を記す也。

の埋葬施設が礫槨と粘土槨だけであったとは考えがたい。墳頂部の中央の一番大切な所で見つかっていないわけですから、おそらく未発見の埋葬施設がこの中央部分に眠っている可能性が非常に強いのではないかと思います。

　このように考えれば、このくびれ部から出ております五世紀後半のＴＫ47の大量の須恵器は、おそらくこの古墳の中心的な被葬者に対する祭祀に用いられた土器ということで説明が可能になってくるわけです。そういうことから、稲荷山鉄剣を出した礫槨というのは稲荷山古墳の中心的な埋葬施設ではない。すなわち稲荷山鉄剣は、まさにその人のためにこの稲荷山古墳が営まれた、最初の被葬者の持ち物ではない。それに二十年ぐらい遅れて追葬された人物の持ち物であると考えざるをえないわけです。この点、江田船山大刀のあり方と非常によく似ている。この江田船山大刀も、古相の遺物を伴った最初の被葬者の持ち物ではないのです。

　実は日本の古墳では、一つの古墳から複数の埋葬施設が見つかる場合がよくあります。先程の田邊先生のお話にもございましたように、一つの棺の中から三体あるいは四体の遺骨、遺体が見つかる場合も珍しくないわけです。ただたくさんの埋葬が行なわれているからといって、古墳は家族墓であると考えるのは適当ではないと私は思います。

　とくに四世紀や五世紀あるいは六世紀の古い段階の古墳は、基本的には一人の首長のためのお墓であると考えられるわけです。そしてその首長の子供たちのうち、次の世代の首長になった人は次の古墳を造りますから、当然新しい古墳に葬られるわけで、その地位に就かなかった子供たちなどがお父さんの墓の中に合葬されるというのが多かったのだろうと考えられるのです。

　九州大学の田中良之さんが、古墳から出てくる人骨の人類学的な研究から、古墳に合葬される人たちの範囲を研究しておられるわけですが、その結論は、六世紀以前の時期の一つの古墳に埋葬されている人たちはいずれも血縁関係を持った人たちであるというのです。血縁関係を持たない奥さんなどは一緒に葬られなかったということを明らかにしておられるわけです。こうした田中さんの新しい研究などからも、基本的に古墳というのは一人の首長のためのものであるということができると思います。首長の子供たちのうち、次代の首長にならなかった人、あるいはよそにお嫁に行った人が亡くなって、お父さんのお墓に合葬されるというかたちが本来的なあり方でなかったのかと考えています。このように考えてよければ、この江田船山古墳の場合も稲荷山古墳の場合も、江田船山大刀や稲荷山鉄剣を持った被葬者は、実はその人のために江田船山古墳や稲荷山古墳が作られた、それぞれの古墳の中心的な被葬者ではなかったかということになるわけです。

稲荷山古墳の銘文につきましては、図15に京都大学の岸俊男先生らが読まれた釈文を示しておきました。「辛亥の年」、この「辛亥」というのは四七一年で間違いないだろうと考えられております。名前があとで出てまいりますワカタケル大王、すなわち雄略。これは倭の五王の武であることが多くの研究者によって意見の一致を見ているのですが、武が中国の宋に使いを送るのが四七八年です。その七年前ということで、年代がほぼ合うわけです。

四七一年、「辛亥の年七月中、記す。ヲワケの臣」。臣はいわゆる姓《かばね》としての臣《おみ》ではないと思いますので、「ヲワケの臣《しん》」と読んでおきます。「上祖名はオホヒコ。その子、タカリのスクネ」。これはヲワケの系譜を書いているわけです。最初の上祖であるオホヒコから八代の系譜を書く。そして裏にもその系譜が続くわけですが、「その子、名はカサヒヨ。その子、名はヲワケの臣」とヲワケに至る八代の系譜が書かれています。

「世々杖刀人の首《かしら》となり」。杖刀人というのは刀を持って大王の宮を警護する、後の舎人《とねり》に当たるような人たちであろうと考えられています。刀を持って、大王の宮を警護する「杖刀人の首となり、奉事し来たり今に至る。ワカタケルの大王の寺シキの宮にある時」。寺というのは役所という意味なのですが、ワカタケルの大王の役所がシキの宮にある。これは『古事記』でも『日本書紀』でも雄略の宮は泊瀬朝倉宮ですが、泊瀬朝倉宮は磯城にあるわけで、これも合っている。「シキの宮にある時、われ、天下を左治し」、すなわちワカタケルが天下を治めるのを助けたというわけです。

「この百練の利刀」、練りに練った立派な刀を作らせた。そして自分の祖先が代々大王に仕えてきた「奉事の根源を記すなり」という文章で終わります。問題は、江田船山大刀の場合と全く同じように、この刀を作らせた杖刀人の首であったヲワケという人物が、この稲荷山古墳の礫槨の被葬者であるかどうかということです。これについても、やはり江田船山大刀の場合と同じように、二つの解釈があります。

一つは江田船山大刀のA案に当たるわけですが、ヲワケというのは東国の有力豪族であって、それが若き日に大和に上番して、のちの舎人にあたる杖刀人として大王の宮を警護した。そして、その事を記念するためにこの剣を作ったと考えるものです。ところが、これについては異論も少なくないわけです。一つはここに「天下を左治し」、ワカタケル大王が天下を治めるのを助けたと書いてあります。これは東国の豪族が舎人として大和に上番させられて、大王の宮を警護した。この人物が「我、天下を左治し」というような表現をするだろうか。ヲワケというのはもっと大物ではないかというものです。

もう一つ、これは亡くなられた岸俊男先生などが早くから指摘しておられたのですが、このヲワケの祖先はオホヒコであると言っています。実は『日本書紀』に、オホヒコを祖先とするオホヒコ系譜というのが書かれていまして、畿内その他の有力な豪族である阿倍氏とか、あるいは膳《かしわで》氏などの豪族が、いずれもオホヒコを共通の祖先とするということになっている。そのオホヒコ系譜のオホヒコと一致するわけです。

しかも非常に興味深いことは、稲荷山古墳の営まれた北武蔵の足立郡とか横見郡の郡司は、丈部直《はせつかべのあたい》というわけですが、この丈部というのはかつては宮中で走り使いをするような部民であると考えられていたのですが、その後の研究ではそういうことではなくて、軍事的な役割を果たした部民、阿倍氏が統括していた軍事的な部が丈部と考えられているわけです。その丈部を、直接在地で統括していたのが丈部直という地方豪族ですが、この北武蔵の郡司には丈部直を名乗る者が多いわけです。この丈部を中央で統括しているのが阿倍氏にほかならない。したがってヲワケというのは、たとえば中央の阿倍氏のような、中央で軍事をつかさどっていた有力豪族ではないかとする意見があるわけです。北武蔵の埼玉古墳群を残したような東国の豪族の助けを借りて、阿倍氏が中央でその役割を果たしていたと考えるわけです。

オホヒコというのは、たとえば中央の阿倍氏の族長のような人物と考えたほうがいいのではないか。稲荷山鉄剣の場合も、ヲワケを東国豪族と考えるA案とともに、これを阿倍氏のような中央の有力豪族と考えるB案が成り立つわけであります。これはなかなか難しい問題で、簡単に結論は出せないのですが、私は稲荷山鉄剣の場合と江田船山大刀の場合を合わせて考えますと、先に申しましたように、江田船山大刀なり、稲荷山鉄剣なりを伴った埋葬は、その古墳の中心的な埋葬ではない、中心的な被葬者とは考えられない。それに追葬された人物の持ち物であるということが一つ重要な手掛かりになるのではないかと考えるわけです。

江田船山大刀あるいは稲荷山鉄剣は、中央の大豪族、たとえば大伴氏あるいは阿倍氏のような中央の有力豪族の族長が作ったものではないか。この時期の中央の有力な豪族はいずれもヤマト王権の中で軍事とか外交とか一定の職掌を分担しているわけですが、その中央の大豪族が、自分の家の職掌を果たすうえで提携関係にあり、その助けを借りなければならない地方の豪族にこうした銘をもつ刀剣を与えたものと考えるのが、私は当たっているのではないかと思っております。

七　おわりに

江田船山古墳の被葬者像を考える場合に一つの大きな手掛かりになるのは、この三人の被葬者がいずれも金銅製の冠ないし冠帽など豪華な金銅製の装身具を持っていることです。しかも、その金銅製の冠帽あるいは新相の遺物に見られる広帯の冠は、系統から言うと明らかに百済系のものであります。新相の遺物に含まれます沓も様式的には百済系のものです。百済系の金銅製装身具を持っているということが一つ注目されるわけで、その点からこの江田船山古墳の三人の被葬者たちはいずれも、百済をはじめとする朝鮮半島諸国との外交や交易に重要な役目を果たした人物であろうと考えられるわけです。

この点で非常に注目される記事が『日本書紀』に見られます。それは敏達十二年の記事です。「任那」というヤマト政権の植民地的なものが朝鮮半島にあったと考えて書かれているわけで、これは必ずしもそういうことではないのですが、いずれにしても倭国と密接な関係を持っていた任那が新羅に滅ぼされるわけです。それを何とか復興したい。そのために日羅という人を百済から呼ぶのです。「火《ひ》の葦北国造《あしきたのくにのみやつこ》阿利斯登《ありしと》が子、達率《たちそ》日羅」と書かれています。達率というのは百済官職の名前で、百済の高官です。

　地元の皆様方はよくご承知と思いますが、熊本県の南のほう、八代海沿岸に火の葦北国があったわけですが、そこの国造である阿利斯登の子が日羅だといっているのです。百済の朝廷に仕えて高官になっていた日羅は、実は八代海沿岸の火の葦北国造の子供であると書かれているわけです。このことは、この時期、有明海沿岸各地の豪族たちが、朝鮮半島との交渉・交易に大変重要な役割を果たしていたことを示しています。

　もう一つ、この記事のおしまいのほうに、火の葦北の国造の子供である日羅が、大伴氏の族長である大伴金村大《おおとものかなむらのおお》連《むらじ》のことを、「わが君大伴金村大連」といっている。これは外交を担当する有明海沿岸の豪族と大伴氏の族長の間に一種の君臣関係に近いものが成立していたことを物語っていると考えていいのではないかと思われます。

　江田船山古墳の被葬者もこの菊池川流域の有力豪族であって、おそらく百済をはじめとする朝鮮半島諸国あるいは南朝との交渉・交易に非常に重要な役割を果たした。この時期、中央の大和の朝廷で外交を統括していたのは、いうまでもなく大伴氏でありますが、大伴氏が外交という役割を充分に果たすには、朝鮮半島などとの交渉・交易に実際に従事していた火の葦北国造、あるいは菊池川流域の豪族なりの助けを借りなければできないのであります。ムリテをたとえば大伴氏のような中央で外交を担当する畿内豪族の族長と考えると、そういう職掌の上から重要な提携関係にある肥後の豪族にこうした大刀を与えることは充分に考えられるのではないかというのが私の考えであります。

　もう一つ、ぜひ申し上げておかなければならないことは、五世紀でも中ごろあるいはそれ以降になりますと、有明海沿岸各地の首長層が、海上ルートを使った日本列島と朝鮮半島との、あるいは日本列島内の交易活動に非常に重要な役割を果たすようになるという事実であります。これは、今日お見えになっている宇土市の高木恭二さんのご研究で明らかにされたことですが、有明海沿岸で作られた阿蘇の溶結凝灰岩の舟形石棺が、瀬戸内海沿岸各地や畿内に多数もたらされている。あるいはこの地域独特の肥後型横穴式石室という石室がありますが、たとえば近畿地方で一番古い横穴式石室である堺市の塔塚《とうづか》古墳の石室だとか、あるいは岡山県地方で一番古い千足《せんぞく》古墳の横穴式石室は明らかに肥後型の横穴式石室であり、千足古墳には肥後の石で作られた石障がもたらされています。

また、日本の横穴式石室の中でも、とんでもなく高い天井を持った横穴式石室があるわけですが、私の知るかぎり、日本列島の横穴式石室の中で死者を葬る墓室、すなわち玄室の天井高が一番高いのは、肥後の氷川流域の大野窟《おおののいわや》古墳の石室で、六・八メートルと報告されております。同じように近畿地方でも、和歌山県の紀ノ川流域に高い天井を持った横穴式石室がたくさんありまして、たとえば和歌山市の岩橋千塚《いわせせんづか》の中の天王塚という古墳の石室の玄室の天井高は五・八メートルで、これは形も大野窟の石室に非常によく似ているわけです。五・六世紀に朝鮮半島との交渉に非常に大きな役割を果たした紀氏の本貫地である和歌山にもそういった横穴式石室があるわけですが、私はおそらく肥後の石室の影響を受けているものと考えております。

江田船山古墳に見られるような石棺式石室は出雲地方にもたくさんみられるわけでありまして、明らかに肥後の影響によって山陰地方にも石棺式石室が出現している。肥後の石室の中に見られる石屋形《いしやかた》が山陰からさらに北陸地方にまで及んでいる。実例は一つしかありませんが、山陰地方には有明海沿岸で作られていた石の埴輪である石馬が及んでいる。しかもこれらはいずれも海上交通路を通じて伝えられたもので、五世紀の中葉以降、有明海沿岸各地の首長層が、海上交通や交易において非常に重要な役割を担っていたことを物語っています。

弥生時代から五世紀の早い段階までは、やはり何といっても玄界灘沿岸地域の首長層がそういう意味で重要な役割を果たしていたわけですが、なぜか五世紀の中葉以降になると、玄界灘沿岸地域に代わって、今度は有明海沿岸地域の首長層が朝鮮半島やおそらく中国との交渉に活躍するようになってくるわけです。有名な沖ノ島の宗像の神の祭りに有明海沿岸の水沼《みぬま》君が関与していることが文献からも知られますが、結局そういうことになったのは五世紀中葉以降、有明海沿岸各地の首長層が朝鮮半島との海上交易・海上交通に非常に大きな役割を果たすようになった結果にほかならないと思います。

最近の考古学的な研究の成果に即して考えますと、この時期、ヤマトの王権の中枢にいて、外交という重要な職掌を分担していた、たとえば大伴氏のような中央豪族にとっては、朝鮮半島や中国の南朝との外交交渉あるいは交易を実際に担当していた、この有明海沿岸各地の在地首長層との関係はきわめて重要であり、それを安定的に維持することはどうしても必要であった。そしてまた、そういう中央の豪族と特定の職掌を通して結ばれていた地方豪族との間には、当然自分たちは共通の祖先を持つというような共通の意識、すなわち擬制的な同族関係も形成されていたものと考えられるわけです。

稲荷山鉄剣は、ヲワケの家にとって非常に大切な剣です。そういうものをどうして赤の他人にやってしまうのかというような疑問が提起されているわけですが、こういう中央豪族と地方豪族の間に擬制的な同族関係が形成されていたとすると、こうした有銘刀剣の授受関係が成立するということは充分あり得るものだと思います。

いずれにしても、五世紀後半から六世紀の初頭に、ほかに例を見ない見事な朝鮮半島系の装身具を副葬した江田船山古墳の被葬者は、おそらく有明海を起点に日本列島の各地、さらに朝鮮半島にまで至る海上交通の担い手として活躍していた、この地の在地首長層ないしその子供たちにほかならなかったと、私は考えています。彼らは中央で外交を担当している大豪族にとっても、江田船山大刀のような銘を持つ刀剣を、わざわざ作って与えなければならないほど重要な存在であったと考えていいのではないかと思います。

「船山古墳の主は誰か」というテーマをいただきましたが、残念ながら私には被葬者の固有名詞はわかりませんが、以上お話しましたような被葬者像を描いております。先ほどの田邉先生のお話や、ほかの地元の先生方のご意見を伺って、さらに勉強させていただきたいと思っております。

船山古墳被葬者像研究略史

西田道世

明治六年元日　当時、玉名郡江田村石場に居住した池田佐十の夢枕に白狐が立ち、彼と彼の身内は、そのお告げに従い同年一月四日、同村「清原《せいばる》」にある池田所有の元山開畑《もとやまひらきばた》を発掘し、大量の財宝・珍宝を掘りあてた。これを聞き付けた県庁は、そのあまりにも豪華な埋蔵物に驚き、国に伺いを立てた。国と県の若干のやり取りの末、同年六月、結局は、国の博覧会事務局（後の帝室博物館、現在の東京国立博物館）にそれらの財物が買い取られた。この玉名郡江田村埋蔵物を出土した清原の元山開畑こそ「船山古墳」のことである。

明治三十二年　若林勝邦は「銀象嵌を施せる鉄刀及び鍔に就て」（『考古学界雑誌』第三編第一号）に、続いて**明治三十六年**『国華』第一五五号誌上の「我邦古代の直刀に施せる装飾及び彫刻」において船山古墳出土大刀に銀象嵌の六六文字の銘文と馬の絵があることを報じた。ただ、釈読結果は載せず、他日に期す、とした。このころ、地元熊本の福原岱郎は、「西域美術輸入年代の実績」（『九州史談会報』第二号）において、銀象嵌の天馬の模様から、暗に大刀製作年代を雄略朝のころと推量した。

明治四十三年　古谷清は、「江田の古墳と女王卑弥呼」（『東洋時報』一四七号）に大刀銘の文字数六九、解読可能文字二九文字とした。このときの解読には、「王」「刀作此刀者」「書者張安也」などが含まれている。古谷は、この論文と船山古墳現地踏査後の**明治四十五年**に発表した「江田村の古墳」（『考古学雑誌』第二巻第一号）において、船山古墳の刀身は中国製とし、その製作時期に三国時代魏を充て、被葬者が卑弥呼もしくはその一族だと推測した。現代の編年、年代観からは否定されているが、これが船山古墳被葬者にかかわる最初の論考となった。

大正五年　内藤湖南、今西龍は当地を訪れ、船山古墳と同じ台地上の北西に武装石人があることを実見し、学会に報告したという。同じ年、喜田貞吉も現地入りし、船山古墳の石棺が家形を呈していることを指摘した。

大正六年　浜田耕作・梅原末治が現地調査し、その詳細が**大正九年**の「江田村船山古墳」（『熊本県史蹟調査報告』第一回）で報告された。

大正十一年　梅原末治は、「玉名郡江田村船山古墳調査報告（下）」（『熊本県史蹟名勝天然記念物調査報告』第一冊）によって、再び、船山古墳について詳説した。この中で梅原は、東京帝室博物館の後藤守一に依頼して大刀象嵌銘を解読してもらったとして、後藤が高橋健自とともに釈読した銘文に自身の解釈を交え、次の五六文字が読めると報告している。

□□太王世奉□□晋?人名□工八月中用大鉄金并四刀廷刀八十練□十□三寸上好利?刀作此刀者長寿子孫□□得曰恩也
丁朱其所統作刀者各伊太□書者張安也

同時に梅原は、浜田耕作青陵が大刀銘書体を中国人のものではないと見なしていると紹介し、高橋健自も同意見であり、「王」を「蓋鹵王」に当て朝鮮製ではないかとの疑いを抱き、さらに日本人作の説に傾いているという伝聞を記した。しかし、梅原自身は「今ま暫く支那にて作られたりとの従来の説を採るべし。」とした。

同じ報告の考察の項で梅原は、先の古谷の説を相当数の頁を割いて真っ向から否定し、「(我田引水的な他人の説の上で論ずるのではなく）文献の殆んど徴するなき我が上代に於いては、寧ろ遺物の研究よりして、其の示すべき事実に基き、如上の解釈の当否を決す可く、考古学的研究の真意義こゝにあるべきや必せり」と喝破した。梅原の遺物から見た船山古墳の年代観は次のとおりである。

一、墳墓の外形は、前方後円をなす。これは奈良朝に降ることはない。

二、石棺の構造は、外形は家型で石棺に直接羨道を附せている。これは、(石室に石棺を埋葬した）筑紫人形原の石神山古墳の後に続くものである。

三、鏡鑑の形式からは、早くも六朝初期を遡らない。象嵌ある刀剣は、今軽々に断じることはできず将来の研鑽に待つ。耳飾りは、朝鮮南部の特定の時代に帰せられる形式に類似するので、「三国若しくは其の以前に遡り得べからざるや必せり」。したがって、本古墳の時期もほぼ推測できる。

四、硬玉と玻璃からは、五世紀以後と見るのが自然である。

五、冠、帯金具、沓、轡の鏡板その他の金具に印せる文様は、六朝芸術特有のものであり、漢三国の世に求むべきものではない。

六、鏃は、古墳出土品の後期に属すものである。

梅原のこの段階での見解は、石神山古墳が磐井の墳墓だとしたものであったが、以上から帰納される船山古墳の年代は、西暦六世紀前後になる、とした。なお、同年の追記によれば、「蓋鹵王」の読みは不可で「汾西王」と読むべきとした。

このように詳細なこの報告は、以後の船山古墳研究の基本文献となった。

昭和九年　福山敏男は船山古墳出土大刀の銀象嵌のある部位を研磨し、後藤守一の協力を得て精査し、「江田発掘大刀及び隅田八幡神社鏡の製作年代について―日本最古の金石文―」(『考古学雑誌』第二四巻第一号)を発表し、銘文数七五字を認め次のように判読した。

治天下獲□□□歯大王世、奉□典《?》□人名无□弖、八月中、用代鑄釜并四尺廷刀、八十練六十捃《?》三寸上好□刀、服此刀者、長壽子孫注《?》〻得其恩《?》也、不失其所統、作刀者名伊太加《?》、書者張安也

福山は、この中で「治天下獲□□□歯大王」を「タジヒノミヤニアメノシタシロシメスミヅハノオオキミ」と読み、反正天皇に擬した。

同じ論文で福山は、「この大刀が肥後から出土したのは、必ずしもこの地で製作されたと考へる必要はなく、恐らく大和又は河内で造られて、この地にもたらされたとする方が穏当であろう」とし、実年代を五世紀前半の終り頃に

当てた。

この論考は、船山古墳の年代観に決定的なまでに影響を与え、永く九州古墳研究の指標となった。

昭和三十一年　森貞次郎は、「筑後国風土記逸文にみえる筑紫君磐井の墳墓」（『考古学雑誌』第四一巻第三号）において、磐井の墳墓が、従来の石神山古墳、石人山古墳であるとの説に批判を加え、福岡県八女市岩戸山古墳が磐井の墳墓であることを証明した。

昭和三十九年度　東京国立博物館に所蔵する江田船山古墳出土遺物が重要文化財に指定され、翌**昭和四十年**には国宝に指定された。

これを受けた三木文雄は、**昭和四十年**七月「船山古墳とその遺宝」（『MUSEUM』一七二号）を発表し、船山古墳出土遺物の示す日本的特質、新羅的要素及び中国的伝統の遺存などの複雑な性格に関心を示した。三木はこれを「この古墳の被葬者は畿内の主権者と密接な関係を考えさせ、かつ進取的な外交にたけていたと思われる性格を推しえられるものがあるとともに、その被葬者の存世のころが大刀銘の示す西紀四三八年から五年を前後する時以前にさかのぼることができないことが知られた。」と述べている。古墳編年では、石神山古墳——石人山古墳——船山古墳——岩戸山古墳を提示した。

一九六七年（**昭和四十二年**）金錫亨は、「日本船山古墳出土の大刀銘文について」（『朝鮮学術通報』第四巻第二号）の論文で、ほぼ定説化していた「復□□□歯大王」＝瑞歯別大王＝反正天皇説を批判して、百済の「蓋鹵王」と読むべきとした。

一九七三年（**昭和四十八年**）李進熙は**一九七一年**（**昭和四十六年**）韓国公州で発掘された武寧王陵出土品が江田船山古墳出土品に類似するとして、船山古墳の年代が六世紀初頭に降り、大刀銘の「王」が「蓋鹵王」と読まれるべきものとした。

乙益重隆は、**昭和四十八年**「江田船山古墳」（『日本古代遺跡便覧』）、**昭和五十四年**「江田船山古墳と銀象嵌大刀」

（『歴史公論』第五巻第五号）において船山古墳に追葬があったと問題を提起した。乙益は、耳飾りの数から三人の追葬があったと推論し、船山古墳の年代観に強い衝撃を与えた。

昭和五十一年　穴沢咊光・馬目順一は、「船山古墳出土品の年代と系統」（『日本のなかの朝鮮文化』三三号）のなかで、船山古墳の年代観を五世紀末から六世紀初頭に収斂する可能性が強いと指摘し、現在までの考古学界の多数意見を形成する基となった。

昭和五十一年　西田道世は、「船山」（『菊水町文化財調査報告』第一集）において、従来、船山古墳群と称されていた台地一帯の古墳群名を小字地名から「清原（せいばる）古墳群」と命名し、京塚古墳、虚空蔵塚《こくぞうづか》古墳、塚坊主古墳が船山古墳に付随したものとして見られがちであった風潮に異を唱えた。また、制約のあった発掘に船山古墳の築造年代を五世紀後半に置いて図上復元を行ない、それを基にトレンチ位置の決定をして発掘を行なっている。このときに明らかにされた船山古墳の規模についての新知見は次のとおりである。

墳長　六一メートル　後円部直径四〇メートル　前方部長二一メートル　くびれ部幅二七・五メートル
後円部周隍幅九メートル－α　前方部前辺四〇メートル＋α
全長（周隍含む）八〇メートル－α　前方部辺長二七・五メートル

昭和五十三年　埼玉県行田市稲荷山古墳出土の鉄剣に一一五文字の金象嵌銘文が確認され、文中の「獲加多支鹵大王」を「ワカタケル大王」と読み、「長谷朝倉宮に坐しまして天下治しめし大長谷若建命＝雄略天皇」の「若建（ワカタケル）」に充て、雄略天皇に擬せられた。これによって、船山古墳出土銀象嵌大刀の読みも再考されることとなり、「治天下獲□□□歯大王」を「治天下獲加多支鹵大王」と読むべきとの意見が彷彿として起こった（集大成は、『シンポジウム鉄剣の謎と古代日本』新潮社、昭和五十四年）。また、**昭和五十四年**、亀井正道の「船山古墳と銀象嵌大刀」（『MUSEUM』三四〇号）が、読みの深さ、精緻さ、正確さで特筆され、以後の銘文解釈の基本文献となった。

昭和五十五年　菊水町は、船山古墳の資料の集大成を行ない（『江田船山古墳』江田船山古墳編集委員会編）、併せてシンポジウムを開催した。このシンポジウムの中で大刀銘文については、亀井の意見に従うものが多かったが、被葬者像は、追葬の問題も重なり白熱した議論となった（以下の議論は、西田のメモによる。誤りがあれば西田の責であることを明記しておく）。

乙益重隆は、「横口式家型石棺は本来家族墓であり追葬を念頭に入れたものである。耳飾りは、県内では一躰に一対であり、船山古墳も同じと考えた方がよい。そうした場合、船山古墳は三人の追葬を考えることが自然である。冠、冠帽は明らかに複数埋葬を示す。遺物の全体的な様相、馬具も年代差があり、少なくとも二世代を考えた方がよい」とした。森浩一、はこれに激しく反発した。

森は、「追葬の可能性は少ない。横口式家型石棺は、石室ではないので埋め戻さなくてはならない。普通の横穴式石室は、閉塞石を開閉して他の人を埋葬するが、船山古墳の場合、石棺であるのでそれは不可能ではないか。また、耳飾りにしても、例えば武寧王妃の場合、若年時使用と老年時使用の二対がある。だから、耳飾りの数では、被葬者数は定まらない。冠も耳飾りも、単なる装身具ではなく、各々の集団、例えば国などの支配者が政治的儀式をするときの装身具である。したがって、儀式の内容によって使い分けることだって考えられる。また、当時の地域支配層は複数の（大）支配者につく可能性も強い。その場合、冠はそれぞれの（大）支配者に下賜されることも十分考えられ、複数の冠があってもおかしくはない」。

これに対して乙益は、「発掘者の池田佐十は、羨道部から、真っ直ぐ、石棺の口に向かって掘り進んでいる。したがって、この地は、発掘前から窪んでいたのではないか」。この議論に小田富士雄が割って入った。

小田は「はっきりした発掘記録がない以上何とも言えない。ただ、追葬の可能性も捨て切れない。少なくとも二世代だと思う。ただ、伝世品の考えを取り入れるとわからない。耳飾り、冠帽の数を被葬者の数に結びつける必要はない。全体的に言って、一世代に限定したら遺物の上から矛盾が多い」。

直木孝次郎は、「考古学のことはよくわからないが、船山古墳の被葬者は、新羅、大和への両属ではないかと思う。

政治抜きの冠は考えられない。単に、交易だけのものじゃないはずだ」。
この議論は、銀象嵌の読みの解釈に移り、これ以上の深まりを見せなかった。しかし、その後の被葬者像論議は、ここで出た乙益の意見を中心に展開していった。現在の大勢は、白石太一郎の意見に集約される（白石太一郎先生の論文参照）。
清原古墳群は、風土記の丘整備事業のうち「石人の丘整備事業」の該当地であったため、古墳の規模確認調査が数次にわたって実施されている。その報告書は、次のとおりである。

昭和五十七年　「清原古墳群および岩原古墳群の周溝確認調査」『熊本県文化財調査報告』第五五集、熊本県教育委員会

昭和六十一年　「江田船山古墳」『熊本県文化財調査報告』第八三集、熊本県教育委員会

この報告で推定された船山古墳の規模は、次のとおりである。数値計測の基準点は、「墳丘から周溝へ移る傾斜変換点」であり、墳裾ではないが、現在はこの数値が熊本県の公式見解になっている。

墳長　六二メートル　後円部直径四一メートル　前方部長二五メートル　くびれ部幅二七・五メートル
後円部後溝幅七・五メートル　前方部最大幅四〇メートル
前方部周溝幅七・五メートル　くびれ部周溝幅一三メートル弱
古墳総長（周溝含む）　七七メートル弱　古墳総幅（周溝含む）　五六メートル
墳高　後円部一〇メートル弱　前方部七・五メートル

昭和六十二年　「京塚古墳」『熊本県文化財調査報告』第八六集、熊本県教育委員会

平成九年　「塚坊主古墳―肥後古代の森整備事業に伴う埋蔵文化財調査―」『熊本県文化財調査報告』第一六一集、熊本県教育委員会

※　この略史は江田船山古墳編集委員会編『江田船山古墳』一九八〇年、菊水町、の文に全面的に頼った。特に、松本健郎氏の「調査の経過と研究小史」に依存した。

菊池川流域における首長墓の変遷——阿蘇谷とのかかわり——

隈　昭志

一　前方後円墳の出現と展開

九州地方において前方後円墳が出現するのは、四世紀の前半ごろである。たとえば玄海灘に臨んだ筑・肥地方の沿岸部とその後背地、周防灘から別府湾に面した豊地方の沿岸部、有明海に突出した宇土半島の基部一帯である。前方後円墳が存在する意味は、当時大和政権の勢力が及んだ地域であり、前方後円墳が築造された時期を把握することによって、その地域がいつごろ大和政権の影響下に置かれるようになったかを知る手がかりとなるものである。

九州西部の中央、有明海に面した地方、つまり肥の地域には北から菊池川、白川、緑川、球磨川の主要河川があり、それぞれ肥沃な平野部を形成し、弥生時代以降の有力な遺跡が存在する。三世紀にはこれらの河川に面した台地上に、それぞれ拠点集落が形成され、クニの存在が推定できるようになる。

さてこれらの地域に前方後円墳が出現するのは四世紀の前半ごろ、まず宇土半島の基部に始まる。やがて菊池川下流域、氷川下流域（八代平野）、阿蘇谷の順で出現する。

二　菊池川流域の前方後円墳

菊池川流域の最古の前方後円墳は山下古墳（玉名市）である。下流域のデルタ左岸の丘陵上に立地する。墳長は五九メートル、舟形石棺二基と壺形棺二基の内部主体をもつ。四世紀末ごろの古墳である。次いで下流域の右岸に院塚古墳（岱明町）がある。墳長は七八メートル、後円部の中央に、箱形石槨内に舟形石棺を納めたもの三基、単独の舟形石棺一基、計四基の内部主体がある。三号石棺から画文帯四神四獣鏡一と、別に形式不明の鏡一面（所在不明）が出土している。田邉哲夫氏の記憶ではもしかしたら璧《へき》の破片があったかもしれないという遺物もあったという。この古墳は五世紀初めごろである。

平成十一年に調査された経塚・大塚古墳群（県史跡・天水町）は左岸でもやや離れた地域に当たるが、院塚古墳とほぼ同時期の古墳群である。従来経塚古墳（巨大な舟形石棺）、小塚古墳、経塚西古墳、大塚古墳の円墳四基からなる古墳群とされていた。今回の調査によって、大塚古墳は墳長一〇〇メートル級の前方後円墳であることが確認された。また古墳の囲りに数基の箱式石棺が存在することもわかった（天水町教育委員会「大塚古墳の調査について」平成十一年八月二十九日現地説明会資料）。今後菊池川下流域の古墳群形成を知るうえで、注目すべき発見である。

このように、菊池川下流域では四世紀末ごろから五世紀前半にかけて、首長墓が展開するが、五世紀の中頃には空白の時期がある。

次に登場する時期は五世紀の後半で、菊池川デルタ最頂部の清原《せいばる》古墳群（菊水町）である。この古墳群は虚空蔵塚古墳（四四・五メートル）、江田船山古墳（六二メートル）、塚坊主古墳（四四・三メートル）の三基の前方後円墳と京塚古墳など三基の円墳からなる。江田船山古墳は横口式家形石棺をもち、妻部の両側にそれぞれ二枚の側石を立てた羨道状の構造をもつ。この形式は有明海の沿岸に特徴的にみられる構造である。

江田船山古墳の時期には下流域の右岸に稲荷山古墳（玉名市、一一〇メートル）が存在し、そのあとに大坊古墳が続く。

さて中流域では、山下古墳と並行期に畿内型の竪穴式石槨をもつ竜王山古墳（山鹿市）がある。岩盤を掘り、そこに石槨をもち、成形した墳丘であったと考えられる。菊鹿盆地の西北部の丘陵上に立地し、眺望のよくきく場所である。前方後円墳の可能性もある古墳として注目される。

番号	遺跡名	所在地	時期	遺構概要	石製品の種類	形象埴輪	装飾古墳	備考
1	三ノ宮古墳	荒尾市平井区下井出	6C初	前方後円墳：37㍍	武装石人1		○	
2	不明	玉名郡菊水町大字江田字清原	不明	不明	武装石人1・家形石製品1 腰掛形石製品（朱塗り）1			京塚古墳に伴うものか？
3	臼塚古墳	山鹿市大字石字臼塚	6C前	円墳・横穴式石室	武装石人1（靫を負う）	○	○	
4	チブサン古墳	山鹿市大字城字西福寺	6C前	前方後円墳・横穴式石室	石人1		○	
5	フタツカサン古墳	菊池市木柑子	不明	前方後円墳・横穴式石室	石人1　蓋2	○		
6	富ノ尾石人	熊本市池田3丁目富ノ尾	6C前	不明	石人1（富ノ尾古墳より転在か）		○	
7	今城大塚古墳	上益城郡御船町滝川	6C後	前方後円墳・横穴式石室	石函1		○	
8	石之室古墳	下益城郡城南町塚原	5C末〜6C初	円墳・横口式家形石棺	蓋の柄1			
9	北原1号墳	下益城郡城南町塚原	6C中	不明・横口式家形石棺	盾形石製品1			
10	姫ノ城古墳	八代郡竜北町大野	不明	前方後円墳	靫・翳・蓋（笠1・柄1）1			
11	天堤古墳	八代郡竜北町大野	不明	前方後円墳	蓋（笠1・柄1）1			
12	袈裟尾高塚古墳	菊池市袈裟尾高塚	6C後	円墳・横穴式石室	靫1		○	
13	不明	菊池郡七城町小野崎	不明	不明	船形石製品1？			
14	八代大塚古墳	八代市上片町下森	6C前	前方後円墳	不明（地名表№2の腰掛形石製品と類似）	○		
15	木柑子高塚古墳	菊池市木柑子	6C後	前方後円墳	石人4			
16	竹島3号古墳	天草郡有明町大浦	5C中	円墳	銛1			

（「はにわの考古学」県立装飾古墳館　一九九四）
（古森政次「菊池市木柑子高塚古墳の調査」第1回「古墳時代の交流」一九九八を参考に、隈補足）

表1　県内の石製表飾

五世紀の前半には岩原双子塚古墳《いわばるふたごづか》（鹿央町、一〇七メートル）が出現する。県下最大級の前方後円墳の一つで、保存状態もきわめて良い。周辺に八基の円墳が現存する。字名を塚原《つかばる》といい、「四十八塚」とも呼ばれる古墳群の主墳である。古墳群は国史跡である。岩原双子塚古墳は三段築成、葺石、円筒埴輪をもち、築造当初の姿を留めている。五世紀の中頃から後半にかけては、中流域では首長墓の空白期があり、六世紀初頭に出現するのが装飾古墳のチブサン古墳（山鹿市、四四メートル、国史跡）である。磐井戦争のころの古墳で、前方部先端に石人をもつ（現在東京国立博物館蔵）。

菊鹿盆地のほぼ中央、内田川流域の右岸に津袋《つぶくろ》古墳群（鹿本町・菊鹿町、県史跡）がある。四世紀末から五世紀前半にかけて、茶臼塚（方墳・木棺？）、姫塚（舟形石棺）、津袋大塚（舟形石棺・長持形石棺）、頂塚《ちょうづか》古墳（舟形石棺）、平原石棺（舟形石棺）、朱塚《しゅづか》（竪穴系横口式石室）などの古墳が、丘陵上から平坦地へと並ぶ。とくに津袋大塚古墳の舟形石棺からは車輪石の破片が見つかっており、古墳群の中心的存在である。

合志川流域では五世紀前半の慈恩寺《じおんじ》経塚（植木町、径五三メートルの円墳、県史跡）、やや後出の高熊古墳（同町、七二メートル）、石川山古墳群、横山古墳（装飾古墳、三八・五メートル）、塚園古墳群など六世紀代まで続く。石川山（二号、三四メートル）、塚園（一号、約四〇メートル）にはそれぞれ一基の前方後円墳が存在する。高熊古墳には形象埴輪（人物など）が確認されている。

最近注目を集めているのが、六世紀中頃のフタツカサン（菊池市、四三メートル、県史跡）と隣接する木柑子《きこうじ》高塚古墳である。前者からは従来知られていた石人のほかに蓋《きぬがさ》二点、後者は前方後円墳（長さ不明）で、石人四体が出土した。二基ともに石製表飾をもつこと、しかも石製表飾の最盛期をすぎた時期であることに注目される。

三　阿蘇谷との関係

阿蘇谷の古墳群は流域からみれば白川の上流域である。四世紀末から中通《なかどおり》古墳群（一の宮町）が展開し、長目塚《ながめづか》古墳（一一・五メートル）は肥後最大級の前方後円墳である。少なくとも一三基の円墳群からなる。六世紀前半には宣化天皇（在位五三〇〜五三一）の命に従ったとみられる「阿蘇仍君」の墓と推定される上御倉・下御倉古墳がある。上御倉古墳は装飾古墳で、横穴式石室の閉塞石に人物像が描かれている。また複式石室の構造が弁慶ケ穴古墳（山鹿市、国史跡）ときわめて類似している。おそらく阿蘇谷の豪族と菊池川流域の豪族との深い繋りがあったものと推定される。

また迎平六号墳（一の宮町）からは環状乳画文帯神獣鏡が出土している。迎平六号墳はすでに破壊されていて石室の構造はよくわからないが、割石小口積みの横穴式石室であったと思われる。阿蘇谷に横穴式石室が入ってきた最初の古墳と考えられている古墳である。

さて同種の画文帯神獣鏡は明治六年（一八七三）江田船山古墳から発見された六面の鏡のうち一面がこの鏡である。その後全国で発見され、国越《くにごし》古墳（不知火町）、宮崎県高鍋町の持田古墳二〇号、福岡県嘉穂郡の山ノ神古墳、香川県綾歌郡の蛇塚古墳で出土し、迎平古墳と合わせて計六面が知られている。この六面は同形鏡である。『日本書紀』の景行十三年六月条に、景行天皇が玉杵名から阿蘇国、さらに筑後国御木（三池）への移動が記載されている。この移動には菊池川流域の豪族の道案内があったのではあるまいか。菊池川流域と阿蘇谷の豪族との関連があったことに注目したい。

参考文献

田邉哲夫「岩原古墳」『熊本史学』一二号、昭和三十二年
田邉哲夫「高熊古墳調査報告（その1）」『玉名高校考古学部報』七号、昭和三十九年
田邉哲夫「高熊古墳(二)」『玉名高校考古学部報』八号、昭和四十年
乙益重隆・田邉哲夫・三島　格・田添夏喜「院塚古墳調査報告」『県報告』六、昭和四十年

三島　格ほか「山下古墳調査概報」『熊本史学』五〇号、昭和五十二年
緒方　勉ほか「清原古墳群及び岩原古墳群の周溝確認調査」『県報告』五五、昭和五十七年
桑原憲彰ほか「江田船山古墳」『県報告』八三、昭和六十一年
原口長之ほか『慈恩寺経塚古墳』植木町教育委員会、昭和五十三年
中村幸史郎「銭亀塚古墳」『山鹿市立博物館調査報告書』九、平成一年
桑原憲彰「京塚古墳」『県報告』八六、昭和六十二年
杉井　健「墓制と生活様式の共通圏の形成」『古墳時代首長系譜変動パターンの比較研究』大阪大学文学部、平成十一年
中村幸弘「菊池川流域における主要古墳の動向」『肥後考古』一一号、平成十年
髙木恭二・蔵冨士寛「肥後における古墳文化の特質―筑後八女古墳群との比較―」『八女古墳群の再検討―周辺地域で、なにがおこったか―』発表要旨、九州前方後円墳研究会、平成十年
宮崎敬士「肥後における前方後円墳の動向」『九州における古墳時代首長墓の動向』発表要旨、九州考古学会・宮崎考古学会合同学会実行委員会、平成七年
甲元眞之「古墳時代首長系譜の類型化―九州での事例的考察―」『西谷眞治先生古稀記念論文集』勉誠社、平成七年
隈　昭志「肥後」近藤義郎編『前方後円墳集成』九州編、山川出版社、平成四年

熊本の古墳からみた船山古墳

髙木恭二

一　はじめに

江田船山古墳は、銀象嵌銘鉄刀や豊富な出土品で著名であり、年代比定の基準となる重要な古墳として注目されている。小稿ではこの古墳を理解するための一つの方法として、有明海沿岸地域や熊本県地域の中でこの古墳がどのように位置付けされるのか、あるいは江田船山古墳の特性とは何かという点について考えてみることにする。

全体の構成としては、熊本県を中心とした有明海沿岸地域における古墳の盛衰と変遷、菊池川流域における船山古墳の歴史的位置付け、船山古墳をめぐる菊池川下流域において盛んに搬出された阿蘇石製石棺の問題、それらから導かれる船山古墳の被葬者像等々について考えてみたい。

二　有明海沿岸地域における首長墓の変遷

熊本県を除く有明海側の有力な後期古墳集中地域としては、筑後では、岩戸山古墳に代表される八女古墳群、塚堂古墳・日の岡古墳・重定古墳に代表される浮羽の古墳群、佐賀県側では岡寺・庚申堂古墳などの養父・基肄の一群、神崎三根地域の目達原古墳群などがあげられる。

中でも八女市岩戸山古墳は全長一四四メートルを測る六世紀前半の前方後円墳であり、この時期としては九州最大の規模で、筑紫君磐井の墓に比定されていることはあまりにも有名である。

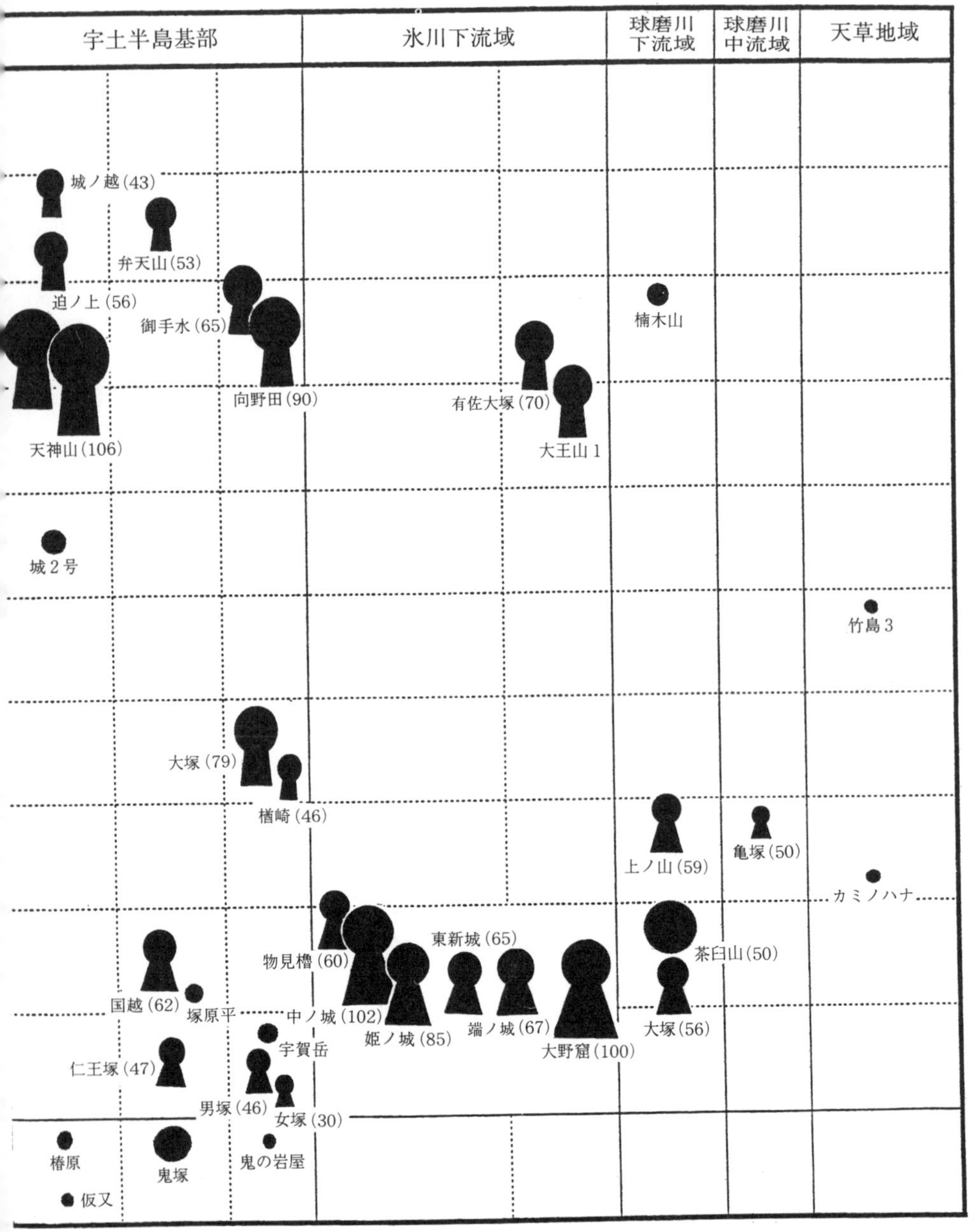

・藏冨士寛、1998年5月を2000年7月修正)

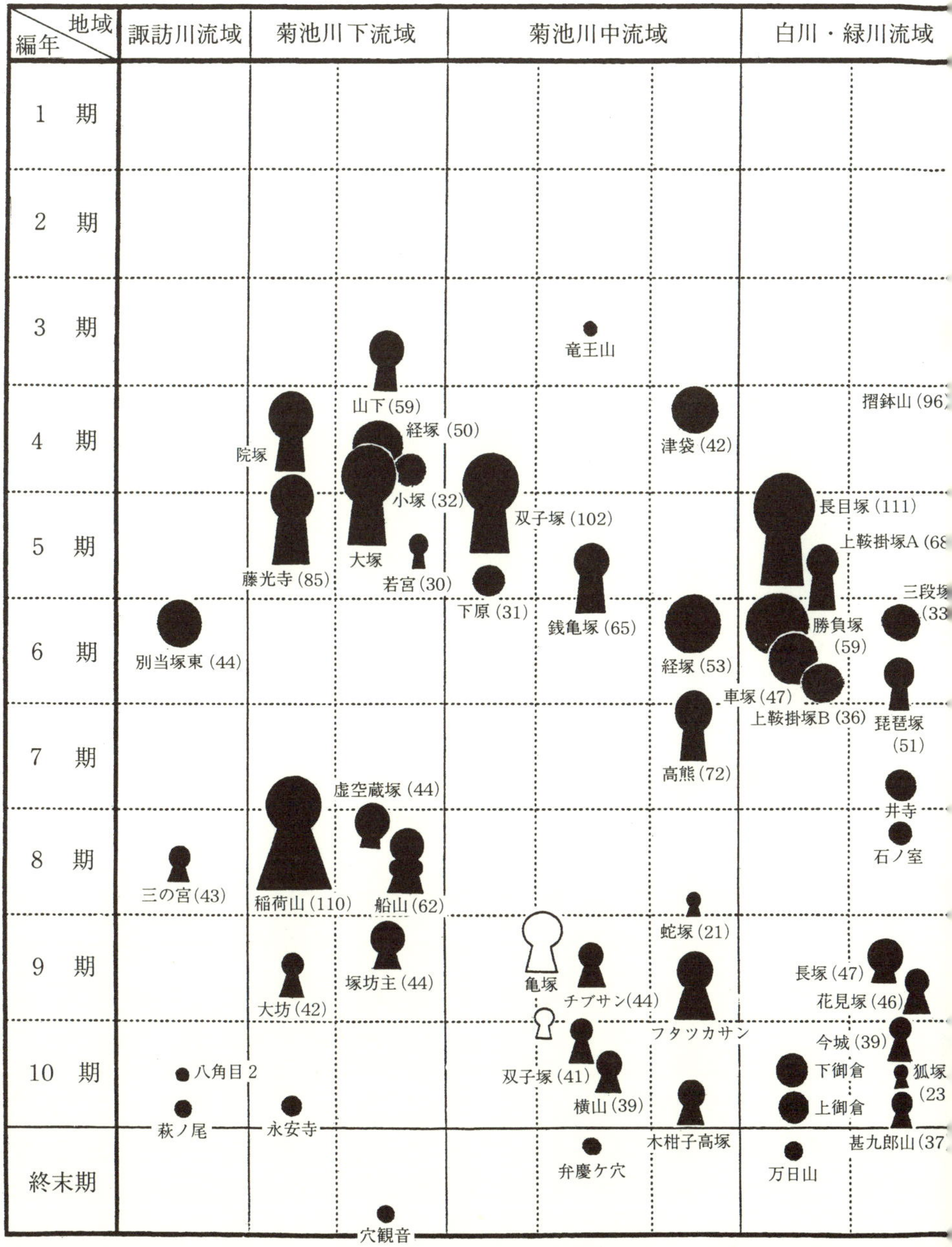

表1　肥後における首長墓の変遷（髙木恭二

熊本県内の前方後円墳や大型円墳に代表される首長墓が集中する地域は、表1に示すように八地域に限られ、前方後円墳の総数は六五基ある。中でも、菊池川下流域、菊池川中流域、緑川中流域、宇土半島基部、氷川下流域、球磨川下流域の六地域は特に有力なまとまりがあって、これらの古墳の盛衰が、古墳時代の熊本地域の古墳時代社会を考える上で重要な情報を提供してくれる。

まず熊本県で最も早く古墳が築かれるのは宇土半島基部であり、四世紀前半の頃である。この地域では四世紀代に七基の前方後円墳が築かれるものの、五世紀以降は続かず、長い期間にわたる空白期、いわば断絶があり、一部五世紀中頃にも松橋大塚古墳が築かれるものの、六世紀前半以降になってやっと新たに国越古墳、仁王塚古墳、女夫塚古墳の男塚・女塚など四基の前方後円墳が造られている。

宇土半島と同じような状況は氷川下流域でもいえ、四世紀後半からしばらくの断絶期を経て、六世紀になってふたたび大古墳が集中して築造されている。四世紀から五世紀代には舟形石棺が多く造られており、この地域で造られた石棺三基が京都・兵庫・和歌山に運ばれている。なお、後期になると際立った有力古墳の存在があり、六世紀初頭から中頃までに物見櫓古墳、中ノ城古墳、姫ノ城古墳、端ノ城古墳、東新城古墳、大野窟古墳などが相次いで築造された。中でも中ノ城古墳と大野窟古墳は一〇〇メートル近い規模であり、この時期の古墳としては全国的にみても有数の大きさであることは注目される。

上記二地域に続いて、菊池川下流域においても四世紀後半から五世紀前半に大型古墳が築かれており、五世紀中頃のブランク期を経て五世紀後半から六世紀前半にかけて玉名市稲荷山古墳が一〇〇メートルを超える規模であり、これと相前後し清原古墳群の虚空蔵塚古墳、これに続いて船山古墳・伝左山古墳（円墳）が築造され、さらに六世紀初頭頃には塚坊主古墳が築かれるなど、有力なまとまりがみられる。

菊池川中流域では五世紀前半と六世紀前半にそれぞれまとまりをみることはできるが、この地域の古墳としては、蛇塚古墳・河童塚古墳・中村双子塚古墳それにチブサン古墳・横山古墳・木柑子《きこうじ》フタツカサン古墳・高塚古墳など相次いで築造されており、下流域が六世紀前半以降希薄になるのに対して、むしろ中流域では六世紀前半からが盛んになっており、下流域のものより少し遅れる傾向にあるように見受けられ、対照的である。

白川上流域としては五世紀前半頃集中して形成される大型円墳を含む中通古墳群の存在があり、緑川中流域では特に際立った大古墳はないものの、五世紀前半から六世紀後半にかけての一群の存在は重要で、特に塚原古墳群付近に集中する点も忘れることはできない。

球磨川河口付近の八代市の古墳群は五世紀後半から六世紀前半にかけて前方後円墳が営まれた。

以上、各地域の状況について概観してみたが、船山古墳を考える上で大事だと考えられる五世紀半ば以降の地域としては、菊池川下流域と中流域、それに宇土半島基部、氷川下流域の四地域があげられる。

三　船山古墳の歴史的位置づけ

墳丘長六二メートルの規模からみれば、船山古墳の豊富な遺物は特筆すべきことであり、その意味はどのように考えられるであろうか。船山古墳のある清原《せいばる》古墳群では五世紀中頃に直径二二メートルの京塚古墳が刳抜式舟形石棺を主体部に持ち、続いて内部主体は不明ながら虚空蔵塚古墳が全長四四メートルの前方後円墳、これに次ぐのが船山古墳であり、妻入横口式家形石棺を主体に二回の追葬が行なわれ三回の埋葬が考えられる。その詳細については白石太一郎先生の講演内容に詳しいが、一回目の埋葬時の遺物には朝鮮半島の特に大伽耶系のものが多く含まれているようである（朴天秀「考古学から見た古代の韓・日交渉」『青丘学術論集』第一二集、一九九八年）。象嵌銘を持つ鉄刀は二回目の埋葬に伴うもので、これには百済地域、特に陶質土器の存在などから考えても全羅道地域を含むもっと広い半島の西南部地域の勢力との関係を重視すべきであると思われる。

船山古墳の石室を持たない直葬の家形石棺は、小口部だけではなく長辺にも縄掛突起がつく下流域としてはやや異質の形態である。これは菊池川中流域舟形石棺の系譜を引くもので、妻入横口式の構造は明らかに筑後地域の影響で

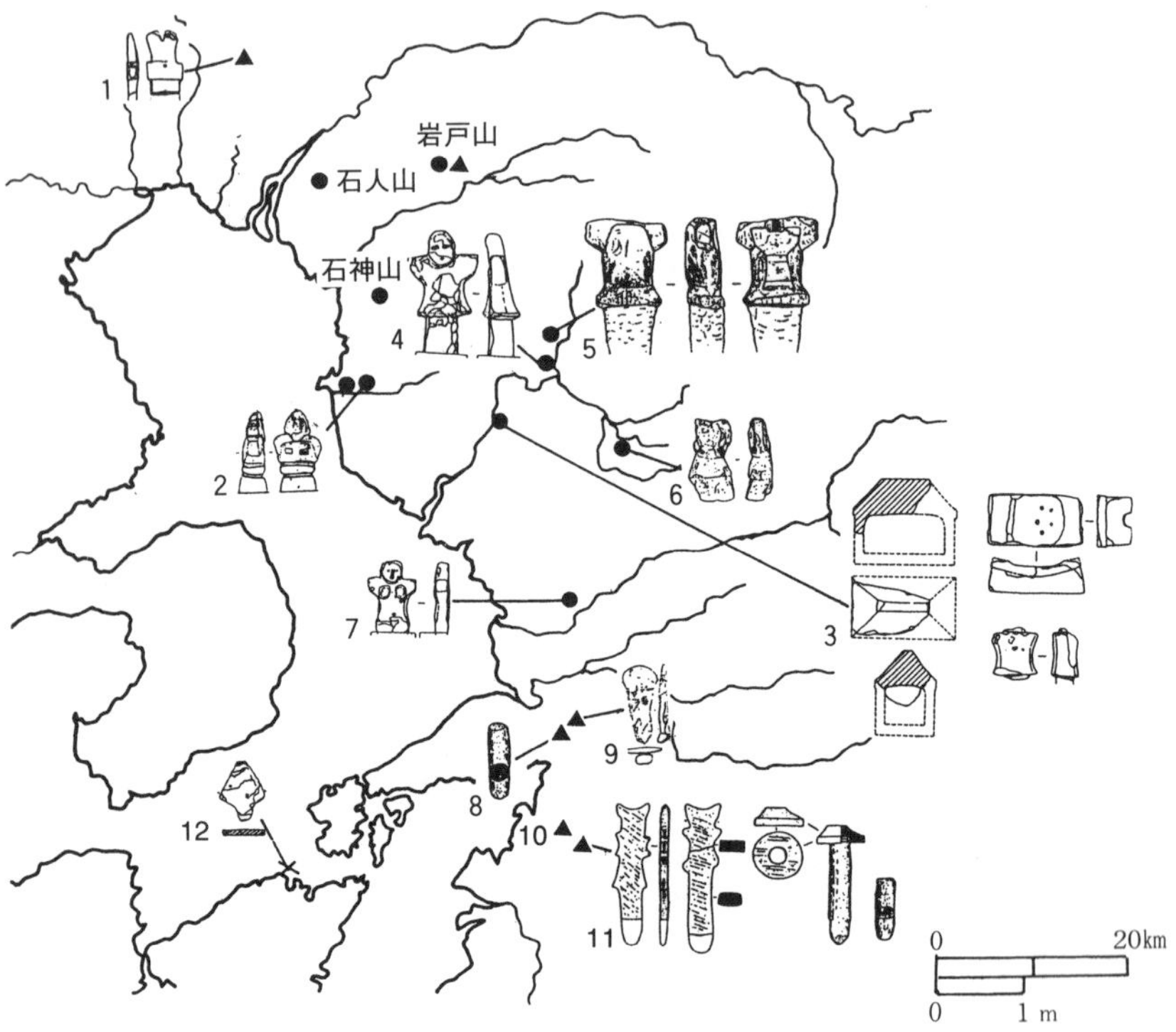

図１　石製品の分布（高木恭二、1994年）

あり、それと併せ考えれば、広範な結集によって造られた石棺であることが想像されるのである。

この古墳に続く次の首長墓は塚坊主古墳であり、全長四四メートルの比較的小規模な前方後円墳である。主体部は割石積の複室構造横穴式石室であり、石室の奥には石屋形（平入横口式家形石棺）が埋置され、その石屋形内面には彩色による装飾文様が描かれている。装飾の有無や石室構造、それに石棺構造の違いなど船山古墳の埋葬施設との違いがどのような意味を持つのかよくわからないが、少なくとも船山古墳の二回目の埋葬と近い時期に塚坊主古墳は築造されているのであり、清原古墳群では伝統にとらわれない埋葬施設造りが行なわれていた。

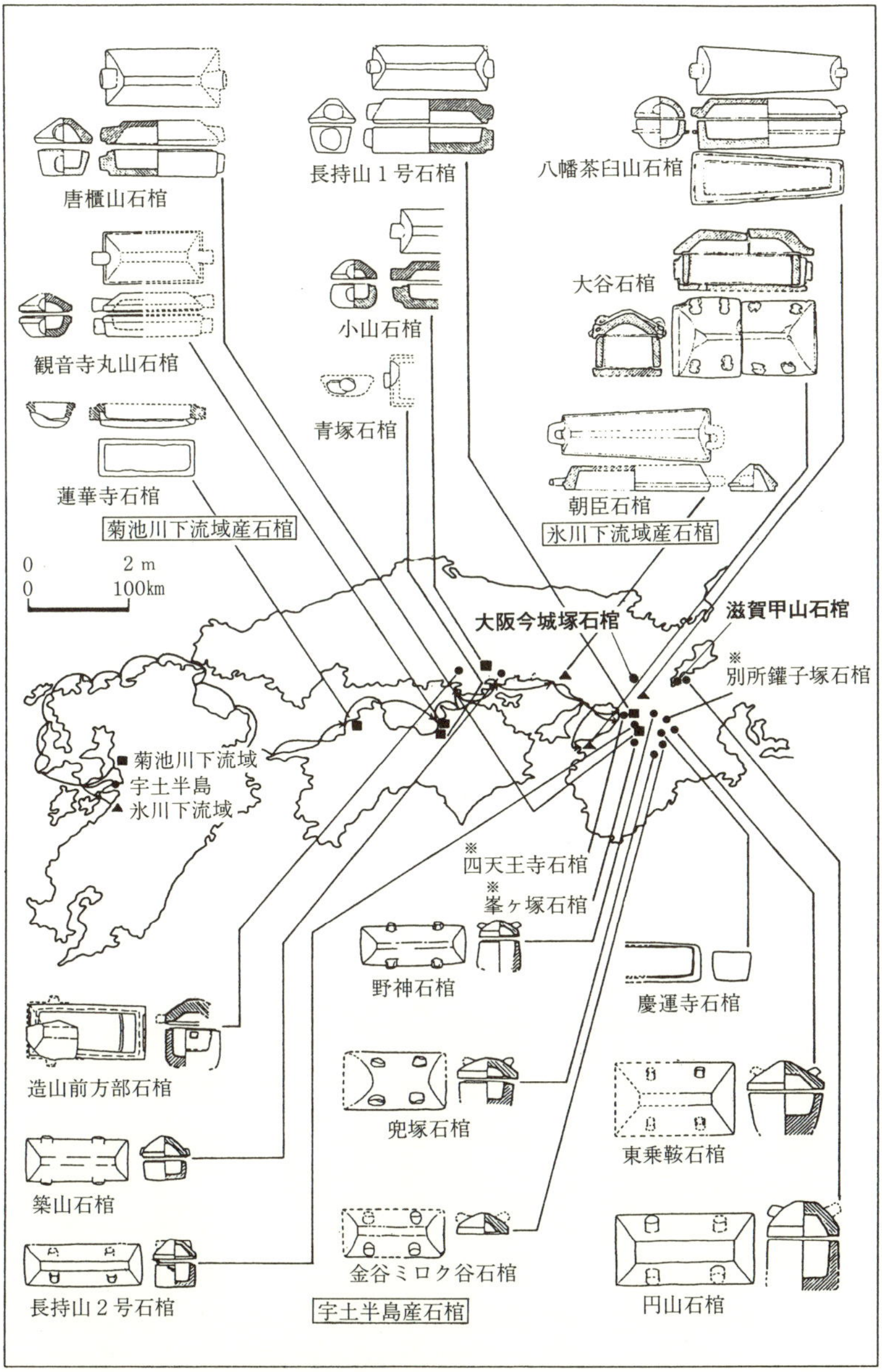

図２　九州外阿蘇石製石棺の分布（髙木恭二、1993年を改変）

四　菊池川下流域から運び出された阿蘇石製石棺

船山古墳が造られた五世紀後半よりもう少し古い段階において、菊池川下流域から阿蘇製の舟形石棺が九州外に持ち出されており、その数は七例ある。近年発見された五世紀前半代の高松市長崎鼻古墳は竪穴式石槨に舟形石棺を埋置したものであり、それを最古として、五世紀中頃の観音寺市丸山古墳・青塚古墳、それに松山市蓮華寺石棺、五世紀後半になると大阪府藤井寺市の唐櫃山古墳、長持山古墳一号石棺、五世紀末の岡山県山陽町小山古墳などがわかっている。

長崎鼻古墳石棺が造られた場所は今のところ菊池川のどの付近であるかは不明ながら、それ以外はいずれも菊池川下流域右岸の玉名市付近で造られたことは明らかである。船山古墳のある清原古墳群とは対岸にあたるが、おそらくこれらの石棺製作の指示をしたのがこの古墳群の被葬者たちであり、その中に船山古墳の被葬者もいたであろう。

なお、唐櫃山古墳と長持山古墳は、全長二三〇メートルの市ノ山古墳（允恭天皇陵古墳）の陪冢と考えられており、重要なことである。また、この長持山古墳の一号石棺は菊池川下流域産であるが、同じ古墳に後で置かれた二号石棺は宇土半島産の阿蘇ピンク石製の石棺であり、菊池川産石棺から宇土半島産石棺への転換期が長持山古墳の追葬時の五世紀末頃であるということを示している（高木恭二「石棺式石室と肥後―宇土半島基部における源流的要素―」『古代出雲を考える』八―横穴式石室にみる山陰と九州、一九九五年）。

五　船山古墳の被葬者像

船山古墳の被葬者は少なくとも三人であるということは前にも述べたが、それがどのような人々であったのか、種々考えられるところである。特に鉄刀の銘文にあらわされた旡利弖をヤマト政権中枢の豪族なのか、それとも在地の人間なのかによっても大きく見解は分かれるが、前者の可能性が高いと思う。

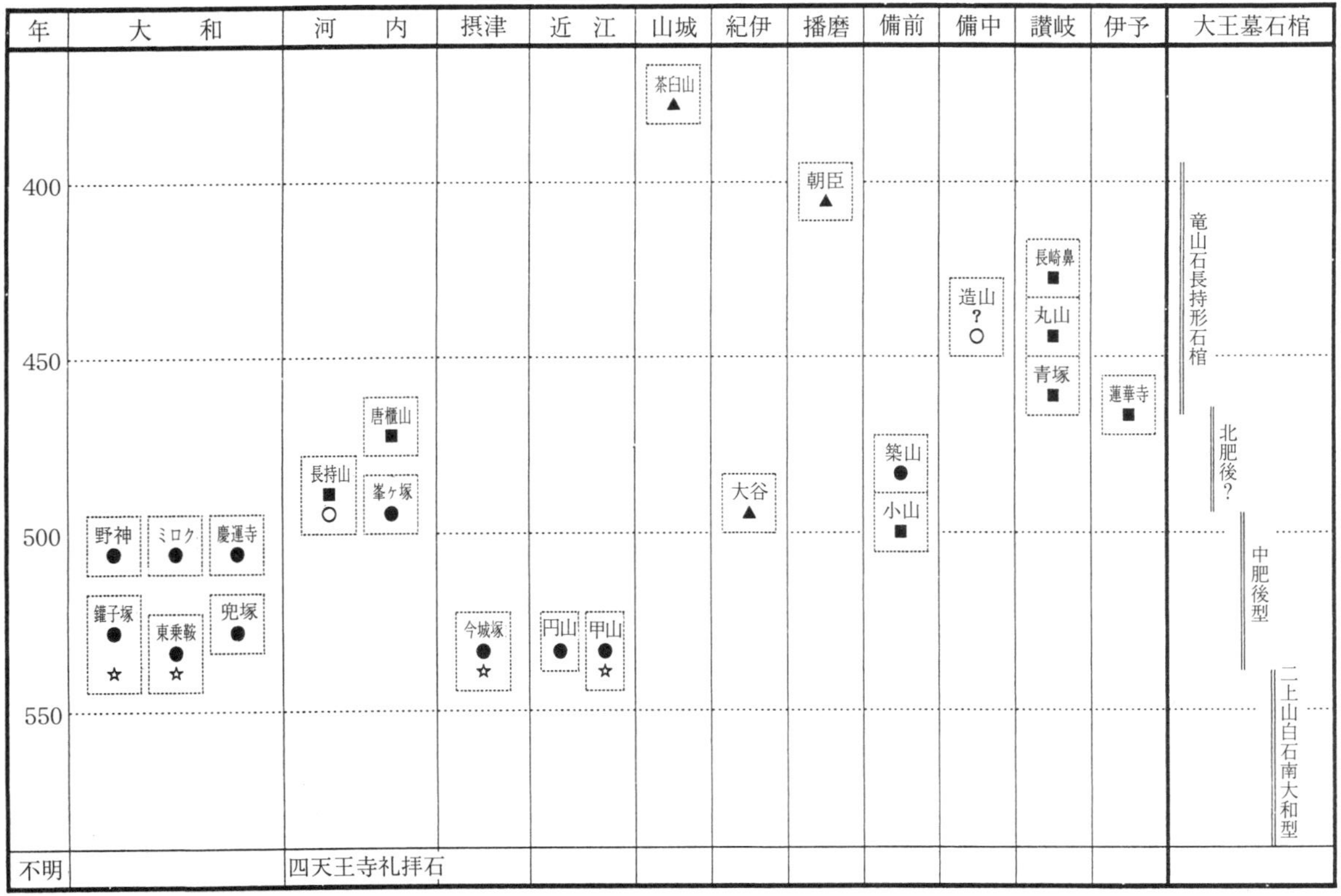

凡例：■北肥後型初葬　●中肥後型初葬　○中肥後型追葬　▲南肥後型初葬（☆南大和型追葬）
石棺分類は、和田晴吾1976年「畿内の家形石棺」、髙木恭二1994年「九州の刳抜式石棺について」を参照。
長持形石棺・南大和型家形石棺は、九州産ではない。

表2　九州外阿蘇石製石棺変遷図（髙木恭二、1998年を改変）

ただ、船山古墳と近い時期に、政権中枢である市ノ山古墳の陪冢にこの菊池川下流域から石棺を持ち込んでいるという現象は重要で、无利弖なる政権中枢にいた人物に近い関係にあった船山古墳の被葬者が、ひょっとしたら大王に仕えるために近習として畿内に上番していたことがあったのかもしれない。それと、船山古墳をはじめとする菊池川下流域の勢力は朝鮮半島とのつながりが密接であったことは間違いなさそうで、九州西部のいくつかの地域勢力と朝鮮半島勢力との関係、それとヤマト政権との関係がどのようなものであったのか興味がもたれる。

なお、五世紀末頃に畿内への石棺の持ち込みは無くなり、それに変わるのは宇土半島の石棺である。この時期、日本列島は大きな変革の時期であり、いわば政変の動きの中で菊池川下流域勢力はやや弱体化の傾向にある。それに代わるのはむしろ菊池川中流域の勢力で、六世紀前半以降盛んに前方後円墳が築かれている。山鹿市・菊池市など、装飾古墳の隆盛と交通路の発達などに裏付けされており、特に山鹿では筑後八女地方との密接なつながりがはっきりとあらわれている。さらに上流の菊池には古代朝鮮式山城である鞠智城《きくちじょう》が築かれており、古墳時代に続く七世紀後半に至って、地域勢力はピークを迎えたかのように印象づけられる。

そこには、筑後と、熊本平野や阿蘇谷などを繋ぐ交通の要衝としての地域的特性を見逃すことはできない。すなわち、豊後地方にまで通じる交通路としての車路（鶴嶋俊彦「肥後国北部の車路と延喜式駅路」肥後考古学会例会発表資料、一九九八年）の整備が徐々に進められていったことが想像される。このことは、六世紀中頃以降、菊池川中流域付近には大量の八女産の須恵器が流布していたという最近の須恵器分析の結果（中原幹彦「肥後における須恵器の生産と流通」肥後考古学会例会発表資料、一九九六年）にも合致するし、加えて、この段階には山鹿市付近と八女市付近の装飾古墳・石製表飾などの共通性などもこのことを傍証している。

六　おわりに

五世紀後半から六世紀前半に隆盛を誇った菊池川下流域の勢力の中核に船山古墳は位置づけできる。この時期、同じような動きをするのが球磨川下流域の一群であり、この勢力を葦北君の奥津城とみる見方（佐藤伸二「古代の球磨川下流域」『洗切遺跡調査報告』一九八二年）には賛同できる。

この二つのグループに比べると若干の遅れがあるものの、県内各地で中規模程度の前方後円墳が横並びで築かれていることは、前・中期のあり方とは全く異なる。

古墳時代の中で六世紀前半期に大きな画期を見出す立場からいえば、畿内中枢での大型古墳群が百舌鳥・古市古墳群に集約していた段階を過ぎて、近畿地方では大王墓が散在する傾向にある段階に、熊本の首長墓が多発生的に築かれるという現象とが連動していることは興味深い。

シンポジウム１「船山古墳をめぐって」

司会　西田道世

パネラー　白石太一郎

隈　昭志

髙木恭二

田邉哲夫

西田　皆さん、こんにちは。第一日目の司会を担当致します玉名歴史研究会会員の西田道世です。よろしくお願いします。

ここにいらっしゃる方は必ずしも研究者の方ばかりではございませんので、若干前提となるようなことをご説明したいと思います。まず、先程白石先生、田邉先生からのお話の中にも出てきました年代の数え方です。五世紀の前半とか、五世紀の後半という言葉がありますが、皆さんもおわかりと思うのですが、大まかに言って前の五十年、後ろの五十年ぐらいのつもりでお聞きください。そして、五世紀の終末とか五世紀の初めという言葉が出てきます。終末と言った場合は五世紀の終わりの数年間程度だというふうにぼんやり考えていただければ結構です。始まりもまた同じようにその期間の単位だというふうにお考えください。

五世紀の前葉・中葉・後葉という言葉も出ます。前葉・中葉・後葉というのは一世紀、百年間を三分の一ずつに区切った年間ですので、前葉のときは三十三、三十四、五年ぐらいで、中葉がその中程、後葉が後ろの三十数年というふうに考えていただきたいと思います。

先程はあまり出ませんでしたけれども、話の中でひょっとしたら世紀の第一・四半期、第二・四半期、第三・四半期、第四・四半期というような言葉が出るかと思います。もし出てきた場合は、百年間を二十五ずつに区切った期間であるとご理解いただきたいと思います。

今日の話は主に古墳時代の話になりますが、古墳時代はいろいろな意見はありますけれども大雑把に考えて西暦二五〇年から六五〇年ぐらいまでの四百年ぐらいの期間だというふうにお考えください。ですから、千七百五十年ぐらい前から千三百五十年というような時間になります。

古墳時代の前期・中期・後期ということでおっしゃることもあるかと思いますが、前期が四世紀の始まりから後半の中ごろで四世紀も終わりに近いころと、中期が四世紀の終わりぐらいから六世紀の初めごろになります。それぞれの先生で少しずつ違いますので、大まかにその程度というふうに考えておいていただければいいです。後期が六世紀以降と考えていただきたいと思います。

前方後円墳というのが出てきておりますが、これを教科書流に言いますと、前のほうが四角もしくは台形の形で後ろのほうが円です。後ろのほうが先程から言っております被葬者、葬られた方が入れられる所です。そして、首長墓という言葉は、その地域のナンバーワン、大将の方々が埋められるような墳墓だというふうに考えていただきたいと思います。

これから船山古墳を中心として話す中でだんだん中身が詰まっていくと思いますが、船山古墳の時期は西暦四五〇年から五五〇年、百年ぐらいの大きな幅で最初は考えていきたいと思います。聖徳太子が六〇〇年前後ですから、それよりも五十年から百年ぐらい前と考えてください。

そのころの天皇ですが、昔は全部覚えられていた方がいらっしゃると思います。大雑把に言いますと、反正・允恭・安康・雄略・清寧・顕宗・仁賢・武烈・継体・安閑・宣化ぐらいまでの話が出ると思います。年配の方はそのころの話というふうに聞いていただきたいと思います。ついでに、そのころの人口を若干言っておきたいと思います。日本全体では大体三百万から四百万ぐらいです。今が一億二千万〜一億三千万ですので、随分少なかったころです。肥後全体としても十万人前後です。玉名郡が『和名抄』で言いますと、八千人から一万人ぐらいの間とお考えいただいて結構です。そういう数が今の二市八町全体の中にいたということだと思います。ただ、これも先ほどから何遍も言いましたように、それぞれの先生方で違うところがたくさんありますので、大体そんなものだろうというぐらいのところで聞いていただきたいと思います。

それではこれからシンポジウムに入りますが、最初にパネラーとして出ていただいております隈先生と髙木先生の話をまず聞いてから実際の話合いに進みたいと思います。最初に隈先生からお話をお願いしたいと思います。

菊池川流域における首長墓の変遷

隈　隈でございます。今日のテーマの船山古墳というのは前方後円墳です。先程司会者の西田さんから前方後円墳とはどういうものかというお話がありましたけれども、前方後円墳が菊池川流域でどのように発展・展開・消滅をしたかという話をまずしたいと思います。

山川出版から『前方後円墳集成』が出ております。この中に「九州編」というのがありますけれど、たまたま私は平成三年ぐらいに岡山大学の近藤義郎先生から「おまえ、熊本をまとめろ」と命じられました。その時私は前方後円墳の専門家ではなかったのですけれども、何とかまとめることができました。本当に勉強させてもらってありがたかったと思います。

次に各地域の前方後円墳の編年表を載せております。これは熊本大学の杉井健先生が修正された編年表です（70～71頁表1）。その前段は髙木恭二さんと蔵富士寛さんの編年表を参考にされています。その基になるのを私と、今、県の文化課の課長補佐をされている島津さんとで作りました。随分修正されております。

学問というのはどんどん新しく動くものですから、なかなか的確な押え方が難しいのですが、本日はこの編年表を基に考えていきたいと思います。まず、宇土半島の基部地域というのがございます。有明海一帯で突出して前方後円墳が出現するという時期は、大体四世紀の初めごろでございます。熊本県全域を見た場合にも、宇土が突出していきます。九州の東海岸においても北の玄界灘においてもほぼ同時期に出現するわけです。それとほぼ同時期に宇土半島に前方後円墳が登場します。

前方後円墳といいますのは、言うならば大和政権が認知したというか、大和政権が地方に進出する際に多分認めてくれたであろう古墳の形式、それを前方後円墳と私は理解しております。そういうことでとらえますと、宇土半島にまず大和朝廷の力が及んだあと出てくるのが、この菊池川の下流域であります。

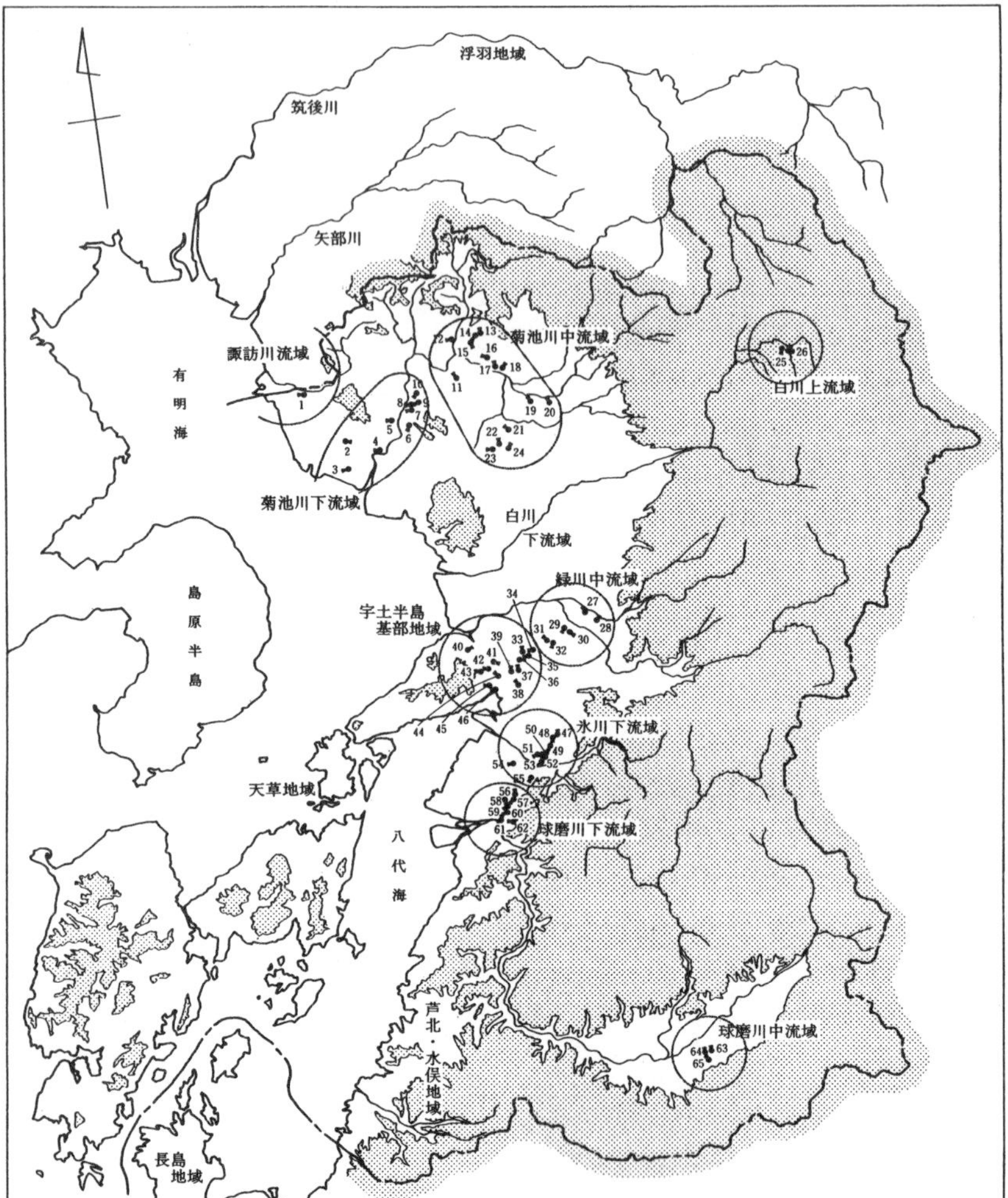

1：三ノ宮古墳 2：院塚古墳 3：藤光寺古墳 4：稲荷山古墳 5：大坊古墳 6：山下古墳 7：塚坊主古墳 8：虚空蔵塚古墳
9：江田船山古墳 10：若宮古墳 11：岩原双子塚古墳 12：チブサン古墳 13：銭亀塚古墳 14：御霊塚古墳 15：弁慶ヶ穴古墳
16：中村双子塚古墳 17：神社裏古墳 18：亀塚古墳 19：蛇塚古墳 20：フタツカサン古墳 21：高熊古墳 22：横山古墳 23：塚園古墳
24：石川山2号墳 25：上鞍掛塚A古墳 26：長目塚古墳 27：長塚古墳 28：今城大塚古墳 29：甚九郎山古墳 30：狐塚古墳 31：花見塚古墳
32：琵琶塚古墳 33：楢崎古墳 34：女塚古墳 35：男塚古墳 36：潤野3号墳 37：御手水古墳 38：松橋大塚古墳 39：向野田古墳 40：天神山古墳
41：城ノ越古墳 42：迫ノ上古墳 43：スリバチ山古墳 44：仁王塚古墳 45：国越古墳 46：弁天山古墳 47：東新城古墳 48：大野窟古墳
49：天堤古墳 50：姫ノ城古墳 51：物見櫓古墳 52：中ノ城古墳 53：端ノ城古墳 54：有佐大塚古墳 55：大王山1号墳 56：車塚古墳
57：岡塚2号墳 58：長塚古墳 59：八代大塚古墳 60：茶臼山古墳 61：高取上ノ山古墳 62：乙丸6号墳 63：亀塚1号墳 64：亀塚2号墳
65：亀塚3号墳

図1　熊本県前方後円墳分布図

（杉井健「墓制と生活様式の共通圏の形成」『古墳時代首長系譜変動パターンの比較研究』大阪大学文学部、1999による）

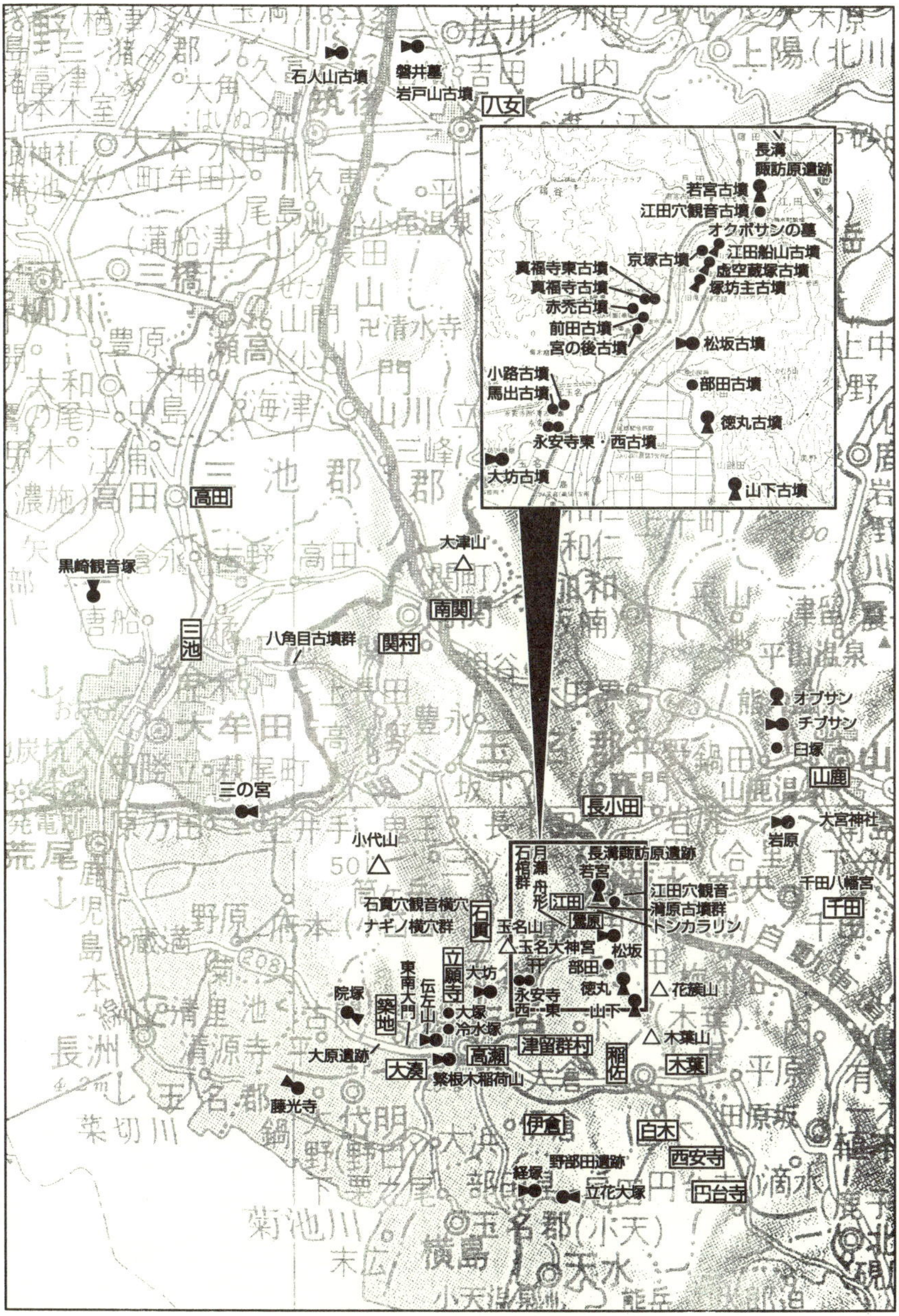

図２　玉名地方を中心とする古墳分布図

菊池川流域では山下古墳というのが最初に前方後円墳として現われるわけです。ただ、本日冒頭、田邉先生の講演の中にもありましたが、松坂古墳というのがあるわけですけれども、これが同時期かあるいは山下古墳よりもちょっと新しいかという時期で、残念ながらこの編年表にはまだ松坂古墳は入っておりません。

もう一つ、これまた先程の田邉先生のお話の中にありました天水町で新たに前方後円墳が見つかりました。一〇〇メートル近い菊池川流域でも最大級の前方後円墳ですが、図2の天水という字のすぐ北のほうに立花大塚というのがあります。これがほぼ同時期あるいは山下古墳の次ぐらいではないかと思うのですが、菊池川の下流域を中心に四世紀の初めにはかなり大型の前方後円墳が出現します。

山下古墳の発見は非常に古いです。発見されたのは江戸時代にさかのぼります。弘化四年といいますから、一八四〇年代です。一八四七年に、たまたま畑を開墾していて石棺が見つかりました。その当時の庄屋さんが記念碑を建てて大事に守ろうということで、ずっと守られてきたわけですが、これまた田邉先生の冒頭の話にありましたように、鹿児島本線の複線化の土取りのえじきになりまして残念ながら壊れてしまいました。これは菊池川流域的なという言葉が当たるかどうかわかりませんが、後円部と前方部に被葬者が納められておりました。

大体一墳一体という埋葬方法が古墳本来の姿だったと思うのですが、菊池川では複数体の埋葬が非常に多いのです。前方後円墳が菊池川で発生した最初から一墳一体ではなくて複数の遺体が葬られている状況です。特に山下古墳の場合、後円部のほうには舟形石棺があるわけですが、かなり老齢の女性、成人の男性、性別不明の老年の合計四体があって、合葬ではなく追葬でした。最初に埋めた人から次々に埋めて、プラス三回の追葬があったという埋葬の仕方をしております。前方部の場合は熟年の女性が一名です。遺体を納めるときに粘土で枕を作ったり石で作った枕を置いたりするわけですが、この前方部の場合はもう一体納める準備はしてあったのですが、一人だけという埋葬の仕方をしております。さらに古式の土師器を用いた壺棺が二つということが菊池川で一番古い前方後円墳の埋葬例として確認されたわけでございます。

それにすぐ続く時期が院塚古墳です。田邉先生がまだ青年のころ、昭和三十九年だったと思うのですが、新産都市指定ということで岱明町に工場誘致がありました。田邉先生は一生懸命、院塚古墳の保存問題に奔走されましたけれども、「ついに保存できなかった」と田邉先生がおっしゃいましたが、その因縁の古墳が院塚古墳です。この院塚古墳も実は四つの主体部を持っております。すべて舟形石棺です。四つの舟形石棺の中の三つの舟形石棺の周りには、平石を立てて四角く囲んであります。だから箱型の石槨と言っていいでしょう。そういうものの中に舟形石棺が入れられたものが三つ、そういう囲いのない舟形石棺が一つ、それも非常に特色ある埋葬の仕方だと思います。

図3　清原古墳群航空写真（熊本県立装飾古墳館提供）

数日前、私は髙木さんと今日の進行役の西田さんと田邉先生と打ち合せをしたときに、璧《へき》、真ん中に穴のあいた直径一二、三センチのいわゆる宝器なのですが、「それもあったもんな」という話を田邉先生から聞きましてびっくり致しました。四つの石棺の中で遺物が一番多くあったのが三号棺なのですが、この三号棺はやはり周囲に石を立てた石囲みの石槨の中の舟形石棺ですが、それから鏡類が出ていますのでひょっとするとその三号棺の副葬品ではなかったかという気も致します。熊本県で璧は出ておりませんので、特別に力のあった豪族の墓であったと言えます。

菊池川の下流域の中で山下古墳あるいは大塚古墳を経たあと、五世紀代の中ごろから後半にかけて前方後円墳は造られなくなってしまいました。これが何を意味するかということになります。五世紀代の直後生まれるのが、実は船山古墳を中心にした清原《せいばる》古墳群になるわけです。

この清原古墳群は、白石先生のお話にありましたように、ものすごい

図４　岩原双子塚古墳航空写真（熊本県立装飾古墳館提供）

量と中身の濃い遺物を持っていたという船山古墳がその中心でございます。古墳の規模としては、その前の段階の前方後円墳ほどには大きくありませんが、中身がすごいわけです。規模は小さくなるけれども、被葬者に葬られて添えて置かれた副葬品の内容に非常にすごいものがあるということが言えます。

今度は菊池川の中流域の話をちょっとしたいと思うのです。私は現在山鹿に通っているわけですが、皆さんも日輪寺という禅宗のお寺をご存じだと思います。その裏山の一番上の所に竜王山という古墳がございます。昭和三十年代の後半のことですが、気づいたのが遅かったものですから、マウンド（墳丘）までは保存することができませんでしたが、石室は保存できました。ブルドーザーに引っ掛けられまして、石室が露出したような状況で調査に入りましたら、なんとこれがまさに畿内系の竪穴式石槨でありました。長さが大体四メートルから五メートル、幅が一メートル足らず、高さが一メートル足らずの非常に細くて長い、狭長な畿内型の竪穴式石槨であります。

菊池川流域でこの手の石室はございません。たった一基しかないのです。それが菊池川の中流域で出てきます。これが一番古い畿内系の、前方後円墳が出現する前の段階の古墳であろうと思います。残念ながら副葬品が全くありませんでしたので、時代の決め手はないです。その石槨の中の棺は多分粘土で巻いた木棺であったかと思いますけれども、まだ現場では大半のかまぼこ型の盛り上がりは残しておりますので、再調査をすればもっとわかるかと思います。

もう一つ、現在鹿央町が中心になっていますが、肥後古代の森の中の岩原双子塚古墳は菊池川中流域の最大の前方後円墳で、田邉先生が随分前に実測調査をされました。私たちもその時のデータでずっと参っておりましたが、装飾古墳館を整備する時に再度測り直しましたら、一〇七メートルになりました。一〇二メートルが昔の数字で、現在は一〇七メートルです。菊池川中流域最大の前方後円墳で、しかも前方後円墳だとすぐわかる、ほとんど造られた当初の姿を残している素晴らしい前方後円墳です。

地名を四十八塚と言います。現在十数基確認されておりますが、もともとは字名も小字名も塚原と言うぐらい、古墳群が相当その周辺にあるという地名でございます。三段築成で未掘の古墳です。中身はわかりませんが、地上電波探査機で装飾古墳館の調査がありました。それによりますと、石室か石棺かは残念ながらわかっておりませんが、そういう素晴らしいものが中流域の菊鹿盆地の一番西の端っこにあるということでございます。

それからもう少し上りますと菊池川と内田川が合流します。その合流した少し西北の所に津袋《つぶくろ》古墳群というのがあります。この古墳群の一番上の古墳が、皆さんも石の風車をご存じだと思いますが、そのすぐ横に茶臼塚というのがあります。これは熊本県では非常に少ない方墳です。熊本県の方墳の確認第一号がこの茶臼塚であります。茶臼塚の周溝からやはり古式土師器が出ておりまして、四世紀代に上るものだと思っております。

津袋古墳群は、一番高い所が茶臼塚で、その下に姫塚とか小町塚あるいは津袋大塚、頂塚というように、尾根をずっと内田川流域まで並んで古墳群があります。前方後円墳はございませんけれども、茶臼塚の場合は内部主体が確か木棺墓ではなかろうかと思っております。といいますのは、地元の方が随分前に横から潜って掘り進んだけれど、「何もなかった、石の破片も出なかった」という話を聞きます。潜られた距離が、目測で行きますと中央を突破してもう少し先まで行ったような状況で観察した記憶の話ですから、何も出なかったということはどうも木棺墓であった可能性があります。

津袋大塚は舟形石棺と長持形石棺、それから裾部で新たに長持形石棺が二基、箱式石棺、蓋だけをかぶせた石蓋《せきがい》土壙墓というものも見つかっております。

ちょっと時間が迫って参りましたが、もう少し上流に行きます。今度は内田川より少し上流ですが、合志川《こうしがわ》というのがあります。合志川流域に五世紀前半だと思いますが、慈恩寺経塚古墳というのがあります。これも非常に大型の刳り抜きの舟形石棺を持っております。残念ながら昭和六年に盗掘に遭いまして詳細はわかりませんが、合志川流域を治めた最盛期の円墳だと思っております。

これはホットニュースの一つになるのですが、上流域の菊池市の木柑子《きこうじ》に大きな古墳があります。昔はフタツカサン古墳といって石人が立っておりましたので、装飾古墳で石人を持つ古墳だと思っておりましたら、一九九九年圃場整備でその横にあった古墳が前方後円墳であるということがわかりました。規模は残念ながらよくわかりませんが、そこから石人が四体見つかりました。その四体のうちの一つは首がありません。もともと首のない石人を作っております。これは明日の話になろうかと思いますが、磐井の反乱後のあの時期に造られた菊池川上流域の首長の墓であろうと思います。

最後に、菊池川をずっとさかのぼっていきますと阿蘇に越えることができます。阿蘇は流域からすると白川流域の上流になるわけです。同一文化圏として阿蘇谷と密接なつながりを持っている古墳群は菊池川の上流域とのつながりが強いのではないかと思っております。特に長目塚古墳、これは熊本県で一番大きい古墳ですが、一一一・五メートルあります。そのあと一の宮町手野にある国造神社の横に下御倉、上御倉という古墳がございますけれども、その石室の形態は菊池川流域のもの、そのものであるということから考えますと菊池川流域と阿蘇谷のある時期における豪族とのつながりを感じることができるのです。あとはディスカッションの中で若干お話したいと思います。

西田　どうもありがとうございました。今、隈先生から菊池川流域における首長墓の変遷ということでお話いただきました。同じ前方後円墳でも地域によって連続している時と断絶している時があるということも共に言われた方もいます。特に五世紀の後半になると、菊池川下流域には前方後円墳は造られなくなって、五世紀終わりごろになって船山古墳などが造られ始めるということです。その間約半世紀の空白期間があるということもおっしゃっていたように思います。

阿蘇盆地は、白川流域や緑川よりもむしろ菊池川流域との関連が強いことも示唆されたところです。それでは続きまして、髙木先生のほうから「周辺地域からのアプローチ」ということでお話をいただきたいと思います。お願いします。

周辺地域古墳からのアプローチ

髙木　こんにちは。髙木でございます。今日はこのような盛大な中で発表の場といいますか、話す機会を与えていただきましてありがとうございます。今日午前中から田邉先生、白石先生あるいは今、隈先生がお話になりましたけれども、特に、船山古墳あるいは明日の磐井の乱を巡る問題を中心とした時期に焦点を絞りたいと思っております。まず、隈先生のお話とある程度重複する部分もございますけれども、熊本県内、特に菊池川流域あるいは有明海沿岸の古墳についてのお話です。さらには筑後、肥前地域も含めた五世紀後半から六世紀中ごろまでの動きを中心に見ていきたいと思います。

先程と実は一緒なのですけれども、資料（70〜71頁）の中で、熊本県内の前方後円墳あるいは大型円墳を中心とした首長墓の変遷を書いております。この中で時間軸が書いてないのがややおわかりにくいかと思うのですけれども、左側に一期から十期までと書いてございます。これは、先程隈先生がお話になりました『前方後円墳集成』で使われている全国共通のスケールで話をしようという場合に付けられました十期編年というものでございます。実年代と申し上げますと、大体五期の前半期のうちぐらいに西暦四〇〇年がくるのではないかと私は考えております。さらには、先程の白石先生のお話にもございましたけれども、大体九期の前半代のうちに西暦五〇〇年が来るのだろうと考えています。

この図で若干修正が必要な部分が、今日のお話の中では特に左から二列目の稲荷山古墳の時期です。これは玉名市役所の裏にございます。今、前方部が壊れてなくなっておりましてよくわからないのですけれども、田邉先生の調査により一〇〇メートルを越える前方後円墳であろうと言われております。これは、今書いております場所よりもう少し古いのだろうと考えておりまして、七期の最後か八期の一番頭ぐらいに上げていいと考えております。大体五世紀の後半代で船山古墳より少し古いだろう。それは、出土しました埴輪からそのような年代を考えておりまして、もう少し上のほうに上げる必要があるかと思っております。

そういう意味では、五世紀初めくらいからちょっとブランクがあって、そのあと五世紀の後半に、玉名付近の前方後円墳の中では巨大な古墳が突然出現します。船山古墳はこの八期の中にございます。さらにずっと右のほうを見ていただきたいと思うのですが、右から三列目に球磨川下流域がございます。これが現在の八代市にあります八代大塚古墳、高取上ノ山古墳あるいは茶臼山古墳というのがございます。ほとんど玉名と同じ時期に首長墓が形成される古墳群でございまして、これは先程白石先生がお話になりました火の葦北君の先代からの墓であろうと考えられます。ですから玉名と八代がほぼ同じ期間に頭角を現わしてきたというのが墳丘の形からわかります。

その次に九期、大体西暦で言いますと五〇〇年直後ぐらいに勃興してくる勢力がございます。最も顕著でありますのが右から四列目の氷川下流域でございます。これが火君の奥津城と言われる所でして現在の竜北町から宮原町付近にある大古墳群、野津古墳群を中心とした勢力です。六世紀の初めころ急激に大型古墳を造り始め、あとはあまり続かないという古墳です。

同じような時期に頭角を現わしてくる地域として九期に並んでくるのが先程隈先生から話がございました菊池川中流域です。チブサン古墳をはじめとする山鹿、菊池の一部です。同じように緑川の中流域、現在の城南町から御船町の付近に長塚、花見塚、今城塚がございます。その地域も六世紀の前半代に頭角を表わしてきました。同じように宇土半島基部におきましても、前期古墳で一度盛行するのですけれども、大きいブランクがございまして九期になって再び国越古墳の段階で勢力は頭角を現わしてくるという、熊本県内の構図がございます。

今申しました熊本の肥後地域の前方後円墳の変遷と同時に、特に六世紀を前後するころに筑後あるいは肥前地域が大きく力を現わしてきました。『全国古墳編年集成』（一九九五年）からの図をご覧いただきたいと思います。今回は主に有明海沿岸ということに絞っておりますので筑前地域は入っておりません。古墳の大きさのスケールが大きくてわかりづらいのですけれども、肥前と筑後はいわゆる各古墳のスケールが大体倍近くになります。縦軸が統一された関係で古墳の大きさがちょっと小さくなっております。ちょっとわかりにくいのですけれども、筑後南部の岩戸山古墳を中心とした八女古墳群が大きく力を現わしてきます。これは後期古墳としては九州最大の古墳で、明日もシンポジウムのテーマとなる地域でございます。

同じように肥前、現在の佐賀県鳥栖市付近にございます養父・基肄の一群がかなり力を持っております。それと、現在の神崎・三根の目達原《めたばる》古墳群という地域も四世紀の段階から力を継続的に持っている地域ですけれども、特に六世紀前後、五〇〇年前後ぐらいからどんどん力をつけていく地域だろうというふうに考えられます。同じように佐賀の藤津・杵島の一帯もかなりの勢力として力を持っているというそれぞれの地域の構図がございます。以上が大体主な勢力の動きです。

ここで埋葬施設や出土遺物の問題につきまして、お話を進めさせていただきたいと思います。特に埋葬施設に関して申しますと、白石先生は船山古墳の横口式石棺を石棺式石室とお呼びになりました。この名称の問題はさておきまして、私はこの石室を妻入り横口式の家形石棺と考えております。

この石棺の構造は、横に入り口を付けているということでかなり特徴的でございます。その入り口につきましては白石先生の資料にございます（29頁図2参照）。この石棺を上から見ますと、短辺の小口部に一つずつ、あるいは長辺に一つずつの縄掛突起がございます。こういうあり様は、菊池川下流域ではほとんど類例がございません。舟形石棺の系譜の中ではたどれないものです。むしろ菊池川下流域の舟形石棺、家形石棺は小口部にだけ柱状の縄掛突起を付けるという特徴がございます。にもかかわらず、下流域にある船山古墳の石棺には長辺にも付いています。長側辺に

図5　船山古墳家形石棺（菊水町教育委員会提供）

突起を付けるということは、ある意味では菊池川中流域の勢力と下流域の勢力が結集したかたちでこのような蓋の形になったのだろうということです。これは、菊池川の中流域、現在の鹿本町から鹿央町の付近一帯にございます舟形石棺の特徴です。

横から入り口を付けるということにつきましては白石先生もお話になりましたように、福岡あたり、筑前あるいは肥前北側の玄界灘沿岸地方で発生した横穴式石室の系譜を引いたものと、筑後の石人山古墳という所で初めて作られ始めた石棺の横に穴を付けるという横口式の石棺を合体化させたものでございます。この形のものは、熊本県内においてはこれまで船山古墳が一番古いと考えられていましたが、六、七年前に菊水町江田の竈門《かまど》寺原《てらばる》一号墳という所にこのような妻入り横口式の入り口を持った石棺があるということがわかりました。この古墳の時期は大体船山古墳と石人山古墳の間に位置していて、石人山古墳の直後に位置するということがわかってきました。船山古墳はその竈門寺原一号墳の石棺の系譜を引く石棺であると考えられます。石棺の形態につきましてはそのぐらいです。

それと、菊池川下流域で船山古墳と並んで重要であると申しましたのは先程の稲荷山古墳ですけれども、それと同時に伝左山《でんざやま》古墳というのがございます。これは今日の司会をお務めになっています西田さんが市史の編纂事業の関係で調査をなさったものです。この古墳には横穴式石室と舟形石棺と両方が入っております。この石棺あるいは横穴式石室の構造はかなり変っております。これも恐らく熊本県の中南部、熊本平野以南の墓制、横穴式石室の石障系石室の系譜と恐らく朝鮮半島の横穴式石室の系譜が合体化してできたものと現在は考えております。それはまたあとで少し触れたいと思います。

出土遺物ですけれども、古墳にもともとは立てられていた埴輪の研究が最近進んできました。円筒埴輪の突帯の整形技法に押圧技法、あるいは断続ナデ技法という特徴を持った埴輪は熊本県内では菊池川だけにしかございません。この菊水町から山鹿市の地域だけにしかありませんけれども、最近の研究では岡山付近に系譜があるということを『考古学研究』に野崎貴博さんという方が発表されました。そのような特徴を持ったものが筑後川に近い岩戸山古墳周辺の古墳にいくつかございます。岩戸山古墳そのものにはないのですけれども、その近くの古墳でみられます。菊池川と筑後川との関係、あるいは岡山との関係などについて今後の動きが期待されているものです。

時間がありませんので四番目の石棺の製作と搬出ということに話を進めさせていただきたいと思います。私は昔、向野田《むこうのだ》古墳の調査に遭遇したことがあり、それがきっかけになって石棺を追い掛けていく、ある意味では石棺オタクです。舟形石棺の分布というのを西田さん、兵谷さんがお作りになっております。熊本県が全国の中で一番石棺の多い所でございまして、舟形石棺は九州地方では特に菊池川下流域に多く、その中でも特にこの玉名市、菊水町の地域に密集しております。いわば石棺製作工場があったわけでございますけれども、それは恐らく現在の玉名市玉名から溝上、青木あるいは石貫の付近で造られていたと考えております。

その地域で造った石棺が九州のみならず九州以外にもございます。資料を見ていただきたいと思います。75頁図2は九州以外にある阿蘇石製の石棺の分布を示したものです。黒の四角で書いたものが菊池川下流域の現在の玉名市付近で造られたもので、それが香川県、愛媛県、岡山県、大阪府にあります。六例でございましたが、新たに香川県にもう一例見つかりまして七例になりました。長崎鼻古墳という所で、恐らく五世紀の前半代に菊池川下流域で造られて遠くに運ばれたものとして一番古いものでして、源平の合戦で有名な香川県屋島という島の一角にございます長崎鼻から見つかっています。

図6　唐櫃山古墳石棺（藤井寺市教育委員会提供）

三角は現在の竜北町、宮原町にございます氷川下流域で造られた石棺で、舟形石棺二例、家形石棺一例を入れて三例ございます。もう一例、宇土半島で造られたと考えられておりますのが現在までに一四例見つかっております。以上二四例ございまして、九州から瀬戸内海あるいは近畿地方に運ばれた石棺の総数であります。それ以外に三例ほど候補がございます。現在見ることができないのでわかりませんけれども、将来的には確認できるものと考えております。その石棺の詳細はまた機会を改めることにいたします。

77頁表2が九州以外の阿蘇石製石棺の編年表でございまして、地域と時代を表わしております。四世紀の後半代に山城、現在の京都に運ばれたものを筆頭としまして、大体六世紀の前半代まで九州の石棺が運ばれております。特に菊池川下流域で造られました石棺は先程申しました香川県の長崎鼻古墳に、そして五世紀の前半代から同じく香川県の丸山古墳、岡山県の小山古墳、愛媛県の蓮華寺石棺、大阪でも藤井寺市にある唐櫃山古墳あるいは長持山古墳の一号石棺、これらが菊池川で造られた石棺です。

特に唐櫃山・長持山古墳は現在の藤井寺市にございます市ノ山古墳と言う、宮内庁が允恭天皇陵に指定している古墳の陪冢《ばいちょう》、古墳の周りに築かれた小さい古墳の二つに入っているのです。

五世紀の終わりぐらいになりますと、それまでひたすら菊池川から運んでいたものを、宇土半島が取って代わります。宇土半島から近畿地方へ、特にその中でも大阪府、奈良県、滋賀県の地域に石棺が運ばれております。これは丸で表わしています。一番古いものは羽曳野市の峯ケ塚古墳で、大体五世紀の後半〜末ぐらいに考えております。その中で摂津、高槻市にございます今城塚《いましろづか》古墳、これは六世紀の前半代の古墳でございますけれども、ほとんど大半の考古学研究者はこれが継体天皇の墓であるというふうに考えているわけで、私もそのように考えております。実はこの継体天皇陵の最初に納められた石棺が宇土半島の石棺でございます。私は継体天皇は恐らく宇土半島の石棺に安置されたと考えております。

そのように見てきますと、ひょっとしたら五世紀の後半から六世紀の前半代、少なくとも継体朝ぐらいまで宇土半島の石棺がかなり造られ運びこまれていると思います。その始まりはいつかというのはわからないですけれども、ひょっとしたら雄略朝ぐらいから宇土半島で始まったのか、あるいはもう少し前かもしれません。それ以前には近畿の有力豪族の古墳には恐らく菊池川の石棺が使われている可能性がございます。実際にはまだ大王陵から舟形石棺が見つかった例がございませんので、将来の課題でございます。一番右側に大王石棺ということで、二列目に北肥後？と書いてありますが、五世紀の後半代は、ひょっとしたら大王は菊池川産の石棺に眠っている可能性もございます。

ところが、五世紀の後半から末ぐらいにかけてのころから宇土半島の石棺に変わります。それは恐らく六世紀の前半代で終わると思います。それが今城塚古墳です。明らかに欽明大王は兵庫県竜山石というものを使っており、六世紀の中葉は恐らく大阪と奈良の境付近の石や兵庫の石を使っているということです。

石製品につきまして74頁図1を見ていただきたいと思います。石製品は、この菊池川と筑後地域にかなり濃密に分布していることは多くの方々がご存じですけれども、よく見ますと黒丸を付けました短甲あるいは人物をモデルとした石製品は熊本市の北から筑後地域と、一部大分県の地域にしかございません。それに比べますと熊本以南、特に緑川以南の城南町から竜北町にかけては三角、これは盾あるいは笠をモデルとした石製品が分布する地域です。佐賀県にも一例ございますけれども、これも恐らく八代海沿岸地域で造られて運び込まれたものだと考えられまして、二つの大きな対極があるということが考えられます。

船山古墳の被葬者の性格につきまして白石先生がかなり詳しくお話になりまして、また「ムリテ」を大和政権中枢の中央豪族の首長であると明確に位置づけられました。最近はそれ以外の見解もございますけれども、白石先生がそのようにはっきり位置づけられたことにつきましては私も同調させていただきたいと考えております。

船山古墳の被葬者の中で二番目に埋葬された人が銀象嵌鉄刀を持っているというお話の中で、特にこの被葬者は陶質土器も持っているというお話もございました。実は、陶質土器あるいは須恵器であれ、古墳の周りに置くことはいっぱいありますけれども、墓室の中に土器を入れる習慣は日本列島ではございません。これは韓半島の習慣です。福岡県の重藤さんという方のご研究で大体五世紀の後半代に土器を墓室内に入れる習慣が始まるということです。恐らく船山古墳の二番目の被葬者が陶質土器を持ち込んだという白石先生の時期を、私もそのように考えるわけです。

この性格をどのように考えるかということと、この陶質土器は韓半島の西南地域、百済あるいは百済南の栄山江流域の陶質土器の可能性もございますので、そういう地域との関連性をもう少し考える必要があるかと思います。

西田　ありがとうございました（拍手）。まとめます前にちょっと髙木先生に確認をしたいと思うのですが、70頁の宇土半島基部の大塚古墳と楢崎古墳が書いてありますけれども、『全国古墳編年集成』（一九九五年）の「肥後」のほうははっきりわからないのですが、これはどういうところから来ているのでしょうか。

髙木　松橋大塚古墳につきましては、『全国古墳編年集成』のほうでは向野田の下に書いているのです。実は松橋大塚古墳を一九九九年、熊本県文化課の宮崎さんという方が調査されました。埴輪が大量に見つかっておりまして、もう少し時期を上げる必要があるということです。恐らく六期の初めのうちと考えております。大体五世紀の第二・四半期の前のほうで、第一・四半期よりちょっとあとの時期にあります。楢崎古墳はひょっとしたら前方後円墳ではない可能性も最近少し感じております。もしそうであったとしても、有明海沿岸地域全体の中では、前方後円墳としては小古墳であるという位置づけです。

西田　わかりました。先程から前方後円墳が造られなくなったという所がありますが、この表を見る限りにおいて

70頁の所では第七期です。『全国古墳編年集成』については、五〇〇年から直前の肥後ではほとんど前方後円墳がない時期と見なしてもよろしいわけですか。そんな中でも虚空蔵塚などがありますので、船山古墳の所だけはあった、あるいは造られ始めたということでしょうか。

高木　現在わかっている範囲内では、前方後円墳がまずほとんどないのです。ただ、これには円墳は書いておりません。例えば菊池川の中流域でもチブサン古墳より古い時期に金屋塚という二〇メートル前後の円墳はございますけれども、いわゆる首長墓、全国レベルで見る前方後円墳として位置づけされているものはほとんど見られない時期です。ただ熊本だけの現象ではなくて、意外と全国的にもそういう時期にブランクがあって突然五世紀の後半、あるいは六世紀の前半に前方後円墳が造られ始めるという地域があるということは言われておりますので、古墳がないということではなく大きい古墳を造らないということです。

西田　わかりました。円墳などそのほかの古墳はあるけれども、首長墓と見なされるような前方後円墳は全国的にも突然空白の期間がある、肥後でも同じようなものだということでよろしゅうございますか。

今話を聞いておりますと、最初に隈先生のほうから、古墳群の空白、古墳群が移る、断絶する期間があるということがありました。それを受け入れたようなかたちで、高木先生のほうからはいろいろな面で五世紀の中ほど以降につきましては動きが従来と若干違うところがあるように思います。例えば石棺の移送の問題でも五世紀の中ほどから末葉までは菊池川だけの可能性、六世紀になると宇土産にひょっとしたら完全に代わるのかもしれないというようなところがありました。前方後円墳のあり様についても同じです。

高木先生のほうから話はなかったですが、須恵器の生産と流通につきまして、五世紀の中葉から後葉までと六世紀の前半を見ておりますと、様相が変わっているような気がします。たとえば菊池川下流域では在地の窯で作られた須恵器はないようですが、六世紀前半になると現われてきます。その点、少し説明をお願いしたいのです。

高木　私が実は勝手に植木町教育委員会の中原幹彦さんの図を使わせていただいているので、ご本人に聞いていただいたほうが一番いいのですけれども、これは画期的な研究でありまして、私たちはこれまで時代の尺度として須恵器を見ておりました。しかし最近、産地を同定するという研究が全国的にかなり盛んになりました。中でも中原さんの研究は、それぞれの県内にございます須恵器をほとんど見尽くした中で、土器に含まれる胎土や土器の焼き具合、形態の変化を比べています。さらには、奈良教育大学の三辻利一先生のご協力を得まして、胎土分析をやることによって、それぞれ一個一個の須恵器がどこで作られたかということが特定できるように研究が進められて参りました。

中原さんの研究では大体五世紀の中葉から後半段階までは、先程白石先生からお話がございました大阪の堺のほうにございます泉南の陶邑で作った製品が熊本に入っているということです。一部、先程申しました菊水町の竈門寺原一号墳などでは福岡県朝倉で作られた須恵器が入っているのが五世紀中・後半にございます。

六世紀前半になるとがらっと変わってきて、陶邑産の須恵器が熊本県内にはほとんど入らなくなりました。完全に入らなくなったのでもなさそうですけれども、須恵器がほとんど入らなくなったので、宇土半島で須恵器の製作・生産が始まる、それが宇城《うき》産です。そういうかたちで須恵器の窯は大体目星がついていると聞いております。菊池川に限って申しますと、現在のところまだ正確にはわかっておりません。六世紀前半代に小岱山の、荒尾産の製品が菊池川の下流域に広がっている可能性があるということです。同様に、恐らく葦北の領域だと思うのですけれども、八代産のが六世紀前半にあり、熊本県では少なくとも、宇城産、荒尾産などの在地産の窯があったということです。

なお面白いのは、実は中原さんの研究はもう少し詳細にできているのですが、その研究はまた改めて発表があると思いますけれども、六世紀中葉以降、後半になりますと菊池川の中流域に八女産の須恵器が入ってくるのです。これが私どもの一番興味を引くところでございまして、それが七世紀まで続いていきます。ですから菊池川の下流域から荒尾地域は荒尾産の、菊池川の中・上流域から熊本平野の北のほうには八女産の須恵器が広がっていくというご見解でございまして、この図はそのようなことを表わしているわけです。

西田　ありがとうございました。この時期に動いているような感じを受けていまして白石先生にお伺いしたいのですけれども、ちょうどこの時期が船山古墳の主、被葬者の副葬品の時期とかなり一致するところがあります。その中身につきましてはあとでまた進めていきたいと思いますが、こういう時期は例えば大和政権の雄略天皇、雄略天皇と言っていいかわかりませんが、『日本書紀』上ではそれ以降の清寧・顕宗・仁賢・武烈という天皇の在位も非常に短くて、吉備氏らの反乱の伝承などもございますし、ある程度動揺した時期と一致するような気もするのですが、いかがでしょうか。

五世紀後半の古墳

白石　確かに今ご指摘のように、五世紀の後半が非常に大きな変革の時期にあたっていることは全国的な古墳のあり方からも言えると思います。午前中の田邉先生のお話にもありましたが、例えば岡山市には日本で四番目に大きい造山《つくりやま》古墳という大前方後円墳があります。これは田邉先生が三番目、四番目とおっしゃいましたけれども、まさにそれが正しいので、三番目に大きいのは、私どもが上石津ミサンザイ古墳と呼んでおります、大阪府堺市の百舌鳥《もず》古墳群にあって現在履中天皇陵になっている前方後円墳で三六五メートル、それから、岡山の造山古墳も三六〇メートルということになっているのですが、測量図を重ね合わせますとほとんど一致するわけです。

三百数十メートルで五メートルの差というのは誤差の範囲ですから、まさに畿内の大王のお墓と考えられる上石津ミサンザイ古墳と吉備の大首長の墓と考えられる造山古墳は、共に五世紀の非常に早い段階、恐らく初頭から前半代に同じ規模で造られていることは間違いないわけです。このことが端的に示していますように、五世紀の早い段階では畿内の大王と吉備の大首長はまさに対等の同盟関係であったということが言えるわけです。

関東地方でも五世紀の前半には群馬県に太田天神山古墳という二百十数メートルの非常に大きな前方後円墳が造られます。この古墳には畿内の大王墓に用いられているのと全く同じ形態の長持形石棺が用いられています。もちろん太田天神山古墳の石棺材は近畿から持ってきたのではなくて地元の石を使っているのですが、形が非常によく似ております。これは、やはり畿内の大王や有力豪族の石棺を作っていた工人が群馬すなわち上毛野の大首長の死に際して派遣されて造ったと考えざるをえないものです。

ヤマト政権というのは連合政権であるとよくいわれますが、いずれにしても五世紀の前半という段階はまさに連合政権の時代で、畿内の大王と各地の有力豪族の関係はそういうものであったと思われます。ところが、そういう関係は五世紀の半ば過ぎには、終わってしまうのです。吉備の場合でも造山古墳のあと作山、両宮山という二つの大きな前方後円墳が造られるのですが、この両宮山古墳を最後に大型前方後円墳の造営は終わってしまいます。大型前方後円墳と言えるようなものが五世紀中頃でおしまいになってしまうのは関東地方も同じなのです。

今日は江田船山大刀や江田船山古墳との比較で、埼玉県の稲荷山鉄剣を出した稲荷山古墳のお話をさせていただきましたが、この稲荷山古墳を含む、北武蔵で最大の古墳群である埼玉古墳群というのも、実は五世紀の後半からその形成が始まるのです。これは突然五世紀の後半、稲荷山古墳から始まるわけであって、これについては畿内有力豪族が関東へやってきてここに新しく古墳を造ったのだと考える方も多いのです。ただ埼玉古墳群というような、古墳時代後期の大古墳群が五世紀の後半ぐらいから新しく始まるというのは、埼玉古墳群だけに限ったことではなくて関東各地に見られる現象です。関東で六世紀に大きな古墳を造るような勢力は、少数の例外をのぞき大体五世紀後半、六世紀の初めぐらいから新しく古墳群の形成を開始するのです。

ですから、五世紀後半というのは非常に大きな変動の時期であって、それまで畿内の大王家を中心に各地の有力な政治勢力が連合していたかたちの政治体制から、五世紀の後半になるとヤマトの大王の権力というのは非常に強大化し、逆に各地の有力な政治勢力は没落するわけです。それに代わって全国各地に畿内の大王に服属する地方豪族、それも先程お話しましたように、具体的には畿内政権を構成している畿内の有力豪族と個別につながるような地方豪族が抬頭してくる。伴造（とものみやつこ）という言葉があるのですが、実際にヤマト朝廷で特定の仕事を分担する。いってみればヤマト政権を下で支えるような伴造豪族的なものが全国各地に出てきたということだと思います。

五世紀の中葉から後半というのは、汎列島的にも非常に大きな変革の時期で、前期以来続いていた古墳群が断絶して新たに五世紀の終わりから六世紀になって有力な古墳群が成立するのはごく普通に見られる現象だと思います。

西田　ありがとうございました。五世紀の中ぐらいまでは連合政権と言えるような政権であったけれども、五世紀後半になりますと連合からむしろ王権への服属、序列的に言えば大王に伴造があってそれにそれぞれの地方豪族が従うと、そういうかたちに変化しようとするころだということでよろしいですか。

白石　そういうことだと思います。

田邊　お尋ねします。船山古墳の前辺りに古墳の空白があるのですが、その空白は髙木先生のお話でも横一線というのかどこでも見えるというお話で、さらに白石先生のお話では全国的な様子でもあるというようなお話だけれども、お墓を造らないということはないわけでありまして、いったいその間のお墓というものはどうしたのかと思いますし、地方の豪族は大きなお墓を造り切れなくても、大王は造ったと思うのです。

西田　ちょっとよろしいですか。実は今、それをお伺いしようかと思っていたのです。古い話になりますが、昭和二十七年に田邉哲夫先生が紅顔の美少年だったころ、二七歳です。私はまだ小学校に入る前の話ですが、その時、『熊本史学』に全部で四頁、本文が二頁で表が二頁続く短い論文を出されたのですが、その名称が「墳墓地域の単位制」ということでした。その墳墓地域というのはどういうものかと言いましたら、墳丘はその際考慮しないけれども、古墳の内部主体、内部主体といいますのはこの辺で言いますと、「ねがん（寝棺）」とか「がんおけ（棺桶）」というものですが、実際に死んだ方を入れる棺で、それぞれの形式がそろって共通の特色を有する最小の単位、それは墳墓地域の単位制というのではないかという発表をなさっています。そして、ある程度の連続したまとまりがどれくらいまで広がるかということで発表された論文です。

その時は四十数年前になりますので若干の変動はあるでしょうが、その時に箱式石棺から舟形石棺、竪穴式石室そして家形から横穴の石室に移るのだと提示されて、そういうまとまりをどこまで持っていくかということです。玉名地域で確認されたことがあります。それは船山古墳がありますす江田地域です。そのころ山下古墳も発見されておりませんでしたので、江田の周辺と対岸の溝上に舟形石棺がたくさん出るというふうに先程高木先生がおっしゃいましたが、そちらをひっくるめて一つの地域、それと石貫という、元玉名の代表古墳である永安寺古墳や繁根木という小さな川の流域をくるめて一つの地域、それと玉名町の稲荷山古墳や伝左山古墳、富尾《とみの》の横穴墓を含めて一つの地域、それと睦合の院塚を中心とした地域、さらに荒尾、恩田の一部まで含むものだと思いますが、それを一つの地域としてとらえてみてはどうかという、昔の先生のご提案です。

こういう一つの墳墓地域を、首長墓だけではなくて小さな古墳も含めたところで地域として考えていこうという先駆的な論文だと思います。これについては先生、今のお考えはいかがでしょうか。一つの地域としてとらえる場合に古墳の墳形なども取り入れて、その地域に続いていく一連のまとまりを考えたらということについて今のお考えはいかがでしょうか。

田邉　五十年も前の話ですが、そのころははっきり今のように細かに分ける時代ではございませんでした。今日になってみますと、五世紀の舟形石棺の段階、舟形石棺は実に岱明の院塚、開田《ひらきだ》の院塚、藤光寺古墳は岱明の海岸部、あるいは、今日の立花大塚とか経塚という天水町の所はずっとぱらぱらで、梅林のある小田にも舟形石棺がぱらぱらとあるのですが、舟形石棺のあとに続くものがないのです。

院塚の所にもあまりないし、藤光寺の所も高見というのがあるにはあるのですが、まずないといっていいです。それから天水のほうもあとに続くものがないのです。そして古墳群としてあるのは江田船山古墳の周辺とか玉名市玉名の古墳群から石貫へかけての地域などにぐっと絞られてくるわけです。

お墓というのは家の真正面に据えるのではなくて村はずれに造るものですから、古墳も恐らく村はずれで人によく見える所に造ったのだと思うのですけれども、それにしても全然古墳のあり方が違ってくるのです。いわゆる政治権力という小さな勢力が船山古墳中心とか玉名を中心ということになりますと、六世紀のころにはそれに続くものが出るというような感じでありまして、これまた今までにお話になっているものとがらっと性格が変わってくるという様子がそこでもうかがえるという感じは致します。

船山古墳の周辺地域

西田　もう少しお願いしたいのですが、現在考えられるとするなら先生の船山古墳の周辺地域は、どれぐらいまで広げたら一番連続としては考えられるかということについてはいかがでしょうか。

田邉　そこが実はわからないわけでして、今日確かお話しました津頰《つづら》の国というのがあるのではないか、その津頰の国がある時にはもう一つ大野の国があるのだと考えているのです。いわゆる岱明町から玉名の繁根木方面にかけての一帯は大野の国という一つの国であると、どうも津頰の国というものがあるとすれば大野の国とは別の国だろうというように思っているわけです。

吉備の国の朝勝見《あさのかつみ》が加わってきていますが、吉備の勢力というのは五世紀のうちの勢力で六世紀には駄目になるのです。ともかく五世紀に入ったぐらいの時に大和朝廷が攻めてくる、そのころには大野の国と津頰の国があって、津頰の国がいったいどこまで広がるのか、山鹿とか隈府《わいふ》とかあの辺まで津頰の国が広がるのかと思ったのですけれども、どうもこれははっきりしないのです。私の今の感じでは津頰の国という、五世紀の初めぐらいの国はやはり菊水町であって、広く考えても南関町、三加和町を入れたぐらいの範囲ではないかと思います。山鹿のほうはまた別の国があるのだろうという感じがしております。

そういうふうに国が小さく分かれ、しかも玉名郡でも二つぐらいの国を考える、あるいはもっと分かれたかもしれませんが、そんな国が五世紀の初めぐらいの様子ではないのかと思います。やがて菊池川全流域がひょっとすると一つの国、一つの勢力であったかもしれないわけです。例えば、宇土の装飾古墳と違って菊池川流域の装飾古墳は全部同じような形なのです。そういうことを思うと、装飾古墳が広まる六世紀辺りにはひょっとすると菊池川全流域は一つの国になったのではないかという感じすら持つのです。今日も言われたのですが、ちょうど途中に断絶があるわけで、そうなってくると船山古墳の主は前の時代の主とつながるかどうか、船山古墳の主は途中から別の者が空白の時に入ってきたのでないかという気すらするのです。

西田　空白と言いましても、髙木先生のお話のように前方後円墳については空白があるけれども、そのほかの円墳などについては継続しているのでないかということです。そのことを考えますと、首長墓、今で言うと市長さんや村長さんでしょうけれど、そういう方々をある時期だれにするかみんな迷った時期があった、それが五世紀後半でないかと思うのです。先程白石先生がおっしゃったのですけれど、もともとは大和と地方との連合政権、それがこのくらいになると序列ができて、地方でも本来の地域的な規模、小さい規模で発生するということがあると思うのですが、その点は髙木先生いかがでしょう。

髙木　玉名市域から菊水町にかけての地域において古墳は菊池川の扇状地域の台地縁辺部に集中しています。先程石棺のお話をしましたけれども、石棺の形態などは大きくは小口部に突起を付けるというのが基本的な形です。これは経塚古墳、菊水町付近の石棺、山下古墳などすべてがそのような形になっています。ただ例外的に船山古墳のは側面にも突起があって少しだけ違います。大きい意味では菊池川下流域が一つのまとまりがあるということです。中流域は中流域で小口部だけではなくて長側辺にも突起が付くという特色がありまして、雰囲気からいけば、大体旧郡単位ぐらいで、大きいまとまりとしてとらえることができると思います。

ただ、それがそれぞれの水系なり、下流域なら下流域の中でのまとまりとしては、本当はもっと小さい、いわゆる「郷」ぐらいの単位に小さく分けるという単位制は保持されるけれども、結果的には全体としては郡単位で動きます。例えば、先程中原さんの須恵器の図面を見せていただきまして、これなども基本的には六世紀前半の固まりとすれば荒尾産が菊池川の下流域にまとまっていますし、宇城産が熊本平野の南から竜北・宮原の付近まで宇城産として分布が広がっている。これが大体旧郡で言えば葦北郡と託麻郡もちょっと含むわけです。その地域には前方後円墳のはっきりしたものがございませんので、宇城地域で宇土周辺、八代郡地域あるいは葦北郡地域でまた一つまとまりがあります。

その次の段階で出てくる八女産は菊池川の中流域に広がるということから言えば、大きくは、恐らく郡単位ぐらいで動いていて全体の歩調は合っているのですけれど、前方後円墳は造らなくてもそれぞれの円墳などが連綿と築かれているという意味での単位は、けっこうあとの律令の郷ぐらいまで小さいかたちで引き継がれていくのではないかということを考えています。

西田　それでは中流域を主に研究されていました隈先生としては、山鹿地方ではそういうまとまりというものはどの辺ぐらいまで広がるとお考えですか。

隈　これは時代によって大きなエリアになったり、狭いエリアになったりするのではないかという気が致します。髙木さんの作られた図を見ていただきますと、中流域の場合、一番突出して大きな古墳群になったのは岩原古墳群です。その古墳群は、先程も言いましたように菊鹿盆地の一番西の端にあるわけです。その菊鹿盆地が一望に見渡せる台地となりますと、岩原古墳群の成立の基盤は菊池川中流域を経済的な基盤にしているのではないかという気がします。そして、それがあと、ぽつっと切れてしまうのです。

それが船山古墳のエリアの中に吸い込まれるのかどうか、前々から田邉先生と「岩原はどちらだろう」という話になる時に、私は、ある時期は古墳群の巨大な力の中にありながら、ひょっとすると船山のころになりますと菊池川の下流域に入り込んでいくのかと思い、田邉先生は、「岩原は旧米野岳で玉名郡の中に入る」というお話も考えますと、全く私案でございまして確たる証拠がないのですけれども、時代によって離れたり支配されたりということがあったのかという気がします。

田邉　これは明日の最大の問題点なのですけれども、火中君というのが文書に出てくるのです。火君のモトなのですけれども、火中君というのがいて磐井の反乱の時にそちらに味方をするのです。そうすると磐井の反乱というのは

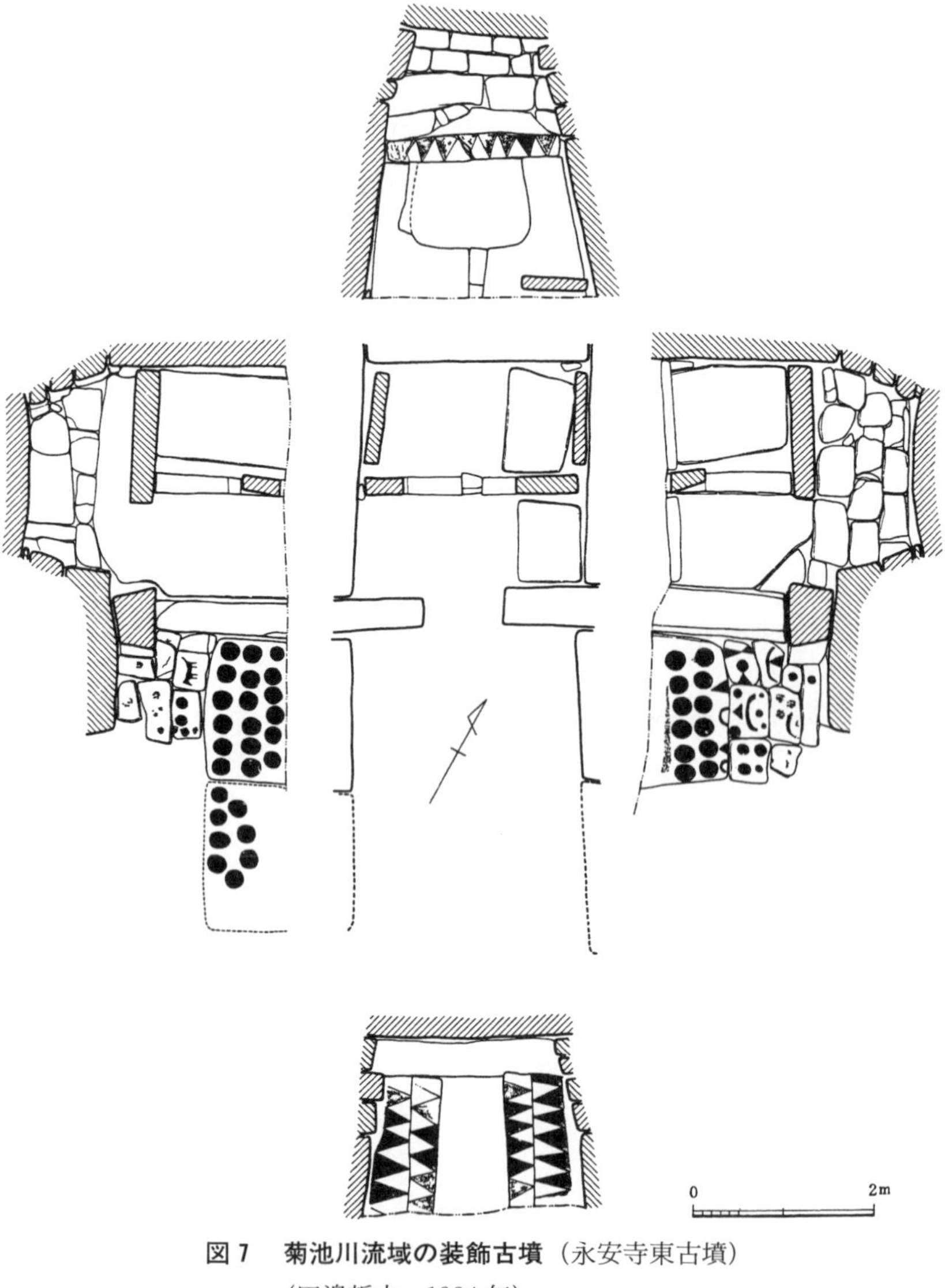

図 7　菊池川流域の装飾古墳（永安寺東古墳）
（田邉哲夫、1984 年）

船山古墳のすぐあとぐらいにあるわけで、その時に火中君というのであるから菊池川全流域が一つの統一政権下にあったのではないか、そうなってくると船山古墳の主はひょっとすると菊池川全流域に号令をかけるぐらいの力があったかもしれません。あるいは菊水町方面、山鹿地方方面というようにばらばらに分かれているのを火中君と一括して言うのかどうかという問題などが実は明日の最大のテーマになると思うのです。

船山古墳のあと、いわゆる装飾古墳がはやります六世紀にはなるほど菊池川の流域の装飾古墳は似たようなものでありまして、いわゆる直弧文というのがなくなりまして、三角文辺りを主とするような装飾古墳で、宇土方面とかなり違うのです。何か六世紀になっても船山の前辺り、菊池川流域は統一政権下にあったのであろうかと思うくらいまちまちであるような気がします。いわば、船山があれだけきんきらきんを持っているということは、ただ貿易して品物が入ってくるというだけなのか、自分が治め支配する地域がかなり広くなくてはあんな格好にならないのではないかということを実際私が知りたいわけです。なかなか見当がつかないでいます。

西田　関東辺りでは一郡ではなくて二郡規模などに広がる領域が考えられるような所がございますか。

白石　実は関東地方はちょっと特殊な地域でして、後期になると比較的大きな、一〇〇メートル級の前方後円墳がものすごくたくさん造られます。これは全国的に見ても異常で、それをどう解釈するか難しいのですが、これはヤマト王権にとって経済的にも、軍事的にもきわめて重要な地域であったために特別扱いされた、ほかの地域とは違った基準で古墳が造られたと考えざるを得ないです。

例えば群馬県では六世紀になると、のちの律令時代の一つの郡の中に代々一〇〇メートル、あるいはそれに近い規模の前方後円墳を造るような勢力が多い所では三つ、四つあります。ですからちょっとほかの地域とは一緒にならない。先程私が申し上げたのはきわめて大雑把な話でして、五世紀の後半ぐらいにブランクがあるというのは、巨視的な、大きな目で見ればそういうことだということです。それぞれの地域や古墳群によって、四世紀、五世紀代の伝統的な古墳の系列が断絶して、それに代わって新しく五世紀の終わり頃、あるいは六世紀に入って新しい古墳群が出現しますが、その時期は微妙に食い違っているわけです。それが実態だと思います。

千葉県で一番大きな古墳は富津市内裏塚《だいりづか》古墳という、長さ一四五メートルから一五〇メートルぐらいの五世紀前半から中葉ころの前方後円墳です。この内裏塚古墳群では五世紀前半には上総最大の古墳を造っているわけです。ところが五世紀の後半になると、古墳は造られているのですが規模が非常に小さくなります。そしてまた六世紀中葉以降になると、九条塚、稲荷山、三条塚など一〇〇メートルを超えるような大きな前方後円墳が復活するようになります。

五世紀後半がブランクだといってもさまざまな場合があり、内裏塚古墳群の場合、恐らく内裏塚古墳群を残した政治勢力というか氏は残っていたのだけれども、五世紀後半の段階ではあまり大きな古墳を造りえなかった。ところが何らかの理由でその集団は六世紀に入ってまた復活して、ヤマト政権の中で一定の地位を占めるようになったために大きな古墳が造られるようになったということだと思うのです。ですからそれぞれの地域で細かく見ていかないとそう簡単には一括できないと思います。

ただ、大王のお墓を含むような畿内の古墳群でもそうですが、前期から中期、さらに後期へと連続してある程度の規模の古墳が造られ続けているような古墳群というのはまず考えられません。それぞれに栄枯盛衰があるわけで、その中でもやはり五世紀後半に汎列島的な規模で何か大きな政治的変動があったことは間違いないと思います。

先程の田邉先生のお話に関連して考えられるのは、岡山大学におられた近藤義郎先生が当時のこうした古墳群を作るような単位のことを地域的政治集団という言葉で呼ばれました。言い換えれば国と言ってもいいのかもしれませんが、この地域的政治集団のあり方は、70～71頁に髙木さんたちが整理しておられるこの地域の古墳の消長から読み取ることができると思います。

肥後の場合は該当するかどうか私にはわかりませんが、例えば吉備の場合、吉備には巨大古墳と言っていいような大古墳が三つあります。そのうち、五世紀初頭に造られた造山と五世紀の前半から中葉ぐらいに造られた作山は備中です。それに対して三番目に造られた両宮山は備前です。吉備という一つの国、政治集団と言ってもいいと思いますが、これは決して一つ集団であったのではなく、吉備の上道臣、吉備の下道臣、吉備の笠臣などいくつかの地域的政治集団が連合して大きな吉備政権ともいうべき一つの政治集団を作り上げていたのです。

そして、その中の特定の政治集団が一貫して大首長権を握っているのではなくて、最初は備中にあったのが新しくなると備前に移ってくるというふうに、大首長権は移動しています。これは、ある意味では大王の場合も同じようなものではないかと私は考えています。そういうこともあって、田邉先生もおっしゃいますように、国と呼べるような政治集団の範囲、その栄枯盛衰のあり方を読み取るというのは非常に難しい課題だと思います。

西田　私の説明が悪かったと思うのですが、今白石先生のほうから整理して説明していただきたいと思います。私が問いかけたかったのは、一つの小さな地域と、それを今度は横につなぐまた別の地域もさらに含んだ一ランク上のまとまり、そういう段階を迫ったまとまりがあって、江田の船山はそのどれくらいまでを領域とするのかということを聞きたかったのですが、今のお話を聞いていますと先生方からはまだそこまで答えが出ないような気もします。

船山古墳のこれからの課題ということで質疑ございますか。

白石　高木さんが作られた表をみますと、少なくともここで八期と呼ばれている時期、船山古墳が造営された時期には、やはり菊池川下流域、田邉先生がおっしゃる大野の国に稲荷山というすごく大きな古墳が一つある。それに割合近いですけれど、まさに清原古墳群の所にまた一つ有力な勢力があります。それからずっと南にまいりますと、氷川の流域にはまだこの時期には顕著な古墳ができていないのかどうか私にはわかりませんが、ここには恐らく磐井戦争のあとに野津古墳群というすごい古墳群が出てくるようです。氷川下流域にはまだみられないにしても八代、球磨川下流には、高木さんのお話にもありました、火の葦北の国造《くにのみやつこ》とのちに呼ばれる集団がみられます。

少なくとも八期の段階ではこの稲荷山古墳を残した集団、それから清原古墳群を残した集団、それから火の葦北の国造とのちに呼ばれるような集団、この三つの勢力が非常に大きな力を持っていたということは十分読み取れます。それ以外にも地域的政治集団はいくつかあったわけですが、それは必ずしもヤマト政権とよばれる連合政権の中ではしかるべき位置を占めていなかったということになるのではないでしょうか。

西田　今、白石先生から話していただきましたことに関しては、先程の高木先生の言葉で言いますと郡単位ぐらいになるのでしょうか。次の頁にちょうど五世紀の中ぐらいから六世紀の初めぐらいの九州の前方後円墳をざっと乗せたのですが、まだ高来郡などに打ち漏らした所がかなりあります。宗像周辺も若干あります。

ここに地名が書いてありますが、これは大半が実は県《あがた》です。県でないのは基肄《きい》と浮羽、宗像です。そのほかは県もしくは県主として過去に記録されている所です。そうして見ますと、ちょうど五世紀の中葉から六世紀中葉ぐらいには、肥後の場合は八代と阿蘇にありますが菊池川流域についてはありません。

ところが先程田邉先生の話では江田というのは実は県なのではないかとおっしゃっていましたけれども、国というふうなことではございませんが、特に大和政権とのかかわりが深い所でこういう何らかのまとまりがあって、大きな目で見るとそれを一つの固まりとしてとらえていいのではないかと思ったことがありました。田邉先生、江田とのかかわりでいかがですか。

田邉　江田が県に通じていないかという問題が一つあると思うのですけれども、従来船山古墳群は玉名郡司に日置氏というのがおります。その日置氏は、畿内地方の日置の移住者なのですけれども、奈良・平安時代の前半にかけて、この地方を治めた日置氏という中央の豪族の名前を取るわけですが、私は船山が日置氏の墓ではないかと思ったのです。

先程から話が出ています、船山の前に空白があります。空白の時辺りに何かあって、従来の江田方面の豪族があの辺でつぶれて、大和から派遣された日置氏が入ってきて、船山清原のああいったものを造ったのではないかと思ったのです。

ところが、それでおかしいのは磐井の乱の時に、火中君というのがつぶれる。そうなってくると、日置氏が磐井の乱をくぐり抜けて命があるのはおかしい、さぁ困りました。いわゆる日置氏が入ってきたのが五世紀のうちなのか、

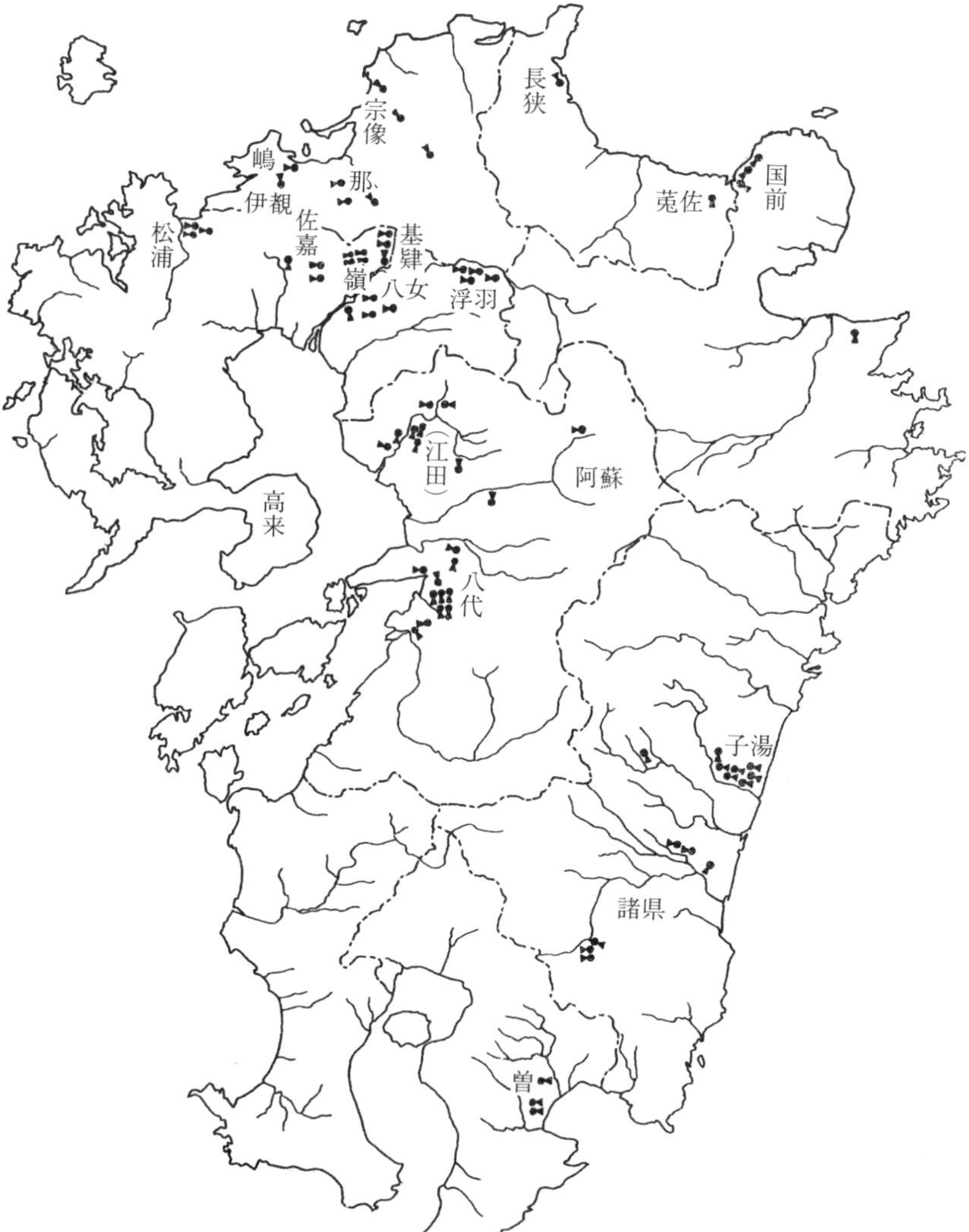

図８　５世紀中葉から６世紀中葉の前方後円墳

(西田道世・兵谷有利作製)

あるいは磐井の乱後の六世紀後ある程度入ってからのことなのかと思ったのです。県というのは、私も少し理解が間違っているかもしれませんが、大和朝廷の直轄地であります。県という地名が残るのは、大和朝廷の勢力が非常に色濃く入ってくる地域であります。これは前の勢力が負けて、磐井が福岡県の糟屋屯倉を差し上げるから許してくれと言って、助かっているので、完全につぶされたことにはならないのでしょう。ともかく、江田が県だとすれば、大和朝廷の勢力が非常に色濃く入ってくる時期があります。前方後円墳が、この辺からシャットアウトということになります。そうすると、例のツヅラの時に大和朝廷の勢力がぽっと入ってきてもいいし、そのあと五世紀の空白に入ってきてもいいし、その辺はわかりません。

西田　県については先程、説明少し漏れていましたけれども、この時期に県ができたと考えて、これを作ったのではございません。ずっとあとのことだと思います。六世紀の中ぐらいに、特に六世紀の「磐井の乱」のころのあとに、どのような動きがあるのかも絡めて、県と前方後円墳の時期を出していたところです。特別これがあるから県ということではありませんが、前後を含めて考えたらどうかと思って提出したところなのです。

いずれにしましても、何となく大きなまとまりは考えられますけれども、江田の船山古墳の領域はどれくらいまであるかということは少し難しいようですので、隈先生はいかがですか。

隈　先程も申しましたが、例えばそれより前の段階では下流域の集団と中流域・上流域の集団があったのです。それが船山のころになるとまさにここに吸収されてしまったような気がします。上流域に船山に匹敵するような古墳の規模というのではなくて、中身で勝負できるような古墳も見当たらないのです。そういうことを考えますと、この船山古墳の五世紀後半の時期は、船山こそがどうも菊池川の中流域までも支配下に置いたような気がしてならないのです。

西田　わかりました。それでは、菊池川流域の中のいくつかの地域の集団があるかと思いますが、五世紀の後半以降、菊池川、江田船山古墳の周辺の盟主権の移動があった。今のところ、全体がそこに抑えていたと理解してよろしいですか。

田邉　今は鹿本郡といいますけれども、山鹿郡と山本郡がありまして二つを合併したので山を取りまして、鹿本郡にしたのです。山鹿郡と山本郡の間に玉名郡がぐんと延びて、菊池郡の七城町の手前まで玉名郡です。あれはいつから玉名郡なのでしょうか。山鹿郡か山本郡のどちらかにくっつけばいいと思うのに、ずっと明治の初めまで玉名郡の何かがあるのです。

先程、話のありました装飾古墳館がある所の岩原古墳の双子塚は鹿央町ですから、鹿央町は鹿本郡の中心とおっしゃっていますが、歴史ではまず玉名郡なのです。なぜそうなのか。そして、その奥が菊池なのです。菊池郡は一番恵まれた農業地帯であろうと思うのに、古墳辺りがぱっとしないのです。

私は菊池にいる豪族が古墳は造らなかったのではないか。「俺は違う」と言って、モッコスがおったのではないかということ辺りも考えていないわけではないです。菊池郡の周辺部には前方後円墳がある。菊池郡の真ん中にないのです。その辺は非常におかしいと思うのですが、少なくとも今の玉名郡から鹿本郡の範囲までは船山古墳時代は、隈先生からおっしゃっていただきましたので、私もだいぶ安心しましたけれども、一つの勢力であってもいいのではないかと考えております。

銀象眼銘の大刀

西田　なかなか難しいところで、結論は出しようがありませんので一応この件に関してはここで終わりたいと思います。それで、時間があまりありませんけれども、銀象眼銘の大刀について少し触れたいと思います。

最後になりますが、高木先生のお話と白石先生のお話を合わせますと、船山古墳が三世代に分かれます。そうしますと、それと船山古墳の時期の石棺移送問題を考えるときに、第一世代と第二世代、五〇〇年前後になりますが、それについては、石棺を畿内方面に移送した可能性は強いのです。ただ、第三世代については、移送には関与していないのかもしれないということになります。

船山古墳がそれまで大和政権に直接従属していた時代からある程度、自立の時代に移ったことを意味しないのかと思ったのですが、髙木先生はいかがでしょうか。

髙木　玉名付近で造られた石棺が近畿地方に運ばれていたのは船山古墳の造られるころ、ないしは直前まで、その後は宇土半島に代わる可能性が高いです。そうなってくると、結論から言えば、玉名地方は自立の時代に入ったのですが、なぜ代わったのかを少し整理していきたいと思います。

結局は、石棺を運ぶということがどういう意味を持つのかということが大事だと思います。一つは先程、白石先生が銘文の解釈の中で、ムリテをどのように位置づけるのかというお話をされましたが、結論的には白石先生はムリテを畿内中央豪族の一人であろうということであったと思います。阿倍氏など中央の畿内有力豪族の系譜が、ひょっとしたら大王家の変化というか、雄略はいわゆるそれ以前の安康などの大幅粛清をやって、皇統系譜を調整して結果的には都合のいいかたちでの組織の組み替えをやっています。

それで大伴か阿倍、あるいは中央豪族・有力豪族が大王との関係でひょっとして大きい組み替えがあった可能性がありますそしてこれに連動してそれらにくみしていた地方豪族も組み替えられるということが恐らくあったのではないかと考えておりまして、そういう意味で、五世紀後半代の雄略の時期ぐらいが大きな劇的な動きがあったのではないかとみています。これはもちろん内容が変わるたびに何回もあるのです。

地方の末端行政組織までも大幅に変化させていくような有り様が中央の激変と共にあって、菊池川が宇土半島に、ある意味では逆転する時期があって大和政権の中枢の列からはずされる時代が来たのではないかと思っています。そうい意味では、西田先生がおっしゃいました自立の時代に入ったというのは当たっていると思います。

西田　話はここで変わりますが、先程、白石先生からムリテとか伊太和、張安についてのご見解がありましたけど、田邉先生のご意見をご披露いただきたいのですがいかがでしょうか。ムリテの銀象眼銘の銘文の読み方としまして、玉名ではどのように理解しているのですか。

田邉　荒尾市の製鉄跡群とか小岱西鹿の窯跡群とかは実は坂本経堯先生のお供をして私共が調査し明らかにしたものでございます。そういうこともありまして、坂本先生がお考えになりましたのは、『和名抄』にある玉名郡の郷の名前で今日まで伝わっているのは例えば大津です。大津山の大津です。南関の所、大津郷であるとかあるいは、江田郷であるとかは大体わかるのですけれども、行為の「為」、それに太いという字を書いた郷があるのです。読むと「イタ」と読むことができるのです。だから為太郷という郷が少なくとも奈良・平安時代にはあったのです。

為太郷がどこか、玉名郡には七つか八つの郷があるのですが、それをずっと当てていきますと、どうも荒尾でないか。しかも荒尾も北のほうに、「井手」という村があるのです。そこと平山という村と合わせて荒尾市ができるついこの間までは、平井と言っておりました。井手郷がある。そこまではいわば、製鉄地帯の中に入るのです。そこが為太ならば、為太は製鉄が行なわれているのです。あの刀は地元で作った刀ではないかというのが坂本先生のお話でございます。

あれは象眼がしてあるのです。坂田邦洋先生が玉名市役所のすぐ奥にあります繁根木《はねぎ》古墳、われわれは伝左山古墳と言っておりますが、繁根木古墳の人骨の歯を調べたのです。そうしたら、歯に溝があって、金が残っていたと言うのです。溝の形から、金の針金のようなものを歯でしごいていたのではないかと僕は聞いたのです。

そういうことをやっているとすれば、船山古墳の大刀は銀で象眼ですけれども、金象眼も銀象眼も技術的には同じであると思うのですが、そういう象眼の技術も当地にあっていいのではないか。白石先生のご説はありますけど、坂本先生がそうおっしゃるには、可能性はあると思っているのです。

西田　白石先生に、今の田邉先生のお話について、コメントしていただきたいと思います。ただもう一つ、私のほうからもお尋ねしたいのですが、例えば江田船山古墳の刀と稲荷山の剣とが非常に違う所があります。船山古墳は銘文につきましては所持者の吉祥が中心です。子孫繁栄とか統治、自分の支配・権力が長く続くようにということです。

稲荷山につきましては、オホヒコの系譜なども含めまして、身分・地位・天下を助けると書き連ねてありますので、文意的にはかなり違うと思います。それも含めたところで、田邉先生のお話に対してどのようにお考えかと思いまして。

白石　今朝、田邉先生のお話を伺っておりまして、一つ非常に感銘を受けたことがあります。それは今の自分の考えに合わないからといって簡単に否定してしまうのは非常に危険だということです。これはおっしゃる通りだと思うので、私も自戒しなければならないと思っています。

確かに私は、江田船山大刀、それから稲荷山鉄剣は、やはり中央豪族が作ってその職掌上密接な関係を持っている地方豪族に与えたものだと思っております。これに対して、江田船山大刀は肥後の豪族、稲荷山鉄剣は武蔵の豪族が作ったものだと考える研究者も決して少なくないのです。亡くなられましたけれども、井上光貞先生は稲荷山鉄剣について、これはあくまでも武蔵の豪族が作ったもの、あるいは作らせたものだという考えを持っておられました。古代史の研究者でも、例えば江田船山大刀の銘文を一番新しくお読みになった大阪大学の東野治之さんなども、やはりこれはそれぞれの在地の豪族達が作ったものだという考え方をしておられまして、これは古代史の世界でも決して決着がついているわけではないので、坂本先生の今のご意見などを記憶にとどめておく必要があると思います。

ただ、今のところ私は、やはりこの二つの銘文自体に非常によく似ている所があって、これは早くから指摘されていますが、「天の下治しめしし」「天下を左治し」とか、ワカタケル大王に全く同じ字を当てていること、「典曹人」に対して「杖刀人」とか、それから「八月中」と「七月中」、非常によく似ているところが多いわけです。

私は、大和か河内かわかりませんが、共に畿内で作られて武蔵なり肥後なりにもたらされたものだと思っております。今、西田さんは銘文の内容が大きく違うことをおっしゃったのですが、それはその通りだと思います。ただ、江田船山大刀について申しますと、その「統ぶる所を失わず」ということが書いてある。その統治権を失わないということですが、これは立命館大学におられた山尾幸久先生が指摘しておられる所ですが、その「統ぶる所を失わず」というのはいかにも地方豪族の喜びそうな言葉です。地方豪族が、支配している支配権を永久に失わないと書いてあるのです。これは山尾先生も私と同じような解釈をしておられるのですが、畿内の有力な中央豪族がその職掌上密接な関係を持っている地方豪族に与えるために作った刀だと考えて一向に差し支えないと思います。

稲荷山鉄剣についても、確かにこれは家という言葉を使っていいかどうかわかりませんが、オホヒコの家の系譜をうたい上げていて、それが代々大王に仕えた、まさに奉事の根源を書いているのです。これはまさにヲワケの家にとって大切な剣なのですが、午前中にも少し申しましたように、当然阿倍氏というような中央で軍事を統括している有力豪族と、地方にいてそれを助ける東国の有力豪族の間には、恐らく擬制的な血縁関係といいますか、共通の祖先を持っているという意識ができあがっていったものと思われます。これは意図的に配下の同族に与えるために作ったと考えられなくもないわけです。そう考えれば、このヲワケの家にとって非常に重要な剣は、ヲワケと祖先を共通にするという意識で結ばれている武蔵の豪族にとって決して意味のないものではないと私は思っています。

西田　ありがとうございました。もう時間となりましたので、結論はなかなか難しいところがありますが、そろそろ切り上げたいと思います。話の展開と致しまして、時間がありましたら午前中に白石先生のほうから提案がありました第一世代・第二世代・第三世代それぞれの時期の菊池川流域の周辺の変化、有り様についてもっと検討したかったのです。それと第三世代ぐらいにやってきました菊池川流域の装飾古墳、さらに磐井の乱の始まる寸前まで持っていきたかったのですが、私共の不手際のためにそこまでいくことができませんでした。

一応ここで終わりますが、それまでどなたか何か講師の先生にご質問があられる方はお願いします。

佐藤　稲荷山の剣と江田船山の大刀の銘文はよく似ていると考えてもいいかということでしたけれども、この辺の古墳を見ていますと、江田船山の時には大体剣は作らずに大刀だと思います。関東のほうが剣をいつまで副葬するようになったかよくわかりませんが、剣と刀の違いは地域差を表わしているという点で意味があるのかもしれないと思いました。その辺が一つです。

図 9　清原台地航空写真

もう一つ、70～71頁の表では流域ごとにまとめてあります。さらに細かく言いますと、氷川流域については野津古墳群というのがありまして、物見櫓、中ノ城、姫ノ城、端ノ城というのが同じ台地上にあるのです。同じ台地上に前方後円墳がずっと並んでいるのです。それほど多くはありませんが、清原古墳群もそういう性格が出ております。

　そういう状態を広く見れば、同一地域なのですけれど別の丘陵であるとか、二つ三つ離れた丘陵であるとか、そういう前方後円墳のあり方というのがよくわかるのです。その辺のところは何か問題にしなくてもいいのでしょうか。

白石　前期と言っている時期、三世紀後半から四世紀の段階では、刀はもちろんありますが圧倒的に剣のほうが優勢です。ところが六世紀になるとこれは明らかに刀の時代で、剣が少なくなっています。時代的な傾向として剣の時代から刀の時代へという方向ははっきりしています。

　朝鮮半島などでは、もう少し早くから剣の時代が終わって刀の時代になっています。稲荷山鉄剣が剣で江田船山大刀が刀であるが、これは地域差を反映する可能性はないのかというご質問だったのですが、私はこれはまさに時代差であろうと考えています。私は稲荷山鉄剣はまさに銘文に書いてあるように、辛亥の年、四七一年に作られたと考えて差し支えないと思います。

一方の江田船山大刀は、「ワカタケル大王の世に云々」と書いてあります。これは銘文を検討された東野治之さんが報告書で指摘しておられることですが、何々大王の世、何々天皇の世というのは、その大王なり天皇なりの治世が終わってからでないと、こういう表現をしないのです。ワカタケル大王の世にこの刀を作ったのではなく、ワカタケル大王が亡くなって以降と考えるのが私もいいと思います。雄略がいつ亡くなったか問題があるのですが、『日本書紀』の場合は四五六年に即位して四七九年に亡くなったことになっています。

しかしながら、例の南朝の『宋書』には四六二年に倭王が中国に使いを送っているのですが、この時代は興、これは安康天皇なのですが、まだ武の時代になっていないのです。それを考えるとどうもこの『日本書紀』の記載は少し繰り上げられていて『古事記』では雄略の崩年干支、天皇が亡くなった年の干支を書いておりますが、これが己巳、四八九年であって『日本書紀』より十年新しいのです。恐らく、このほうが正しいらしい。古代史の先生方もそのように考えておられる方が多いようです。

そうすると、江田船山大刀が作られた年代は割合限定できるのです。ワカタケル大王の治世が終わってからだとこれは非常に長いのですが、これを作らせたのはワカタケル大王に典曹人として仕えたムリテですから、ワカタケル大王に仕えたムリテはまだ生きている。それほど時間は経っていないのです。

ワカタケル大王が亡くなってまもないころということになると、まさに四九〇年過ぎに限定できるのではないかと思います。そうすると、やはり二十年あまり差があるので、この二十年というのは大きくて、日本の古墳では五世紀の後半は剣の時代から刀への移り変わりの時期で、刀がだんだん多くなってきますが、剣もたくさん残っています。

ところが五世紀末から六世紀になると剣が少なくなり、圧倒的に刀が多くなってきます。まさに転換期の微妙な時期に当たっているのですから、一方が剣であり一方が大刀というのは、地域差というよりはまさに時代差を表わしていると考えていいのではないかと思っております。

西田　それでは高木先生。

高木　先程の佐藤先生が言われたことについてですが、氷川下流域の野津古墳群のところに多くの古墳が集まっています。特に九期の時期に集中しているのですが、小さく見ればこの図は少し間違っています。物見櫓、中ノ城、姫ノ城、次に東新城とありますけど、東新城と端ノ城を入れ替えたほうがむしろ場所的にはいいわけで、東新城と大野窟は同一丘陵上にありますので、訂正して並べかえていただきたいと思います。

これ自体、二つの群がかなり接近しているということこそ異常な有様だと思うのですけれども、どういう違いの意味があるのかということに関しては、やはりそれぞれ小さいグループとしては別なのではないかと思います。菊池川下流域の船山古墳のいわゆる清原台地に、経塚、虚空蔵塚、船山、塚坊主は同一丘陵上に並んでおりますけれども、そこから離れた伝左山古墳はこの図には載っておりませんけど、恐らく、船山古墳の最初に築造された時期とほぼ同じと思いますが、場所は違うのです。

先程、田邉先生からもお話がございました、伝左山古墳の歯の調査ですが、実は船山古墳も歯が出ているのです。これだけの注目すべき船山古墳の歯と伝佐山の歯については、田中良之さんのような方法で検討がなされれば、すべての地域で、ひょっとしたら血縁関係が見られるようなことが絶対にないとは言えませんので、それなりの手続きを踏む必要があると思いますけれども、やはり証拠物としては別であるということです。答えになっているかわかりませんけれども。

西田　時間もだいぶ過ぎましたので、次の質問はレセプション会場で個々に聞いていただきたいと思います。これにて、第一日目のシンポジウムは終わりたいと思います。どうもありがとうございました。

第二部　磐井の乱をめぐって

磐井の乱とその後の肥筑

田中 正日子

一 はじめに

六世紀前半におこった筑紫の大豪族磐井《いわい》の乱は、東アジアの動向に対応して統一的な支配体制をめざすヤマト朝廷と、伝統的な独自の対外交流を維持して「其の統る所を失わず」に確保しようとする、そんな筑（筑前・筑後）・火（肥前・肥後）・豊（豊前・豊後）の首長層をまきこむ戦いとして展開しました。しかし研究者たちのあいだでは、当時の大王の支配力が、実体として地方首長層たちのどのていどの従属性、または自立性の上におよんだのか、その評価がまだ一定していないのです。そのため磐井の乱は、「磐井の反乱」とか「磐井戦争」などとも呼称されています。でもここでは、もうひとつといわれている「磐井の乱」としました。ヤマト朝廷は、西日本の特定の首長と連合関係を持つ盟主的な存在であって、そこへより強力な支配をおこなおうとして、磐井との戦いがおきたと考えているからです。

そこで磐井の乱は、白石先生がお話になった五世紀代の船山古墳のころに、ヤマト朝廷と北部九州、とりわけ筑・肥・豊の在地首長との関係がどうなっていたのか、その理解が原因を考えるうえで重要になります。ここであらためて五世紀代に焦点をあわせれば、私はヤマト朝廷の対外政策が重要な意味をもっていたように思えてならないのです。大陸文化の直接のとり入れ口となった百済王家は統一をめぐる抗争を激化し、そのために、ヤマト朝廷が宋皇帝に半島への派兵の認証をえて、在地首長に過重な負担を強いる結果になっていたからです。しかし、磐井は若いころ朝廷に出仕していますが、在地首長としては地域支配に独自の司法権を維持し、新羅系の渡来人などとも強いつながりをもっていたように思えます。

これから、その具体的な内容を話したいと思います。結果的には、勝者側の編述した文献史料に多くを頼ることになりますが、ここでは敗者の舞台となった筑肥、いやこの会場からいえば「肥筑」というべきでしょうか。テーマは田邉先生の提言にしたがってそのようにきめましたが、その地元に足場をもとめて、皆さんといっしょに「磐井の乱」とその前後を考えてみたいと思います。

二　史料にみえる磐井の乱

磐井の乱に関してもっとも多くを語る古代の文献史料は、七二〇年（養老四）に完成した『日本書紀』（以下は『書紀』と記す）です。しかし、そのなかには六二四年に成立した唐の『芸文類聚《げいもんるいじゅう》』からの引用があって、磐井の記述にも影響の多いことが指摘されています。しかも磐井の関連の記述には、内容があとで一部ダブル箇所もあるのです。奈良時代の国家事業として『書紀』編纂に加わった為政者側の人たちが、先進的な唐文化の知識を駆使して、二〇〇年ほど前の磐井の乱とその時代をえがいているからです。『書紀』を史料として利用する場合には、たいへん難しいのですが、奈良時代の編者の歴史観をまず見極める必要がでてくるわけです。あとでふれますが、『風土記』の記述内容と比較しただけでも、そのことは理解していただけると思います。

まず磐井の乱の経過を、『書紀』を中心にみることにします。一部を省略したところがありますが、その部分は…をつけました。また史料中の（　）内の注記と①〜⑯の数字は、私が説明の都合でつけたものです。

A　継体紀二十一年（五二七）六月甲午（三日）条

①　近江毛野《けな》臣、衆六万を率て、任那に往きて、新羅に破られし南加羅・喙己呑《とくことん》を為復《かえ》し興建《た》てて、任那に合わせ

むとす。

※ 同二十三年（五二九）四月条「多多羅等の四つの村の掠められしは、毛名臣の過ちなり」といふ。

② 是に、筑紫国造《くにのみやつこ》磐井、陰に叛逆《そむ》くことを謨《はか》りて、猶預《うらもい》して年を経。事の成り難きことを恐りて、恒に間隙《ひま》を伺ふ。新羅、是を知りて、密に貨賂《まいない》を磐井が所に行《おく》りて勧むらく、毛野臣の軍を防遏《た》へよと。

③ 是に、磐井、火・豊、二つの国に掩《おそ》ひ拠《よ》りて使修職《つかえまつ》らず。外は海路を邀《た》へて、高麗・百済・新羅・任那等の国の年《としごと》に職《みつぎたてまつ》　貢る船を誘《わかつ》り致す。

④ 内は任那に遣せる毛野臣の軍を遮《さいぎ》りて、乱語《なめりごと》し揚言《ことあげ》して曰はく、「今こそ使者たれ、昔は吾が伴《ともだち》として肩摩《す》り肘觸《す》りつつ共器《おなじけ》にして同食《ものくら》ひき。安《いずくに》ぞ率爾《にわか》に使となりて、余《われ》をして儞《い》が前に自伏《したが》はしめむ」といひて、遂に戦ひて受けず。驕りて自ら衿《たか》ぶ。是を以て、毛野臣、乃ち防遏《た》へられて、中途にして淹滞《さはりとどま》りてあり。

⑤ 天皇、大伴大連金村・物部大連麁鹿火《あらかひ》・許勢《こせ》大臣男人《おひと》等に詔して曰はく、「筑紫の磐井反《そむ》き掩《おそ》ひて、西に戎《ひな》の地を有つ。今誰か将たるべき者」とのたまふ。大伴大連ら僉《みな》曰さく、「正に直《ただ》しく仁《めぐ》み勇みて兵事に通《こころしら》へるは、今麁鹿火が右に出づるひと無し」とまうす。天皇曰わく「可《ゆるす》」とのたまふ。

B

同年八月卯酉 朔《ついたち》条

⑥ 詔して曰はく、「咨《あ》、大連、惟茲《これこ》の磐井率《したが》はず。汝徂《ゆ》きて征《う》て」とのたまふ。物部麁鹿火大連、再拝《おが》みて言さく、「…在昔《むかし》道臣（大伴氏の祖）より、爰《ここ》に（大伴）室屋《むろや》に及るまでに、帝《みかど》を助《まも》りて罰《う》つ。…能《よ》く恭《つつし》み伐たざらむや」とまうす。…

⑦ 重《また》詔して曰はく、「…天罰を行へ」とのたまふ。天皇、親ら斧鉞《まさかり》を操《と》りて、大連に授けて曰はく、「長門より東をば朕制《われかと》らむ。筑紫より西をば汝《いまし》制れ。専《たくめ》賞罰を行へ。頻に奏すことに勿煩《なわづら》ひそ」とのたまふ。

C

継体紀二十二年（五二八）十一月甲子（十一日）条

⑧ 大将軍物部大連麁鹿火、親《みずか》ら賊《あた》の帥磐井と、筑紫の御井郡に交戦《あい》ふ。…遂に磐井を斬りて、果して疆場《さかい》を定む。

D　同年十二月条

⑨　筑紫君葛子《くずこ》、父のつみに坐《よ》りて誅《つみ》せられむことを恐りて、糟屋屯倉《かすやのみやけ》を献りて、死罪贖《あが》はむことを求《もう》す。

E　『古事記』継体天皇条

⑩　此の御代に、竺紫《つくし》君石井《いわい》、天皇の命に従はずて、礼《いや》なきこと多くありき。故《かれ》、物部荒甲《あらかひ》の大連・大伴の金村連二人を遣して、石井を殺さしめたまひき。

三　史料の矛盾と乱の経過

Aによると、ヤマト朝廷は近江の毛野臣に六万の兵をさずけて筑紫に下らせています。新羅に併合された朝鮮半島南部の南加羅（釜山・金海辺り）と喙己呑《とくことん》を奪回して、倭国と親密な関係にあった任那に併合するためだといっています①。ところがその南加羅（多多羅等の四つの村）が、磐井の乱後の同二十三年に、「毛名臣の過ち」で滅亡したとも書かれているのです①※。しかし、継体二十一年の内容は、ヤマト朝廷が南加羅の救援に毛野臣らの派兵をきめて、その負担を事前に磐井にもとめた年だったのではないでしょうか。なぜなら、磐井がヤマトの軍勢と戦ったという『書紀』の描写に、筑紫に下ったはずの毛野臣の大軍との戦いがまったく記載されていないからです。

ところで筑紫国造磐井は、「陰に」ヤマト王権にそむく心をもち、チャンスをうかがっていたとあります②。国造は、ヤマト朝廷から在地のクニ支配を委ねられた大豪族です。国造制は五世紀後半から六世紀前半にかけて整備され、王権の浸透度によって、国造たちには臣・君・公・連《むらじ》・直《あたえ》などの姓《かばね》があたえられていました。なかでも臣や君姓をもつ国造は、反乱の伝承が多く、ヤマト朝廷にたいする自立性が高いことが指摘されています。『風土記』⑪と『古事記』⑩は、磐井（石井）を筑紫君（竺紫君）としていますが、いずれも国造の肩書は表記していません。そのために、筑紫君は磐井の乱後にヤマトの大王《おおきみ》に従属して国造に任じられたという見方もあるのです。

任那問題で倭国（ヤマト朝廷）と敵対関係にあった新羅は、王権に不満をもつ磐井に貨賂を送り、毛野臣の軍を妨害するようにすすめたといいます②。この問題については、考古学で新羅の影響がどこまで証明されているのかわかりませんが、あとで神話・伝承などの文献史料をとおして考えてみたいと思います。磐井は火・豊などをおさえて職務をさまたげ、海路を遮断して高句麗・百済・新羅・任那などが運ぶ貢物を奪ったとも書かれています③。一五〇年以上も後には、火・豊は肥前・肥後、豊前・豊後の令制国に分かれますが、この全域に磐井の同調者たちがいたとみなすのは無理でしょう。しかし継体天皇は、磐井との戦いにむかう物部麁鹿火に、長門より東は自分が治めるので、「筑紫より西」を制せよと詔したとあります⑦。もしそんな詔が本当にだされていたとすれば、ヤマト朝廷は、磐井が九州全域を動かしかねない、そんな大乱になることも予想していたことになると思います。

磐井は毛野臣にたいして、昔は「共器にして同食」した仲なのに、なぜ今は天皇の使者として自分を服従させるのかと怒ったとありますが④、筑紫君一族の首長墓系列の築造年代や、五世紀後半の筑後川下流域を支配した水沼県主の例を参考にすれば、磐井が筑紫国造の子弟としてヤマト朝廷に出仕した可能性は高いと思います。県主は国造制に先行し、西日本を中心に、沿海の集団をひきいた小首長たちが、ヤマト朝廷の支配下に組みこまれたものです。

磐井の征討には、物部麁鹿火が推されましたが⑤、麁鹿火が大伴氏の祖先を一族の功績として述べたというのは⑥、『書紀』編纂時の混乱による間違いでしょう。しかし『古事記』では、大伴金村も征討に加わったことになっています⑩。

翌年（五二八）十一月になりますと、物部麁鹿火は継体天皇から「筑紫より西」の断罪権まであたえられ⑦、筑紫の御井郡（久留米市付近）で磐井と戦い、これを斬殺しました⑧。殺したと書くのは、『古事記』もおなじです⑩。そこで磐井の子葛子は、父の罪が自分におよぶことを恐れ、糟屋の所領（福岡県粕屋郡・福岡市東区の付近）を朝廷に屯倉（直轄領）として献上し、死罪を免れたとあります⑨。天智紀十年（六七一）十一月癸卯条には、百済救援の役で唐の捕虜となり、唐船で帰国する筑紫君薩野馬（薩夜麻）の名がみえています。ヤマト王権は磐井と戦って勝ちましたが、その後も筑紫君一族を排除することはできずに、地域の支配にまだその力をかりる必要があったことがわかります。

四　筑紫君磐井の墳墓

『風土記』の編纂は、元明天皇が七一三年（和銅六）に諸国に詔を出し、郡郷の名の由来や産物・地味地形、それに伝承などを中央政府に報告せよとしたのがはじまりでした。完成は国によって異なりますが、九州の『風土記』は豊後・肥前両国の一部分が残っているだけです。しかも両書は西海道風土記の甲類といって、『書紀』の影響が強く、それだけ地方の記述に天皇権威の影が折り込まれているのです。しかし、鎌倉末期の卜部兼方が、『釈日本紀』に引用した「筑後国風土記」の内容は、乙類に属していて、かなり在地の伝承を知ることができます。そこでの磐井の評価も、「豪強暴虐」で、「皇風」に従わない反権力的な人物ということになっています⑪。それは『古事記』とおなじで、「天皇の命に従はずて、礼なきこと多くありき」と書かれていました⑩。ですから、時の権力を気にせずに磐井が歴史の中で論じられるようになったのは、敗戦後です。そしてその先駆的な研究となった林屋辰三郎先生の著書、『古代国家の解体』には、私も学生時代に特別な思いがあります。冬休みに帰郷したら、磐井の古墳と騒がれていた八女市の岩戸山古墳の写真を是非撮ってきて欲しいとおっしゃるのです。手持ちのカメラでは大きな古墳が格好よくおさまらなくて、写真好きの高校の先生にお願いして、あの岩戸山古墳の全景写真をお渡ししました。

F　『釈日本紀』（巻十三）

⑪　筑後の国の風土記に曰はく、上妻《かみつやめ》の県《あがた》、県の南二里に筑紫君磐井の墓墳有り。高さ七丈、周り六十丈なり。墓田《はかどころ》は、南と北と各六十丈、東と西と各四十丈なり。

⑫　石人と石盾と各六十枚、交陣《こもごもつら》なり行《つら》を成して四面に周匝《めぐ》れり。

⑬　東北《うしとら》の角に当たりて一つの別区有り。号《なづ》けて衙頭《がとう》と曰ふ。衙頭は政所なり。其の中に一人の石人あり、縦容《おもぶる》に地に立てり。号けて解部《ときべ》と曰ふ。前に一人あり、躶《あか》形《はだか》にして地に伏せり。号けて偸人《ぬすびと》と曰ふ。生けりしとき、猪を偸《ぬす》み

き。仍りて罪を決められむとす。側に石猪四頭あり。贓物《ぞうもつ》と号く。贓物は盗みし物なり。彼《そ》の處に亦《また》石馬三疋・石殿三間・石蔵二間あり。

⑭　古老の伝へて云へらく、雄大迹《おほど》の天皇のみ世に当りて、筑紫君磐井、豪強《つよ》く暴虐《あら》くして皇風に偃《したが》はず。生平《い》けりし時、預《あらかじ》め此の墓を造りき。

⑮　俄《にわか》にして官軍動発《おこ》りて襲《う》たむとする間に、勢の勝つましじきを知りて、独自《ひとり》、豊前の国上膳《かみつみけ》の県に遁《のが》れて、南の山の峻《さか》しき嶺の曲《くま》に終《みう》せき。

⑯　ここに官軍、追ひ尋《ま》ぎて、蹤《あと》を失ひき。士《いくさびと》、怒泄《や》まず、石人の手を撃ち折り、石馬の頭を打ち堕《おと》しき。古老の伝へて云へらく、上妻《かみつやめ》の県に多く篤《あつ》き疾《やまい》あるは、蓋《けだ》しくは茲《これ》に由るか。

『風土記』には、貨賂と新羅のことが、一切記述されていないことがわかります。そこで『古事記』⑩をみますと、これにも新羅のことは書かれていません。磐井と新羅の関係は、『書紀』のように貨賂の次元でかたづけられないのではないでしょうか。また『風土記』は、にわかに官軍が動発して襲おうとする間に、磐井は戦況の不利を知って単身で豊前の上膳《かみつみけ》の県《あがた》（福岡県築上郡の南部あたり）に逃げたとあります⑮。『書紀』と『古事記』が、磐井は殺されたとするのと大きく食い違っています。この問題は、肥筑から離れますので、最後のほうで貨賂の問題といっしょに考えたいと思います。

また磐井の本根拠地にかかわりますが、巨大な磐井の墳墓が、福岡県八女郡の東北部にあたる上妻県の郡役所の南二里のところに、石人や石盾を並べて飾ってあると書かれています⑪⑫⑬。しかも東北の角には、石猪・石馬・石殿・石蔵などを配置した衙頭《がとう》という政所の別区があり、訴訟を問いただす石作りの解部《ときべ》なども配置されたが⑬、石人の手と石馬の頭は、磐井をとり逃がした官軍に壊わされたと伝えています⑯。磐井が逃げたのであれば、おそらく本人の亡骸は古墳にはないでしょう。もし斬殺だとしても、大罪人が寿墓に安置されることは許されなかったのではないでしょうか。

『風土記』が古墳のことを書いたことで、磐井は地元の歴史舞台にひきもどされ、考古学のほうからいろんなことが語られています。あとの討論でご意見をいただく先生方の専門分野ですから、そのご意見に期待しながら、その前段として少し話を先にすすめたいと思います。

五　筑紫君の本拠地

磐井が生前につくったという寿墓は、森貞次郎先生の研究によって、福岡県八女市吉田にある岩戸山古墳というのが定説になりました。江田船山古墳からは北北西の方向に二九キロほど離れたところで、東西八キロにわたる八女丘陵にあります。丘陵には一一基の前方後円墳をふくむ大小一五〇基ほどの古墳があって、その中央の辺りの全長一三八メートルを誇る前方後円墳が、肥筑で最大級の岩戸山古墳です。石人・石馬類はもちろん、別区もあります。そして岩戸山古墳から約四キロ離れた広川町一条の丘陵最西端には、五世紀前期後葉の石人山古墳（一二〇メートル）がありあます。筑後川中下流域の南側に、突然姿をあらわした最古の大型前方後円墳です。岩戸山古墳との関係でいえば、祖父世代にあたる筑紫君の首長墓だろうといわれています。

しかし、筑紫君の本来の根拠地は、『風土記』にみえる筑紫野市原田の筑紫神社（延喜式内社）付近であったとする説があります。北からのヤマト王権の圧迫で、八女地方に南下したとの考えです。確かに筑紫神社が鎮座する福岡平野と筑紫平野をつなぐ狭長な地峡には、すでに四世紀代の畿内系大型前方後円墳の存在も認められています。なかでも筑紫野市の原口古墳（八〇メートル）は、古墳時代初期の畿内型古墳で、被葬者はヤマト朝廷に服属した有力首長だろうといわれています。そして筑紫平野への出口にあたる筑後小郡市の三国丘陵には、三世紀末の津古生掛《つこしょうがけ》古墳（三四メートル）から、その後連続して四世紀後半（または五世紀初頭）の鼻聳《はなそげ》二号墳（三三メートル？）まで、三〇メートルから約六〇メートル級の五基の前方後円墳が確認されています。ところがその後、三国丘陵では五世紀末の横隈山古墳（三五メートル）の築造まで、大型古墳が認められなくなるといいます。

筑後川を北から南へ渡れば、八女丘陵だけではなくて、久留米市や上流域の浮羽郡でも五世紀代に大型の前方後円墳がつくられるようになっています。そのなかで最大級の古墳が、一二〇メートルの石人山古墳なのです。そこで筑紫野・小郡周辺に勢力を誇っていた筑紫君が筑後川を渡り、八女地区へ南下したとみるわけです。しかし、四世紀代にさかのぼる豪族居館の遺構が、八女市酒井字深田でみつかりました。遺構は主軸をほぼ東西にとっていて、東西が八八メートル・南北が六七メートルあります。四隅には突出部があって、幅四メートルの濠をめぐらしていたといいます。最近では、この在地豪族の巨館につながる首長が、筑紫君ではないかという指摘もでています。肥筑の首長層の移動は、あとでも触れますが、基本的には磐井の乱後にみるのが妥当ではないでしょうか。

筑後川の上流域左岸の浮羽郡吉井町に、一キロ足らずの間に三基の巨大前方後円墳からなる若宮古墳群があります。最古の月の岡古墳（九五メートル）は五世紀中ごろの築造で、当時としては九州でもっとも畿内的要素のつよい前方後円墳だといわれています。『書紀』に記された景行天皇の筑紫巡行説話の構成では、最終地点となった的邑《いくは》（浮羽）にあります。このことから、三基の古墳の被葬者は畿内系のくだり者で、的臣というみかたが根強くあります。ヤマト朝廷とのかかわり方は違いますが、これも筑紫君のように移住したという考えです。

的臣については、直木孝次郎氏が『古事記』・『書紀』の史料批判をふまえて、現在知られる限りの材料では、的氏は六世紀中葉から末にかけて朝鮮支配に関係し、それによってさかえた氏族と考えるしかないと指摘されています。全くその通りで、月の岡古墳の近くでは、三重の周濠をもつ四世紀中ごろの大型方墳の存在が確認され、生葉一号墳と名づけられました。月岡古墳の被葬者は、生葉一号墳の被葬者につながる在地首長を想定したほうがよいと思います。五世紀になって八女丘陵に前方後円墳の築造をはじめたのは、豪族居館の首長層で考えるのとおなじです。ではなぜ大型前方後円墳の築造は筑後川を北から南へ渡ったのか、少し考えてみたいと思います。

六　大型古墳の消滅と「倭寇」

筑前の宗形族（宗像氏）は、沖ノ島の海神を奉斎し、ヤマト王権の対外交渉にかかわった一族として有名です。その時期は、沖ノ島の発掘調査などによって、四世紀後半以降と考えられています。ところが四世紀末から五世紀初頭には、「倭」、つまりヤマト朝廷が朝鮮半島に出兵し、百済と「和通」したなどと、高句麗広開土王（在位三九一〜四一二）碑にきざまれています。しかし、新羅が高句麗に援軍をもとめると、「倭寇」は苦戦して「斬殺無数」の大敗をしたとも書かれているのです。

『書紀』をみますと、筑紫の港で兵船を集結していた神功皇后のもとに、志賀島の海人が海の彼方に朝鮮半島の存在を確かめて報告した話があります。ところが先に偵察に出た吾瓮《あえ》の海人、これは北九州市の藍島《あいしま》の海人だと思いますが、「国も見えず」と報告していたといいます。瀬戸内海から関門海峡を抜けた軍船が、藍島の海人の協力で直接朝鮮半島へ渡ろうとすれば、対馬海流に逆らって航海が困難だったのではないでしょうか。しかし志賀島の海人たちは、西の唐津湾（加羅津）あたりから半島に渡る術を知っていたのです。四世紀後半の朝鮮半島は、百済・新羅・高句麗三国が統一をめぐる複雑な関係にありました。百済と和通するヤマト朝廷は、博多湾の志賀島の海人たちを配下に入れて、百済救援の動員をしていたと思われます。

志賀島からは、西に糸島半島がみえます。そこから南の山裾までが、古代の怡土郡と志摩郡です。『筑前国風土記』（逸文）や『書紀』（垂仁天皇三年条）には、怡土《いと》（伊覩）の県主について、次のように書かれています。熊襲を討とうと仲哀天皇が筑紫にむかったとき、怡土県主らの祖五十跡手《いとて》が、船上に立てた賢木《さかき》に八尺瓊《やさかに》の玉・白銅鏡・十握剣《とつかのつるぎ》をかけて、穴戸の引島といいますから今の下関の彦島でしょう、そこまで迎えに出た。そして五十跡手は、高句麗国の意呂山《おろやま》に天から降ってきた天日桙《あめのひぼこ》の末裔だと名乗ったと風土記はいうのです。ところが『書紀』では、天日桙が垂仁朝に渡来した新羅王子ということになっています。意呂山は慶尚南道の蔚山《うるさん》のことで、確かに新羅国内にあるのです。それを風土記が高麗国としたのは、新羅が高句麗に援軍を要請したことで五世紀前半に事実上支配されていた時期のことを書いたのではないでしょうか。この複雑な伝承からは、伊覩県主がヤマト王権に敵対する新羅系であって、そのために神宝を王権に献じ、県主になったことが考えられます。志摩郡には『和名抄』に鶏永《けい》という名の郷があります。鶏が好字二文字で鶏永になったもので、『書紀』にみえる「鶏林《しらぎ》」（崇神天皇六十五年七月条）、つまり新羅（鶏）と志摩郡の関連のふかさを示しているのではないでしょうか。

糸島地方の四世紀代の古墳は、小平野単位の首長墓までが、前方後円墳を採用しているといわれています。しかし、ここでも五世紀の中ごろから、前方後円墳は激減しているのです。広開土王碑が伝える、倭軍出兵による疲弊の結果だと推測しています。そういえば小郡市では、調査前に工事で破壊された五世紀初頭（または四世紀後半）の鼻聳《はなそげ》二号墳（三三メートル?）から、鉄製の鍬先・刀子・斧・鑿、それに一六枚もの鉄鋌が破棄状態でみつかりました。『書紀』神功皇后四十六年条には、百済の近肖古王（在位三四六〜三七五）が鉄鋌四〇枚を神功皇后に贈ったという記事があります。三国丘陵に古墳を営む在地首長は、それとあまりへだたりのない時期に、朝鮮出兵に加わってえた可能性が高いと思います。しかしこの後の首長墓が、この地域で小型化しているのです。やはり苦戦を強いられたヤマト王権の朝鮮出兵に駆りだされて、大型古墳をつくる余力を失ったからだと考えています。

小郡市の四世紀前半代の津古三号墳（一辺一四メートルの方墳）の周濠から、船の絵を線刻した壺が出土しています。海の彼方に生と連続する根元的な世界、つまり常世国《とこよのくに》があると信じ、生命の復活を願ってそなえ物をしたときの壺でしょう。えがかれた船は、実際に玄界灘を渡った船の類がモデルになったと思われます。湾曲したゴンドラ型の船首は海の荒波にたえる構造ですし、前方の帆のようなものは地方の海神が斎《いっ》くために立てた盾《たて》でしょう。『播磨国風土記』には、朝鮮に渡る神功皇后の「御船の前」に立つ「伊太氏《いたて》の神」（斎盾《いたて》の神）の名がみえます。航海に出る主船には、地方の海辺の神が斎《いっ》く（依りつく）盾が立てられていたのです。

七　ヤマト朝廷の外交と航路

筑後川上流域の浮羽郡吉井町には、どうして五世紀中ごろに畿内的要素の強い月の岡古墳がつくられたのでしょうか。ここではまず『肥前国風土記』の次の景行天皇の伝承に注目したいと思います。生葉（浮羽）山の木で船をつくり、久留米市の高羅山（高良山）の木で柁をつくって御井川（筑後川）の渡しに使用したという記述です。クスの巨木の多い浮羽郡東部の水縄山麓には、六世紀後半の装飾古墳で、「伊太氐」（斎盾）を立てたようなゴンドラ形の船を描いた珍敷塚古墳があります。高校生のころ、開墾で発見されたときに天井石がなくて、石室を埋めた土をかき出すのに参加した経験があります。

若宮古墳群のある筑後川に近い町中のほうには、五世紀初めころの塚堂遺跡というのがあります。二十数軒の竪穴住居の半数以上はカマドがあって、雛型鉄器や陶質土器が出土しています。渡来人たちの集落の可能性が高いといわれていますが、ヤマトの対朝鮮政策に一定の役割をになった在地首長が迎え入れたのだろうと思います。クスの船材の多い水縄山と、その巨木を搬出するのに都合のよい筑後川があって、そこに実際に海を渡って来た人たちの船の知識が結びつけば、ヤマト朝廷の造船の期待も高まったはずです。そこで五世紀中ごろのヤマト朝廷は、大型古墳をつくらせて在地首長の権威の拡大をはかったのではないでしょうか。それが、有明海側を中心とした兵站基地化につながったと思います。朝鮮半島では高句麗が長寿王（位四一三〜四九一）の時代を迎え、その領域拡大の勢いが百済救援の必要性をより一層高めていたからです。

長寿王は広開土王の王子で、その後を継いだ国王でした。四二七年には都を鴨緑江中流の国内城（中国吉林省集安）から平壌に移し、高句麗の全盛時代を築きあげています。『宋書』（夷蛮伝・倭国条）によりますと、四七八年に倭王武は、宋の順帝に、高句麗が宋皇帝への「天路」をふさいだので、亡き父が武装兵一〇〇万を整えていたと訴えているのです。倭王武というのは、雄略天皇のことです。父允恭天皇の兵数は信用できませんが、朝鮮半島の西側から渤海湾を南下し、中国に渡る航路が危険になったことがわかります。ところが雄略天皇までの五人の「倭王」たちは、四二一年から四七八年の間に少なくとも九回、宋に使者を送り貢物を献じていたのです。百済を中心とする南朝鮮諸国での軍事行動と、倭国内部の正統王権の承認を宋皇帝にもとめるためでした。例えば、倭王の珍は反正・仁徳のどちらかの天皇だろうといわれていますが、四三八年に「安東将軍倭国王」の認証をえて、配下の倭隋ら一三人の将軍号までもとめたりしているのです。

高句麗の勢力拡大で、唐までの「天路」に危険があれば、海流と季節風で別の危険がともなう有明海から東シナ海を渡る航路も選択せざるをえなくなります。『書紀』（雄略十年九月条）には、宋に派遣した使者が持ち帰った二羽の鵞鳥を、筑紫国の水間（水沼）君の犬がかみ殺した記事があります。筑紫嶺県主の犬とした別本もあるといいますが、嶺は肥前国三根郡のことで、筑後川をはさんで水沼（三潴郡）の北岸にあります。船は東シナ海から有明海に入り、筑後川をさかのぼって帰ってきたことは間違いないでしょう。水沼君は景行紀に県主で登場しますが、久留米市大善寺町にある五世紀後半の御塚《おんづか》古墳（帆立貝式前方後円墳）と、六世紀前半の権現塚古墳（円墳）が一族の古墳で、その勢力は筑後川の下流域南岸で三潴郡や大川市にまでおよんでいたと考えられます。ところが水沼君は『書紀』（神代巻一書）に、今「海北道中」にあって、道主貴《みちぬしのむち》と称される宗形氏の航海神を祭っていると記されているのです。水沼君は玄界灘側の宗形氏とともに、遅くとも五世紀中ごろまでに緊張の高まる朝鮮半島や、南宋への船運にたずさわっていたものと思われます。

五世紀代のヤマト朝廷は、百済と「和通」して高句麗と敵対し、宋皇帝のうしろ盾で倭国王の権威を高めて国外への負担の多くを肥筑に課そうとしたのです。五世紀に大型前方後円墳をつくった八女丘陵を含めた筑後川流域、そして肥後では菊池川中下流域と白川上流域の被葬者たちがその対象になったのではないでしょうか。有明海の二・五〜四・五ノットの引き潮と東シナ海の対馬海流を利用すれば、すくなくとも五島列島から朝鮮半島への遠征は宗形氏の玄界灘側からより容易なはずです。あとでも述べますが、葦北国造の子日羅をヤマトに送りとどけた百済の官人たちは、日羅を殺害すると五島列島から船を出し逃げ帰っています。また『万葉集』（巻十六）に詠み込まれた志賀島の白水郎《あま》荒尾は、神亀年中（七二四〜七二八）に対馬の兵糧を運ぶのに、五島列島の福江島から出航しました。肥後国などの輸送米を、中継ぎして運んでいたのではないかと考えています。

八　江田船山古墳の被葬者

これからの話には、火葦北国造が頻繁にでてきます。ここで少しだけ、前置きとして触れておきたいことがあります。平安初期の『国造本紀《こくぞうほんぎ》』によりますと、葦北国造は火国造とは別で、「吉備津の男」、つまり吉備岡山の港の男というのを原義とする吉備津彦命の子孫とされています。高木恭二氏は、五世紀中ごろの岡山県地方の古墳に、宇土半島地域の阿蘇馬門石《まかどいし》製の石棺が持ち込まれたことを突き止められました。葦北の在地首長は、五世紀代にヤマト王権を支えた吉備の海民の配下に組み込まれて朝鮮半島に渡り、そこで同族関係を成立させたのではないでしょうか。田邉先生が先日お話になりましたが、景行天皇の熊襲征討の船を漕いだ吉備の朝勝見が、玉名郡の長渚濱《ながす》でニベ魚を釣ったという話も、肥後と吉備の関係を示す内容として注目したいと思います。

それから、葦北国造に刑部靭部《おさかべのゆげい》阿利斯登がいますが、阿利斯等《ありしと》につく部姓の刑部と靭部が問題です。刑部は『書紀』によると、雄略天皇の父允恭天皇が、忍坂大中姫《おしさかのおおなかつひめ》を皇后に立てたとき、皇后のために刑部を定めたといいます。『古事記』は、これを「御名代」と記述していて、葦北国造の阿利斯登は、五世紀中ごろに葦北に設置された允恭天皇后妃の名代部を統括する在地豪族の子孫だったと考えられます。吉備を介して大王家との関係が成立し、そこからヤマトへの石棺の持ちこみが始まったのだろうと思います。

飼い犬が鵞鳥を殺したという水沼君ですが、鴻という水鳥と「養鳥人」を雄略天皇に献上して謝罪したといいます。そして養鳥人たちは、大和の軽村・磐余村（高市・十市両郡）にすまわされて、「鳥官《とりのつかさ》」の所属になったようです。三瀦郡には、『和名抄』に鳥養郷（久留米市西部）の名がありますが、養鳥人を出していたことから、その一帯についた郷名でしょう。ところが『書紀』（雄略十一年十月条）によれば、鳥官でも鳥が犬にかみ殺される事件が起こり、雄略天皇が大和国宇陀の飼主の顔に入れ墨して、「鳥養部」にしたとみえています。驚いた宿直の信濃と武蔵の「直《つかえの》丁《よぼろ》」が、天皇は「道理無く、悪行の主」だと話していると、それが天皇の耳にはいり、二人は「鳥養部」に加えられたといいます。地方からヤマトに徴発した「養鳥人」が「鳥飼部」になっていて、人制から百済の影響による部制への変化がわかる話です。雄略期には宋との交渉もあって、最初は同盟関係の在地首長の仕奉関係に漢語表記の人制を採用し、雄略紀にも舎人《とねり》、厨人《くりやびと》、湯人《ゆえ》、家人《やけひと》、船人《ふなびと》などの存在が確認されます。高句麗長寿王の大軍に国都漢城を奪われた百済からは、集団的に「今来漢人《いまきのあやひと》」と称される渡来人が増えますが、技術を持つ人々は「今来才技《いまきのてひと》」「手末《たなすえ》才技《のてひと》」などの表記がされています。

　江田船山古墳の大刀銘は、宮居（都）に出仕したムリテを「典曹人」（曹を司る人）と記しています。それもワカタケル大王のころですから、水沼君が貢上した養鳥人とおなじ雄略期です。ムリテも人制のころの菊池川流域の首長の一族の者であって、在地で「統る所」を失わないために、宮居への上番を権威として明示する大刀作りをしたのでしょう。地域首長の盟主であった倭の五王たちが、国内の正統王権の承認を宋皇帝にもとめた風潮が、地方にも広がっていたのです。権力者を支えてその権威によって自らの「統べる所」の支配に利用する、それが五世紀代の倭王と在地首長層の統一国家にむけた大きな流れであったと思います。

　しかし、支配者の安泰を刀にこめて願う形式は、すでに四世紀後半に百済から伝わっていました。東晋の泰和四年（三六九）に、百済王と世子が「倭王」に贈るために銘文を彫りこんだ奈良県天理市の石上神宮の石上七支刀がそれです。いく度も鍛えた鉄で作ったこの七支刀は、「百兵を辟除し、侯王の供用とするのに宜しい」ので、「後世に伝示されんこと」を期待する。そんな意味が記されていました。しかし埼玉県の稲荷山古墳出土の鉄剣銘にあるヲワケ臣は、ワカタケル大王の時から「世々」宮居に仕えて「今」に至る、そんな「杖刀人の首」の系譜の者です。一時期だけ朝廷に上番したような、地方豪族の養鳥人や典曹人と同列に考えることはできないと思います。

九　百済王家と筑紫の軍士

高句麗の長寿王は、四七五年に百済の都の漢城を落し、蓋鹵《がいろ》王を殺害しました。これで漢江流域が高句麗領となり、百済は首熊津《くまなり》（公州）に逃れたのです。そして熊津では、四七七年に文周王が即位します。ところが『三国史記』（新羅本紀）は、倭人の軍隊が五道を通って侵入したが、うることなく引きあげたと記しています。親百済策をとるヤマト朝廷は、百済王家の再興に派兵したのでしょう。四七九年に三斤王（『書紀』は文斤王）が亡くなったときには、雄略天皇が滞在中の末多王に武器をあたえて帰国させました。百済の王位を継がせるためで、筑紫国の軍士五〇〇人を護衛につけさせています。『書紀』（雄略二十三年条）は、このときに筑紫の安致臣と馬飼臣が率いた軍船が、高句麗と戦ったことを記述しています。名前を欠いて、安致臣と馬飼臣の本拠地が九州のどこなのかは特定できませんが、菊池川の典曹人ムリテの一族が、末多王の帰国にかかわった可能性もあると思います。江田船山古墳から出土した百済系の陶質土器や王族の持ち物に匹敵する豪華な副葬品は、末多王が東城王となって、直接あたえた返礼の品ではなかったか。そんな推測をしています。

しかし東城王は、暴虐無道な振る舞いで刺殺されてしまいました。そこで王位についたのは諱《いみな》を斯麻《しま》王といいますが、武寧王（在位五〇一～五二三）でした。『書紀』（雄略五年六月条）には、筑紫の各羅島《かからのしま》で生まれたので嶋君《せまきし》といい、国に帰って武寧王となったとあります。各羅島は佐賀県松浦郡鎮西町の加唐島に比定されていて、しかも公州で発見された未盗掘の武寧王陵は、中国南朝文化の影響が濃厚で、買地券の銘文などもある貴重な王陵です。王は高句麗による北からの圧力をくいとめ、南には加羅地方への支配権の確立をはかっています。『書紀』は継体六年（五一二）に「筑紫国の馬四〇匹」を百済の使に賜ったと記していますので、ヤマト朝廷は、武寧王の帰国にも武器をあたえ、筑紫の軍船をつけたのではないでしょうか。そのため武寧王は、翌年に五経博士などを送るなど、ヤマト朝廷への活発な外交を展開しているのです。

江田船山古墳からは、武寧王陵の王棺出土品と同型式の垂飾付耳飾などが出土しています。白石先生が指摘されたように、江田船山古墳に五世紀後半から六世紀前半におよぶ三人が埋葬されているとすれば、その中には東城王だけではなく、武寧王の即位にかかわって百済の高級品を入手した首長もふくまれていた可能性があると思います。しかし被葬者たちは、一族の「統る所を失わず」という在地支配権の確保を前提として、盟主（大王）との関係を維持していることを重視すべきでしょう。そして武寧王が死去したのは、磐井が蜂起する三年前でした。

一〇　磐井の乱前後の筑後川流域

犬が鵝鳥をかみ殺したと伝えられた筑紫の嶺県主の本拠地（佐賀県の三根町・中原町・北茂安町付近）の西側に、上峰町があります。応神記の筑紫之米多君、『国造本紀』では竺志米多《つくしめた》国造が勢力を張っていた地域だと考えられています。「筑紫（竺志）」を冠していますので、ある時期には筑紫君と擬制的な同族関係にあった在地首長で、磐井の乱に加担していたのではないでしょうか。そういえば、嶺県の東側には六世紀前半に岩戸山古墳の約三分の二の規模でつくられた鳥栖市の剣塚古墳（八三メートル）があります。こちらは、筑紫君の宗家を支えた一族の古墳でしょう。『肥後国風土記』（基肄郡条）には、景行天皇が筑紫国御井郡の高羅行宮《こうらのかりのみや》から国見をした話があります。霧にかすむ基肄山（基山）を眺めて、国名をつけたというのですが、国見の山から眺望した基山のあたりまでが一つのクニ、つまり筑紫君一族の勢力圏であったのではないでしょうか。

ところが『和名抄』や『肥前国風土記』などでは、筑後川流域に物部系の郷名が目立ちます。磐井を破った物部大連が、その後に勢力をのばしたからだと思います。律令時代の三根郡には物部郷があって物部経津主《ふつぬし》神が祭られていましたが、筑後国にも生葉郡物部郷、御井郡弓削郷などが成立しているのです。これらの郷には物部大連と擬制的な血縁関係を結んだ豪族とか、物部系の移住も考えられると思います。筑後川をのぼって『豊後国風土記』の日田郡条をみると、磐井の乱後の欽明朝に、靫部《ゆぎべ》として仕えていた邑阿自《おおあじ》が村に居ついて家宅を造り、靫編《ゆぎあみ》郷を形成していたことがわかります。

『国造本紀』には、杵肆（基肆）国造の誤写と考えられる松津国造に、物部連伊香色男命《いかかしこお》の孫で、金弓連の名がみえます。近くの鳥栖市では、磐井のころの剣塚古墳につづく六世紀中ごろに、石室壁面に彩色をほどこして円筒埴輪をもつ庚申堂塚古墳（六〇メートル）と、九州では珍しい巫女・武人・盾・馬具・馬・鶏・猪などの形象埴輪をもつ岡寺古墳（七〇メートル）が築造されています。前者が剣塚古墳の被葬者の後継の首長墓で、後者は移住してきた物部系国造の古墳ではないかと思います。

鳥栖市の東側にあたる小郡市大崎の媛社《ひめこそ》神社は、七夕神社で有名です。『肥前国風土記』にも、織物が女神の斎く「姫社《ひめこそ》の社《もり》」として記述されています。ところが十八世紀半ばの大崎村庄屋は、この神社を「岩船大明神」を祀る村の氏神であって、開基と年号は不明と久留米藩に報告しました。そして嘉永七年（一八五四）の鳥居を見ると、「磐船神社・棚機神社」の二社の額が掲げられています。磐船神社といえば、河内に拠点をもつ物部氏が、大和と結ぶ古代山道の割石越（磐船越）の要地に創建した神社とおなじです。『風土記』は織物の神を祀るのに宗像郡の珂是古の介入を語っていますが、磐井がヤマト朝廷の一翼をになって筑紫平野に進出した宗形氏を排除し、そこを物部系がおさえたのだろうと考えています。

宗形氏は、おそくとも五世紀中ごろまでに、航海神を祭る水沼君との関係をつよめていたことはすでに述べました。ところが『書紀』は、景行天皇の妃襲武媛《そのたけひめ》が生んだ国乳別《くにちわけ》皇子を水沼別《わけ》の始祖としています。地名にワケをつけて水沼別としたのは、豪族がヤマト朝廷に帰服したことで朝廷との擬制的血縁関係を認承し、皇子から分かれたようにみせる特殊な地位を示す手法です。五世紀代の大型前方後円墳の地方への広がりは、それとおなじように、形で示す政治的な意味をもっていたと思います。ところが『天孫本紀』によると、水間（水沼）君などの祖は物部阿遅古《あぢこ》連公となっています。磐井と行動を共にした水沼君は、物部大連と擬制的血縁関係を保つことで、一族の延命策を講じていたのではないでしょうか。しかし、これまで水沼君が支配していた有明海側の航海は、筑後川北岸の阿曇連の配下で台頭した、三根郡の海部直が掌握したと思われます。『肥前国風土記』によると、その後、海部直鳥が神埼郡の東部の邑の分割を要求し、三根郡が成立しているからです。

一一 ヤマト朝廷の支配強化

筑紫君の石人山古墳には、直弧文の装飾がある横口式石棺が置かれ、その前方には武装石人が立てられていて、江田の清原《せいばる》古墳群の石棺や石製品によく似ています。このような形式の石製品は、六世紀初めごろまでの肥前・肥後の首長墓に採用され、筑紫君を中心とした有明海沿岸の首長連合のシンボルだったのではないかという指摘があります。分布の南限は、肥君本宗家の本拠地に比定されている八代郡竜北町の姫ノ城古墳だといいますから、磐井がおさえたという火国勢力の中心です。ところが『国造本紀』にみえる火国造は、阿蘇国造・大分国造などと同祖関係にあり、その間に伝統的な地域間交流があったことがうかがえます。その一方で、火葦北国造は吉備津彦命の子孫とされたり、景行天皇の九州遠征でも「葦北より発船して、火国にいたる」などと、どうも火国とは別系統の感じもあります。磐井の乱のころの葦北は、その意味で火君とは別の動きをしていたのかもしれません。

百済では、磐井が蜂起する三年前に武寧王が亡くなり、太子の聖明王（在位五二三〜五五四）が登場します。五三八年に王都を熊津から水陸交通の要衝で、泗沘《しひ》（忠清南道の扶余）に移しました。西海岸地域を支配し、加羅諸国、中国の南梁、ヤマト王朝などと積極的な外交交渉を進めるのに格好の地だったからですが、同じ五三八年に、仏教をヤマト朝廷に伝えた話は有名です。しかし新羅と連合して高句麗を攻めたり、また新羅に対抗するためにヤマト朝廷と交渉をもつなど、たくみな外交を展開した国王でした。磐井の乱のきっかけとなった近江毛野臣の派兵計画も、好戦的な聖明王の要請だとみて間違いないと思います。磐井の乱後には、筑紫の内臣のもとに使者を送り、援軍一〇〇〇人・馬一〇〇匹・船四〇隻を送る約束をとりつけたり、筑紫の島の辺りの諸軍士にまで派遣を要請しています。しかし五五四年十二月、聖明王は新羅の伏兵に殺害されました。『書紀』には、内臣に率いられて火箭を得意とした筑《つく》紫《し》物部《もののべの》莫奇委沙奇《まがわさか》や、弓の名人で筑紫国造鞍橋君《くらじのきみ》らが百済軍に加わり、新羅・高句麗の連合軍と戦って活躍したことが記述されています。

　磐井の乱後の肥国をみますと、六世紀中ごろ以降に部民の制定という形で、ヤマト朝廷の支配が強力に展開された特徴がわかります。『書紀』の安閑元年（五三四）五月条には、ヤマト朝廷が磐井を破った勢いをかり、地方豪族の支配領域に朝廷の直轄領を設定した記事があります。関東から九州にかけて設置した二六カ所の屯倉が、それです。屯倉は、徐々に周囲の豪族たちの支配力を弱め、その地域で公地公民制への道を開く核になります。九州では豊国の腠碕《みさき》屯倉・桑原屯倉・肝等《かと》屯倉・大抜《おおぬく》屯倉・我鹿《あか》屯倉の五カ所が最も多く、それもあとで述べるように磐井が逃亡したといわれる豊前国に集中しています。ついで筑紫が筑前の穂波屯倉と鎌屯倉の二カ所、そして火国が春日部屯倉の一カ所です。春日部は六世紀中ごろの安閑天皇の皇后春日山田皇女《かすがのやまだのひめみこ》の名代部で、『書紀』には、安閑天皇が上総の伊《いじ》甚《み》国造（千葉県夷隅郡・勝浦市）を罰したときに、「皇后の為」に伊甚屯倉を献上させた例があります。火国の春日部屯倉も、磐井の乱に同調した火国造の贖罪で設けられたのかもしれません。場所は古代の飽田郡内で、熊本市東部の出水・南部・長嶺・戸島・小山・鹿帰瀬の各町一帯に推定されています。

　また宣化元年（五三六）には、博多湾に那津官家が設けられました。これは屯倉とは違い、外国からの使節を厚遇し、万一のときに住民を助けるための施設で、河内・尾張・伊賀三国と、筑紫・肥・豊三国の屯倉の穀物を運ばせたといいます。『和名抄』には、肥後国詫間郡に三宅郷の名があります。ここの屯倉（三宅）からも、穀物を運んだのかもしれません。そして同二年（五三七）には、新羅が任那を攻撃したというので、大伴金村の子狭《さ》手《で》彦《ひこ》が海を渡っています。任那を助けて百済も救援するというのですが、兄の大伴磐《いわ》は筑紫に留まって国政を執り、三韓（百済・新羅・高句麗）に備えたと『書紀』にあります。磐は対外的な危機を理由に、磐井のように「天皇の命に従はず」、「豪強暴虐」の者の出ることを厳しく警戒したのだと思います。

　火葦北国造の刑部靭部阿利斯等が、大伴金村を「我が君」と仰いで海外に出たのは、宣化朝でした。狭手彦の率いる靭負部に編入されたのでしょうが、『和名抄』の葦北郡には伴部《ともべ》郷(大伴部郷)の名も残りました。肥前国小城郡にも伴部郷の名はあります。それに人名ですが、天平年間に肥後国益城郡に大伴君熊凝《くまごり》(『万葉集』巻五)、持統四年(六九〇)にも筑後国上陽咩《かみつやめ》郡の大伴部博麻(『書紀』)という人物がいて、いずれも大伴狭手彦の出兵にかかわって残った地名や部姓ではないかと思います。また『三代実録』の貞観十八年(八七六)九月条には、肥後国合志郡の擬大領日下部辰吉の名がみえます。大伴狭手彦と恋仲の肥前国松浦郡の弟日姫子は、「日下部などが祖なり」と『肥前国風土記』に記述があり、合志郡の日下部も狭手彦との関連が考えられるのかもしれません。

一二　肥君の勢力拡大

百済王子余昌が、聖明王の戦死をヤマト朝廷に報告するため、五五五年に弟の恵を派遣しました。そして翌年(欽明十七)、王子恵が帰国するとき、欽明天皇は兵仗・良馬をあたえ、そのうえで阿倍臣・佐伯連・播磨直らに筑紫国の軍船を率いさせて護送させています。かつては雄略天皇も、四七九年に百済の三斤王が亡くなったとき、滞在中の末多王に武器をあたえて帰国させました。そのときの護衛が、筑紫国の軍士五〇〇人であったことは述べました。しかし今回の筑紫国の軍船は、ヤマト朝廷を支える臣・連・直の姓をもつ三氏族の配下に組みこまれたことを注意したいと思います。しかも恵王子の帰国は、これとは別に「筑紫火君」が勇士一〇〇〇人を率いて百済への航路の要害の地を守らされていました。筑紫火君については、『書紀』が「筑紫君の児、火中君の弟なり」という、『百済本記』の一文を注記しています。

筑紫君と火中君の間には婚姻関係が成立していたことが推測されます。実際には火中君(兄)の生母が父(火中君系)と離別し、その後筑紫君と再婚して筑紫火君(弟)をもうけたことが考えられると思います。時代は下がりますが、葛城王(橘宿祢諸兄)の生母県犬養宿祢三千代が、その後美努王(諸兄の父)と離別し、文武朝の初年に藤原不比等に嫁して光明子(光明皇后)を生んだケースとおなじではないでしょうか。しかも火中君は、鳥栖市周辺の筑紫君と縁をむすび、そこを筑紫火君の本拠地にしていたと思われます。八四八年（嘉承元）ごろ、養父郡に本籍地をもっていた「筑紫火公」の兄弟が、豊後国府と大宰府の官人として出仕していた記録が『三代実録』にあります。そうすると勇士一〇〇〇人を率いた筑紫火君の古墳は、六世紀前半の剣塚古墳につづく六世紀中ごろの庚申堂塚古墳（六〇メートル）か、あるいは円墳に彩色壁画を描いた六世紀後半の田代太田古墳（四二メートル）のいずれかにあたるのではないでしょうか。

火中君の本拠地は、他に史料がなくてよくわかりませんが、火葦北君が火の「葦北」の首長であることに照らしてみれば、火の「中」地方の首長ぐらいに考えてよいと思います。実は火中君の本拠地について、江田船山古墳などの朝鮮半島との交流が色濃くうかがえる菊池川下流域ではないかとの指摘があります。中世には玉名市大字中と山鹿市大字中の「中」に通じる地名が確認されて、しかも装飾古墳も多くあるからです。七世紀末の律令成立期の玉名郡と肥前国との密接な関係をみれば、両地方の有明海を場とした交流も推測されて、それで一応納得できると思います。

しかし基肄国造には、磐井の乱後に物部系が一旦入りこんだものの、六世紀末に中央で物部氏が権力の座から追われると、今度は筑紫君との関係を弱めた筑紫火君が筑紫野市の筑紫神社あたりまで勢力を回復したのではないでしょうか。筑紫君と肥君が占って麁猛神《あらぶるかみ》を筑紫神社に祀ったという『筑後国風土記』（逸文）が、そのことを伝えていると思います。

肥君本宗家は、野津古墳群や大野窟《おおののいわや》などのある八代郡肥伊郷を本拠地にしながら、玄界灘に面した肥前と筑前西部にも一族の広がりの痕跡を残しています。筑前国には大宝二年（七〇二）の嶋（志摩）郡川辺里の戸籍が残っていて、そこに肥君猪手の名があります。六一名の戸主親族、二六名の寄口《きこう》、三七名の奴婢の計一二四名から成る戸主で、また志摩郡の大領です。肥君の一族が筑前西部の玄界灘沿岸に出て、在地首長の地位を確保していたことは間違いありません。近くには、『和名抄』に怡土郡飽田郷・託社（託杜）郷、それに早良郡毗伊郷というのがみえています。肥後国の飽田郡・詫麻郡、それに八代郡肥伊郷からの移住者を中心に成立した郷名でしょう。また『日本霊異記』

（下巻、第三十五）には、突然死んで閻魔王宮に行ったという肥前国松浦郡の火君の話もあります。

このような肥君一族の広がりは、確かに磐井の敗退後でしょうが、これを肥君がたくみに中央権力を利用して自己の勢力の進展に務めたからだとか、磐井を裏切ったからだというような見方には疑問があります。磐井の乱後のヤマト朝廷は、なお地方首長の伝統的な支配力に依存しながら、より強固な権力支配を強めたのであり、それは肥君にたいしても例外ではなかったはずです。しかも注意したいのは、磐井の乱後の朝鮮問題です。ヤマト朝廷が不利な状態に追い込まれて、肥人の移住先を朝鮮半島への出港地周辺に集中しているからです。肥君には、磐井の乱後により強いヤマト王権の支配がおよんだと考えています。

磐井の乱後の半島情勢は、先にも述べたように、筑紫から送り込んだ援軍の内臣・筑紫物部莫奇委沙奇・筑紫国造鞍橋君らの英雄的な活躍にもかかわらず、百済の聖明王が五五四年に戦死しています。ところがその間には、筑紫の内臣が良馬二匹・諸木船（合木船）二隻・弓五〇張・箭五〇具（二五〇〇本）を百済に運んだり、援軍一〇〇〇人と馬一〇〇匹・船四〇隻を派遣する約束などもしていたのです。大伴狭手彦の出兵に火葦北国造が駆り出されたように、肥君一族に負担がかけられたこともすでに述べてきました。みなさんは、きっとご覧になっていると思いますが、六世紀後半の山鹿市弁慶ケ穴古墳の彩色壁画を思い出してください。船に載せた馬や靭（矢筒）などは、百済への支援を連想させる絵です。しかしそれは、悪魔を祓って死者が海の彼方の常世国へ渡ることを願う絵だという解釈がありますす。仮にそうだとしても、戦うための絵は、現実に船で戦場に向かう身近な光景に接してえがかれたものではないでしょうか。

一三　皇族将軍の西下

筑後川右岸の三根郡には物部郷があり、そこには「神の社あり、名を物部の経津主《ふつぬしの》神という」と、『肥前国風土記』にあります。ところが、新羅出兵の将軍となった来目皇子《くめのみこ》が物部若宮部にこの村に社を建てさせ、鎮祭させたとも記述されています。来目皇子は聖徳太子の実弟です。『書紀』によれば、推古十年（六〇二）四月に神祭にあずかる諸《もろもろの》神部《かんべら》、それに国造・伴造《とものみやつこ》や軍兵二万五千を率いて筑紫の嶋（志摩）郡に駐屯し、船舶・兵糧を集めているうちに病に倒れ、翌年二月に筑紫で亡くなった、といいます。

来目皇子の筑紫下向は、新羅とおこなっていた外交交渉に圧力をかけるのが目的で、最初から出兵する計画はなかったといわれています。当時の最大の外交課題は、すでに指摘されていることですが、『書紀』がいう新羅からの「任那」奪回ではありません。かつて「任那」がヤマト朝廷に納めた調《みつぎ》を、統治国となった新羅に代納させることだったのです。それに神功皇后の伝承を別として、皇族将軍が海外出兵で指揮をとった例はありません。だから、その後任にも聖徳太子の異母兄で、当摩《たぎま》皇子をあてることができたし、妻も同伴しているのです。しかし、妻が筑紫に下る途中に赤石（明石市）で病死しますと、都に引き返して新羅出兵もやめてしまいました。

それにしても、新羅遠征をめざす来目皇子は、なぜ物部若宮部（神部）を派遣し、肥前国三根郡の物部郷に社を建てさせたのでしょうか。祭神のフツヌシ神は、軍事氏族の物部氏が奉祭していたヤマトの軍神です。最初は雄略紀にみえる筑紫嶺県主が、磐井が物部麁鹿火に敗れたことで大連と擬制的同族関係を結び、勧請したのだと思います。そこへ来目皇子が物部枝族の若宮部を送り込み、その祭司権を掌握したのです。中央では、五八七年（用明二）に物部守屋が蘇我馬子と聖徳太子に殺害されました。その勝者が、新羅出兵の緊張状態をつくり、有明海側の軍事組織の再編をしたのではないでしょうか。

また三根郡には漢部郷があって、これも『風土記』に書かれていますが、来目皇子が新羅を征伐しようとして忍《おし》海漢人《ぬみのあやひと》を軍衆として率い、この村に住まわせて兵器を作らせた、とあります。中原町綾部字古《ふっ》田原《たばる》からは大量の鉄滓が発見されましたが、香田遺跡からは推古期の鍛冶工房の遺構も検出されました。『書紀』には来目皇子が諸神部と伴造を率いており、実際に神部が肥前国三根郡の物部郷の祭祀、伴造が漢部郷の兵器作りにかかわっていたことは明らかです。対外的な危機を利用して、ヤマトの大軍は肥筑の兵站基地化を推進していたことに注目すべきです。そしてそのようなことは、磐井の乱前後のヤマト朝廷の政策にあったことが考えられます。

来目皇子は肥君猪手が大領であった志摩郡で、船舶・兵糧を集めていたと『書紀』にありました。ところが『和名抄』をみると、志摩郡の川辺里は消滅していて、久米郷が存在していたことがわかります。旧糸島郡の郷の成立には、来目（久米）皇子が率いた諸神部・伴造と国造の軍兵二万五千が大きな影響をあたえたことは間違いありません。しかも、来目皇子の病死後の当麻皇子は赴任しないまま、志摩郡に集結した国造軍などは、万一に備えてその周辺に待機させられたのではないでしょうか。それが肥君猪手につながったり、周辺に肥後の地名をもつ郷が成立した原因だと考えます。

川辺里戸籍で判明する戸主は、カバネ姓（肥君四戸、己西部直《こせべのあたい》・卜部首《うらべのおびと》一戸）と部姓（卜部五戸、物部・葛野四戸・大家部・建部・大神部一戸）、合わせて一二二戸あります。しかし姓別の総人数で多いのは、肥君八五人、卜部八四人、物部六三人といったところです。航海の吉凶を占う卜部と軍事氏族の物部の数が目立つのは、来目皇子の駐留以前に、朝鮮出兵にかかわった物部氏の部民が多く在住していたからでしょう。そして卜部についても、壱岐島石田郡物部郷に卜部の存在が確認されますので、物部氏の朝鮮出兵に卜占の役割を演じた氏族だろうと考えています。

肥後国の宇土郡をみますと、大宅郷というのがあって、八六四年（貞観六）に大宅牧が廃止された記録が『三代実録』にあります。八世紀の中ごろですが、大宅郷には額田部《ぬかたべ》君得萬呂《とくまろ》という郷戸主がいたことがわかっています。推古天皇の幼名は、額田部皇女です。来目皇子のころに、ここから馬を出すために額田部が設けられたことが考えられます。そして玉名郡の宗郷は、本来はおそらく宗我（蘇我）郷でしょう。そうすると、筑前国早良郡に額田郷と曾我（蘇我）郷があり、物部氏を政権の座から排除した中央権力は、火君の足下にも支配の根を下ろしていたことがわかります。球磨郡の久米郷の存在も、志摩郡の久米郷の成立とおなじに考えてよいと思います。

一四　百済高官日羅の進言

百済の聖明王の戦死は、ヤマト朝廷の救援が遅れたためだと考えた王子余昌、つまり威徳王（在位五五四〜五九八）は、ヤマト朝廷との外交を一時中止しました。そして北朝の斉・周、南朝の陳との外交を緊密にしますが、五六二年には百済の支配下にあった加羅諸国を新羅に奪われてしまいました。『書紀』も、「新羅、任那の官家を討ち滅ぼしつ」と、衝撃的に記述しています。しかし威徳王は、五八一年に建国した隋とただちに国交を開始し、ヤマト朝廷が加羅諸国の復興政策をとると、五九七年に王子阿佐を派遣して国交の強化をはかっています。

その威徳王のもとに仕えていたのが、葦北国造阿利斯等の子日羅でした。『書紀』の敏達十二年（五八三）条に、この日羅のことが詳しく書かれていて、ここまで阿利斯等のこともこの史料を使って話してきました。敏達天皇は加羅諸国の復興策を検討するために、日羅を召還することにしたのです。日羅は倭人系官僚ですが、百済官位の二階にあたる達率《だつそち》の位にあった人物でした。百済では「賢《さか》しくして勇《いさみ》あり」といわれて、父は軍事氏族の大伴金村を「我が君」と称していますので、大伴氏の推挙で派遣された武官だろうと思います。ようやく帰国が認められた日羅は、葦北国造と縁のふかい吉備児島屯倉（岡山市南端の児島半島北部一帯か）に到着し、ここで大伴糠手子《ぬかでこ》連の出迎えを受けています。ヤマト朝廷に援軍を求める百済が日羅を高位につけたのは、日羅を肥葦北からの単独の派遣とみていなかったからで、ヤマトの軍事氏族大伴氏との関係を重視していたからでしょう。敏達天皇は在地勢力の外交を封じこめるためにも、葦北郡に火祀部《ひまつりべ》、そして飽田郡にも私部《きさいちべ》を設けて支配の網を張っていたと思われます。葦北郡には『続日本紀』（宝亀元年十月条）に火奉部広主売の名があり、飽田郡には私部郷がみえるからです。

日羅の諮問に対する進言は、百済を敵視するような内容でした。百済王を招いて威圧すべきだとか、百済が筑紫を請求してきた場合には軍事的に対応すべきだなどといっているのです。その結果、日羅は随行した百済人に殺害されますが、下手人は百済の召使たちで「新羅にはあらず」と言い残して絶命したと書かれています。百済王家に加担し、積極的な軍事支援をしてきたヤマト朝廷には大きな衝撃をあたえる献策でした。『書紀』の編者も、日羅が「新羅にはあらず」といったのは、新羅人が側に居たからだろうと注釈をつけています。百済高官の発言としては、理解できなかったからでしょう。

日羅は、次のような提言もしたといいます。兵を興して民力を失い滅ぼすことがないように、まずは国政を議る人たちが三年間は皆が富み栄えるように務めるべきだというのです。百済対策はそれからだとの主張です。三国抗争で孤立化する百済への軍事援助は、筑火豊の大きな負担となり、それが葦北国造一族としての日羅の気持ちの偽らざる提言となったのではないでしょうか。

『書紀』によると、推古三十一年（六二三）の数万人におよぶ出兵は、失敗に終わりました。そのとき人びとの間では、新羅から幣物《まいない》（貨賂）をもらった境部臣と阿曇連が、蘇我馬子をそそのかしたからだという噂が流れたといいます。「毛名臣の過ち」で滅亡した南加羅を、磐井が新羅から貨賂をもらったからだとした『書紀』編者の記述によく似ています。そこで最後になりますが、磐井と新羅の関係はどうだったのか、この問題を探るために、肥筑から離れますが、磐井が逃げたと『風土記』がいう豊国のことを少し考えてみたいと思います。

一五　磐井と豊前の新羅人

有明海沿岸で首長連合のシンボルなどといわれた形式の石棺や石製品は、豊前国ではまだみつかっていません。しかしこの地方には、考古学的な遺構・遺物はよくわかりませんが、新羅系の渡来文化が根付いた形跡が文献史料である程度うかがえます。『豊前国風土記』（逸文）は、「新羅国の神、自ら度り到来《わたきた》りて」田河郡鹿春《かはる》（香春）郷の河原に住みつき、それを「鹿春の神」といったといいます。現在の福岡県田川郡香春町には、昭和の初めごろから石灰岩の採取で無惨な姿になった香春岳があります。そこは、銅・黄楊《つげ》・竜骨が豊富なところだったとも書かれて、辺りには銅の採掘にあたる新羅系の人たちが住みつき、鹿春神を祭っていたと考えられています。しかし平安時代の『延喜式』（神名帳）には、辛国息長大姫大目命《からくにおきながおおひめおおまのみこと》とその神名が代えられました。この問題に関しては、大宰府が新羅船を厳しく排除していたことにからむ問題があると考えているところです。

磐井が逃げたといわれる上膳県は、令制下では豊前国上三毛《かみつみけ》郡になります。その上三毛郡のほんの一部分で、大宝二年（七〇二）の戸籍が残っています。上三毛郡の塔里《とうのさと》と加《か》目《め》久也里《くやのさと》の二里です。塔里は築上郡大平村の旧唐原村と旧友枝村、そして加目久也里が同郡の旧山田村・黒土村のあたりに推定されています。ところがこの二里には、秦部や某勝《すぐり》という渡来系の人名が多いことが注目されているのです。『書紀』（雄略十五年条）によると、五世紀末の雄略天皇は、豪族たちが分散して駆使していた秦の民を秦酒公《さけのきみ》に集めて統括させた。そのため、秦酒公は各種多数の勝（村主）を率いて、朝廷に山積みするほど絹と縑《かとり》（上質の絹）を献ったとあります。これから考えると、上三毛郡にも生糸と絹の生産にかかわる渡来人たちが住んでいた可能性があります。秦酒公のような秦氏は、新羅から来たという説と、百済からの渡来人だとする説がありますが、その配下に組み込まれた秦部や勝姓はどこから来た人たちだったのか、それを考えるために、難解な史料ですが、次の『国造本紀』（『旧事本紀』巻十）を検討してみたいと思います。

『国造本紀』

伊吉島造、磐余《いわれ》玉穂の朝《みかど》（継体朝）、石井《いわい》に従へる者新羅の海辺の人を伐つ。天津水凝《あまつみずごり》の後の上毛布直《かみつけのこほりちか》の造《みやつこ》（首長）なり」

継体天皇のころに上毛郡（上膳県）まで逃れた磐井には、手助けする新羅系の渡来人たちがいて、それが壱岐島に身を隠すと、上毛の豪族が追って殺害したというのでしょう。そうすると、上三毛郡の戸籍に多くみえる秦部は、新羅人である可能性が高いと思います。それに島外の者が在地化して伊吉島造になったのは、上膳の首長層の上毛布直造の行為に対するヤマト朝廷の高い評価があったからに違いありません。上毛布直造は上膳の県主だったのではないかと想像しています。磐井の乱後の県主の動向は、山国川の南から下毛《しもつみけ》郡の物部系豪族に牽制されていたのではないでしょうか。

『書紀』の安閑元年（五三四）閏十二月条には、珠を盗まれた物部大連尾輿が、事件に自分のかかわりを疑われることを恐れ、皇后に筑紫国の膽狭山部《いさやま》を献ったとあります。安閑天皇の皇后は、肥後の春日部屯倉の設置で登場した春日山田皇女です。豊前国下毛郡には、『和名抄』の諫山郷《いさやま》があります。そして『続日本紀』に、七四〇年（天平十二）の藤原広嗣の乱で下毛郡少領勇山《いさやま》伎美麻呂の名がみえるのです。そうすると勇山氏は下毛郡の豪族であって、磐井の乱後に物部大連の配下に組み込まれたとみてよいのではないでしょうか。

筑紫君磐井は物部麁鹿火に斬殺されたのではなくて、『風土記』がいうように逃げたのだと思います。しかもそれを助けた人たちの中には、豊前で主に特殊技術をもって在地首長に奉仕する新羅系の渡来人たちがいたと考えています。

一六　新羅からの五十猛命

豊前国戸籍には、中津郡丁里のものが含まれています。中津郡は香春岳から周防灘の間に広がる現在の京都郡犀川・豊津・勝山町、行橋市東南部一帯で、丁里は約九〇パーセントが秦部と丁勝・古溝勝・狭度勝・川辺勝など、某勝を称する渡来系になっています。所在地は旧京都郡内と思われますが、ここはなぜか五十猛命《いたけるのみこと》を祭神とする神社の多いところです。『書紀』の一書は、五十猛命が素戔嗚尊《すさのおのみこと》の御子神で、樹木の種を持って父神と一緒に高天原を追放され、新羅に渡ったとされています。しかし新羅に住むことを嫌った素戔嗚尊は出雲国に到って八俣大蛇を斬ったりしますが、五十猛命は「筑紫より始めて」大八洲を青山にし、今は紀伊国に「所坐す《まします》大神」だと記されています。和歌山市の伊太祁曽《いたけそ》神社がそれで、木の神が斎いたので木＝「紀」（紀伊）の国だというわけです。そうすると、豊前の五十猛命の祭神は、大宝二年戸籍の秦部などからみると、桑木の栽培にたずさわった織物集団の信仰として定着したのではないでしょうか。

五十猛命を祀る神社は、筑前国でもみられますが、なぜか旧糸島郡の周辺に集中しています。伊覩県主が天日桙の末裔を名乗り、新羅系の伝承をもっていたことはすでに話しました。また令制下の志摩郡は、八〇四年（延暦二十三）まで調として真綿を徴収されていて、ここにも新羅系渡来人による桑木と真綿の生産が行なわれていたことが想定されます。旧怡土村大字王丸、北崎村大字草場・同大字西浦などは、白木神社が五十猛命を祭神としています。新羅から渡来した木の神が、白木（新羅）になったのでしょう。筑前国には、嘉穂郡大隈町、朝倉郡上秋月村にも五十猛命を祀る白木神社がありますが、ここもおなじような歴史を秘めているのではないでしょうか。

五十猛命にこだわりますのは、筑紫君と肥君が創建したという筑紫神社（『筑後国風土記』逸文）が、「城山の頂上」から現在地に移転して、祭神は五十猛命だとする社伝をもっているからです。とくに筑紫神社は、令制の筑前・筑後・肥前三国を直線で区画する基点にもなっています。天武十二年（六八三）に諸国の境界を「限分」した記事が『書紀』にあって、権力的な直線による分割はこの時期を中心に行なったと考えています。ところが『風土記』は、「堺の上」に麁猛神がいて、それを筑紫君と肥君が祀ったというのです。その後「堺の上」、つまり基山に築かれたのが六六五年（天智四）の椽《き》城（基肄城）ですが、奈良時代に好き二文字を使うと、椽城は基肄《きい》城と表示されるようになります。五十猛命伝承で説明された紀国が、紀伊国になったのと全くおなじです。筑紫神社のことを述べた『風土記』は、土地の人たちがさかんに棺の木を伐る山があるとも書いています。木の神が五十猛命になり、それが猛る（荒ぶる）神として人前に現れることを語っているのでしょう。また基肄郡の麁猛神は国境をまたぎ、肥前国養父郡姫社《ひめこそ》郷と筑後国御原郡の姫社《ひめこそ》の社《もり》に住みつく神として、伝承されています（『肥前国風土記』）。しかもその正体が、外来の織物の女神になっているのです。織物にかかわる渡来人たちが住んでいて、境界線を越えた交流がおこなわれていたことが推測されます。百済への軍事支援に不満を持つ磐井は、そのような新羅系渡来人にかくまわれ、豊前に逃れたのではないでしょうか。

『延喜式』によると、筑後国の調庸の負担は、他国のように日常生活具や海産物ではなくて、綿紬と上質の麻布の貲布《きよみのぬの》、それに絹・生糸・真綿・麻布などの糸と織物だけという特徴がみられます。渡来人たちが住みついて、その技術の伝統が息づいていた証拠でしょう。筑火豊の豪族たちは、ヤマト朝廷が支援する百済人だけではなくて、もちこむ品々や技術の価値判断で、渡来人を迎え入れていたものと思います。そのために筑紫君たちがえた朝鮮半島の情報は、百済王家から入手するヤマト朝廷のそれとは当然異なっていたに違いありません。もし磐井が賄賂を受けていたとすれば、それは新羅の法興王（在位五一四～五四〇）からということになるのでしょうが、法興王は中国南朝の梁に使者を派遣して、十七等官位や衣冠制を定めた律令は、後代に記憶される評価をえています。そして百済の聖明王が即位した翌年（五二四）には、南部国境地帯を巡行して大加耶国王（高霊）と盟約を交わしました。磐井が乱を起こす三年前のことです。磐井の乱後になると、法興王は五三二年に将軍異斯夫《いしふ》を派遣し、弥生時代から「倭人」が鉄などを運び出した洛東江河口の金海加羅（金官）を併合してしまったのです。ヤマト朝廷の百済援軍への負担が重くなれば重くなるほど、火筑の豪族たちの朝鮮半島の動向をさぐる目はきびしくなったに違いありません。そこにヤマト朝廷による外交権の独占と、在地支配の強化がおよぶと、磐井は乱をおこしたのです。しかしその後の在地支配の強化についは、それをすべて磐井の乱直後にみるのではなく、物部氏の衰退から推古朝にかけて、もう一つ大きな山場を設けて再検討をする必要があるのではないでしょうか。

菊池川流域の装飾古墳

髙木正文

一　はじめに

絵や文様が描かれた古墳を装飾古墳と呼んでいる。装飾古墳は全国で六〇〇基程見つかっているが、熊本県ではその三割の約一九〇基が確認されている。また熊本県内では菊池川流域に多く、その半数以上が分布している。

全国的にみると、一部の地域には四世紀代までさかのぼる装飾のある石棺がみられるが、熊本県内の装飾古墳はそれとは別に五世紀の初頭に県南部の八代市で出現し、独自の発展をとげ、次第に北上し、県北部の菊池川流域では六世紀初頭になってやっと出現する。

菊池川流域の装飾古墳は、下流域の玉名平野、中流域の山鹿盆地、上流域の菊池平野の三地域にまとまってみられ、三つの支配領域を想定することができる。また各地域の装飾古墳のうち墳丘を持つ古墳（前方後円墳・円墳）は首長の墳墓とみることができ、地域毎に系譜をたどることができる。

二　玉名平野の装飾古墳

玉名平野で最古の装飾古墳は、六世紀初頭に位置づけられる玉名郡菊水町の塚坊主古墳である。

塚坊主古墳のある清原台地には京塚古墳（円墳）、虚空蔵塚《こくぞうづか》古墳（前方後円墳）、江田船山古墳（前方後円墳）の順で造られた代々の首長墓の清原《せいばる》古墳群がある。特に江田船山古墳は横口式家形石棺から銀象嵌銘大刀をはじめ、金銅製

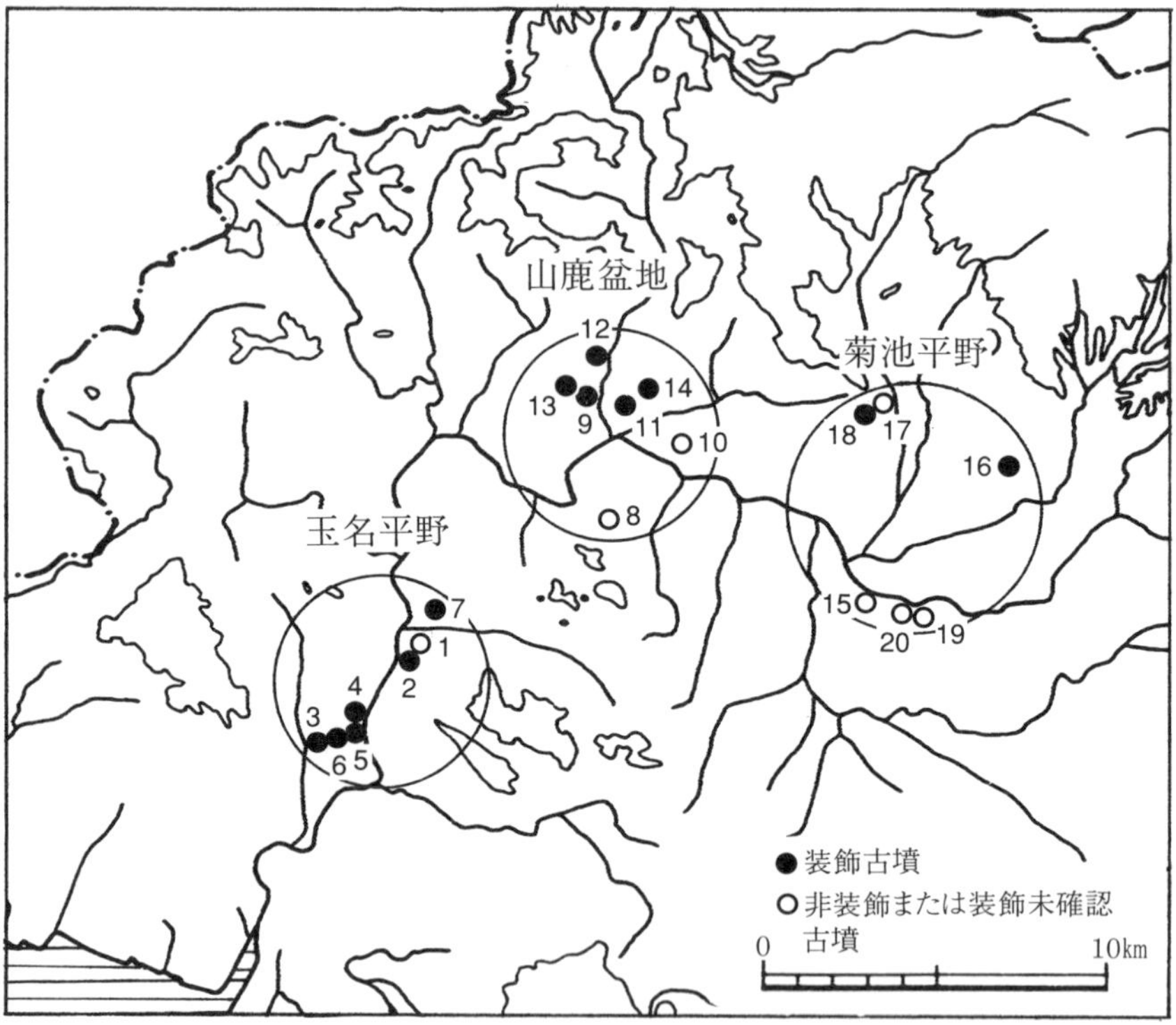

図1　菊池川流域の装飾古墳など分布図（横穴墓を除く）

1 江田船山古墳	2 塚坊主古墳	3 大坊古墳	4 馬出古墳
5 永安寺東古墳	6 永安寺西古墳	7 江田穴観音古墳	8 岩原古墳
9 チブサン古墳	10中村双子塚古墳	11臼塚古墳	12馬塚古墳
13オブサン古墳	14弁慶ケ穴古墳	15蛇塚古墳	16袈裟尾高塚古墳
17御霊塚古墳	18御霊隠穴古墳	19木柑子フタツカサン古墳	20木柑子高塚古墳

冠や金製垂飾付耳飾など武具や装身具が多数出土していることで知られており、五世紀末に位置づけられている。なお近くからは腰掛形石製品、家形石製品、短甲形石製品などの古墳の上に置かれていたと考えられる石製表飾も発見されている。

塚坊主古墳（前方後円墳）は、割石を積み上げて造った横穴式石室の奥に、家形をした石屋形をすえたもので、石屋形の内壁に装飾が施されている。装飾は赤と白の彩色で描かれ、壁面の中程に円文を並べ、それを横線で接ぎ、その上下に菱形文を並べた文様である。石屋形は、江田船山古墳の家形石棺を平入りにしてすえた形態であり、古墳が同じ台地上に築かれていることも合わせて考えると、塚坊主古墳は江田船山古墳の被葬者の直系の首長の墳墓と考えることができる。盗掘を受けていたが、大刀、鏡、銅鈴、f字形鏡板付轡、剣菱形杏葉などの遺物が発見されている。

塚坊主古墳の後、玉名平野の首長の墳墓は、清原台地からやや菊池川を下った位置の対岸（右岸）の玉名市玉名へと移動する。ここには四基の装飾古墳があり、大坊古墳（前方後円墳）、馬出古墳（円墳）、永安寺東古墳（円墳）、永安寺西古墳（円墳）の順で造られている。このうち馬出古墳は、採土工事により破壊されて、今は見ることができない。

大坊古墳は、塚坊主古墳と同じく割石積で築いた複室の横穴式石室の奥に石屋形を設置しているが、前室がより明瞭に造られ、石屋形の屋根が家形から板石に変化している。装飾は、赤と青の顔料を用いて、石屋形の内壁に連続三角文が五段に描かれ、二段目と四段目の三角文の中には円文が配置されている。その他、石屋形の前面、玄室入口の両袖石、玄室と前室の入口の閉塞石にも三角文が描かれている。石室内から金製垂飾付耳飾や玉類などの装身具、杏葉・鐙・鞍金具などの馬具、直刀などの武器類が発見されている。

虚空蔵塚古墳から大坊古墳までは墳形が前方後円墳であったが、次の馬出古墳以後は円墳にかわる。馬出古墳は、最下部に腰石をすえて、その上に割石を積み上げた横穴式石室で、石屋形の内壁と石屋形の前面に装飾がある。彩色は赤の顔料が一部分に残るのみであったが、下書きの線刻から、連続三角文と円文が段を違えて交互に並べて描かれ

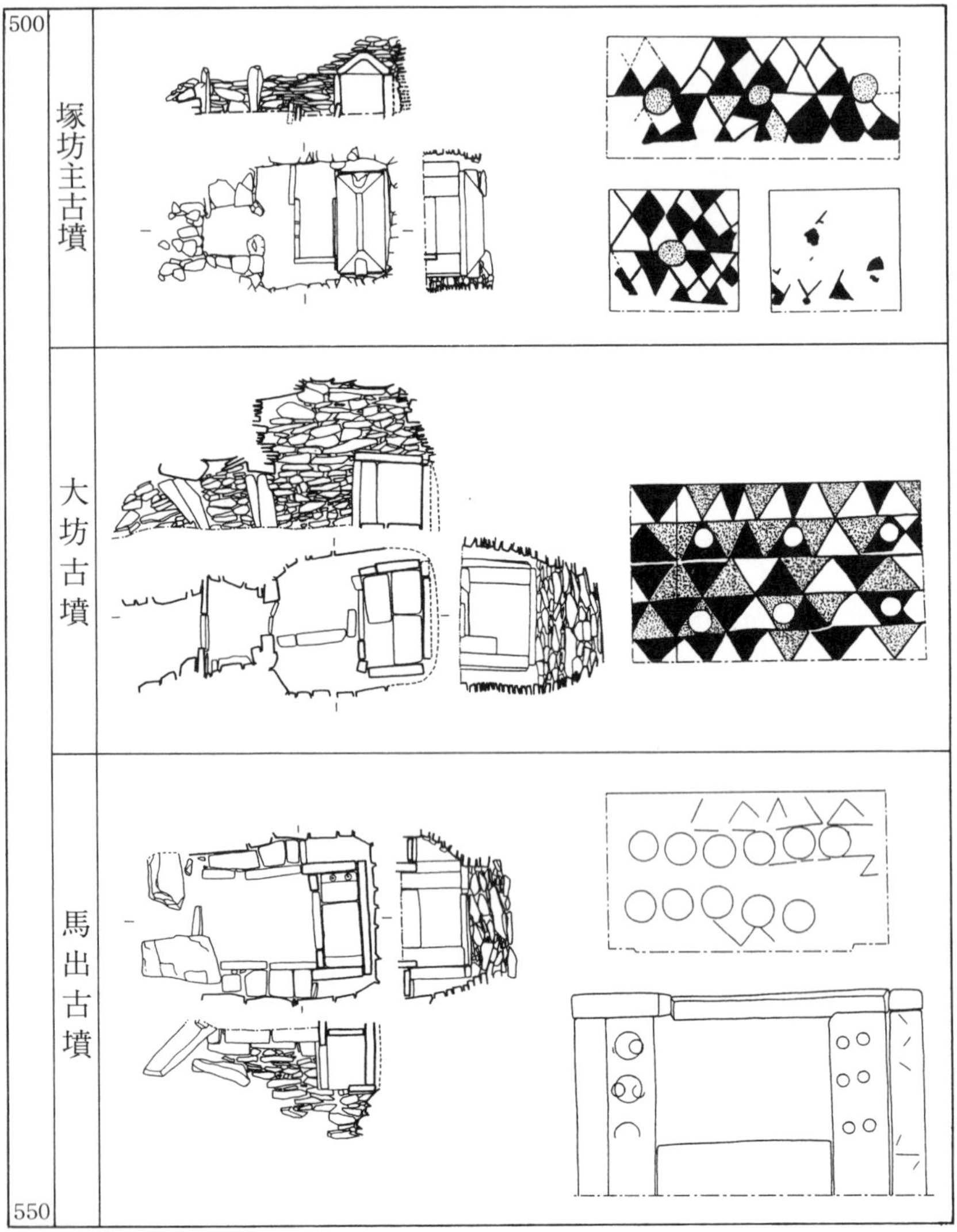

図 2　玉名平野の装飾古墳変遷図(1)

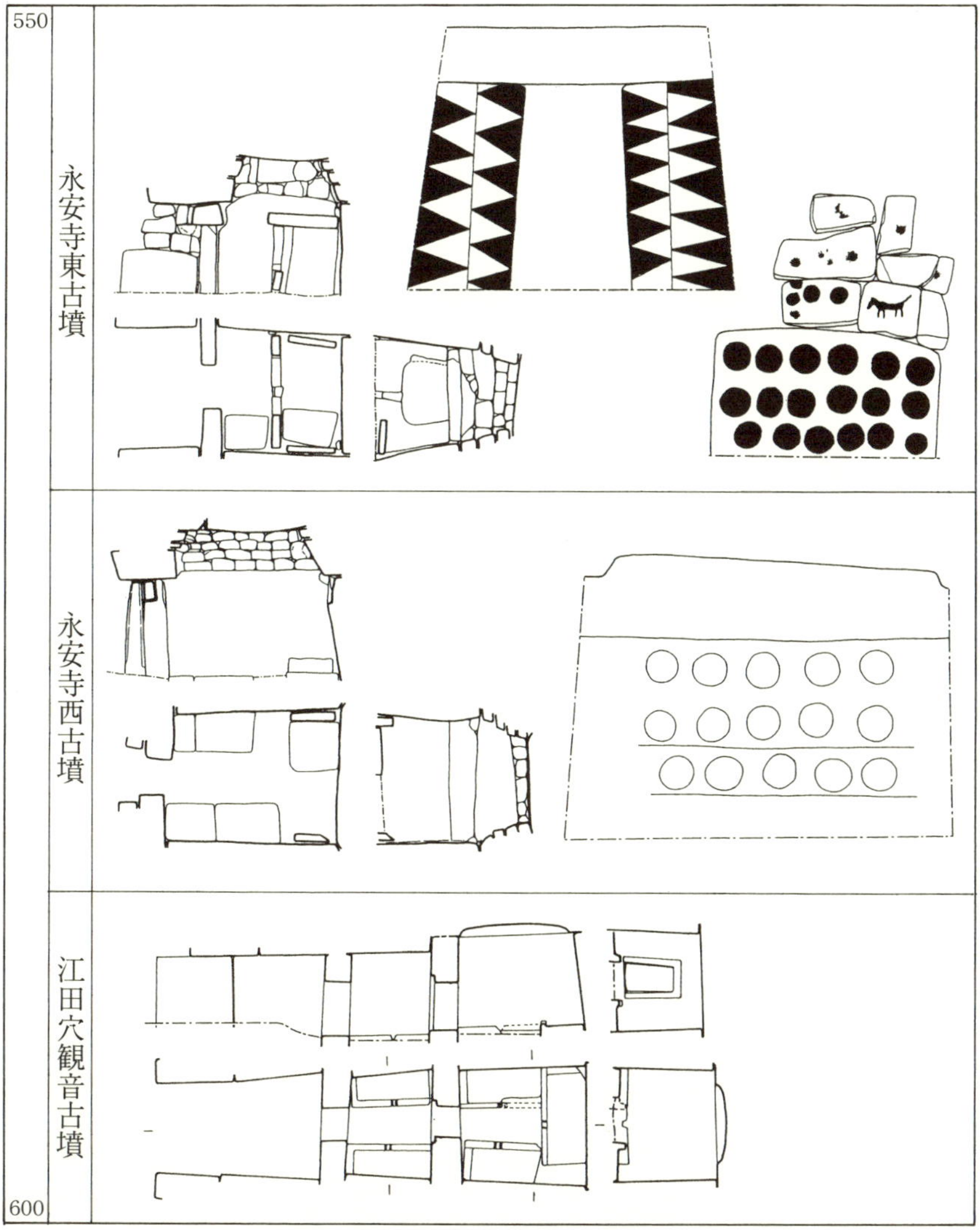

図3　玉名平野の装飾古墳変遷図(2)

ていたことがわかる。遺物は、各種の玉類や耳環などの装身具類、刀鐔などの武器類などが出土している。また馬の頭骨も発見されており、葬送儀礼を考える上で興味深い。

馬出古墳の後に造られた永安寺東古墳と永安寺西古墳の石室は、大きな切石を立てて壁面とし、その上に切石を積み上げて、巨大な天井石を乗せて造られており、後で造られた永安寺西古墳の方がより大きな石材が用いられている。なお永安寺東古墳の石屋形はほぼ完存しているが、永安寺西古墳の石屋形は破壊されている。永安寺東古墳の装飾は、石屋形の屋根の前面と、玄室入口の両袖石前面に連続三角文が、前室の両壁に円文や船・馬などが、いずれも赤の顔料で描かれている。永安寺西古墳の装飾は、玄室の奥壁と左右壁の三壁に円文がそれぞれ三段に並べて描かれているが、赤の顔料は一部で確認できるだけで、ほぼ下書きの線刻が残るだけである。両古墳とも盗掘を受け、古くから開口していたので、遺物は明らかではない。

永安寺西古墳の後に続く江田穴観音古墳は、再び玉名郡菊水町に造られており、清原台地の北方、諏訪原台地の南端にある。江田穴観音古墳の主体部は、各壁面・玄門・天井石とも巨大な切石を用いて組み合わせた横穴式石室で、部分的に赤の顔料が見えるが、後世に付着した煤のため、文様は確認できない。遺物は金銅製心葉形杏葉や金環・ガラス製勾玉などが採集されている。この江田穴観音古墳は六世紀末から七世紀初頭に位置づけられている。

三　山鹿盆地の装飾古墳

山鹿盆地においても玉名平野と同様に、六世紀になってから装飾古墳が出現するが、この地域の装飾古墳出現前の有力首長墓とみられているのが岩原古墳である。

岩原古墳は、山鹿盆地を望む鹿本郡鹿央町岩原の丘陵上に築かれた全長一〇〇メートルを越える菊池川流域で最大の前方後円墳で、主体部は不明であるが、江田船山古墳と同様の家形石棺と推定され、五世紀後半のものと考えられる。この岩原古墳の首長の系譜を引く首長が六世紀代になって装飾古墳を築いたものと考えられる。

山鹿盆地の装飾古墳は、代々地点を移動しながら造られているが、すべてが現在の行政区の山鹿市域内に位置している。その最古の装飾古墳はチブサン古墳（前方後円墳）で、その後、臼塚古墳（円墳）、馬塚古墳（円墳）、オブサン古墳（円墳）、弁慶ケ穴古墳（円墳）の順で、六世紀代全般に渡って造られている。なお玉名平野の装飾古墳の変遷と対比すると、チブサン古墳と臼塚古墳の間の時期に造られた古墳がもう一基あるものと推定され、現在主体部が明らかでない中村双子塚古墳がここに位置づけられるのではないかと考えている。

チブサン古墳は、割石積の横穴式石室の奥に家形の石屋形をすえており、玉名平野の塚坊主古墳と共通の構造をしており、六世紀初頭に造られたと考えられる。装飾は石屋形の内壁にあり、×字文あるいはそれを組み合わせた菱形文を主とし、その菱形文の中に円文を配置している。また石壁には冠をかぶり両手をあげた被葬者の姿も描かれている。前方後円墳で、前方部と後円部のくびれ部に元はヤッコ凧形をした武装石人が立っていたが、現在は東京国立博物館に所蔵されている。古くから石室が開口していたため遺物は不明である。

玉名平野の大坊古墳の時期の古墳として中村双子塚古墳を考えたが、そうであれば石屋形の装飾は数段に描かれた連続三角文であり、その三角文の中に円文を配置していると考えられる。

この後に位置づけられるのが臼塚古墳であり、この段階で古墳の形が前方後円墳から円墳に変わる。臼塚古墳の主体部は、割石積の横穴式石室で、奥に設けられた石屋形奥壁には三段の文様帯があり、上段と下段に連続三角文、中段に円文が配置されており、赤・青・白の顔料で塗り分けられている。その他玄室の入口側の壁面にも人物像や三角文が描かれている。遺物は金銅製冠・水晶製勾玉・雲珠などが発見されている。墳丘上に元は靫を背負った武装石人が立てられており（現在熊本県立美術館に展示されている）、人物埴輪も発見されている。臼塚古墳は、玉名平野の馬出古墳の時期に対比できる。

次の馬塚古墳の石室は、部分的に大きな腰石をすえ、それ以外は割石を積み上げて築いた横穴式石室で、石屋形は破壊されているが、屋根の前面に当たる破片には連続三角文が認められる。また、玄室の壁面には大きな連続三角文の線刻があり、元は彩色されていたとみられるが、風化で落ちてしまっている。その他、玄室入口の両袖石（前室奥壁）にも連続三角文の装飾があり、ここには赤・青・白で塗り分けた彩色が残っている。石室内から金銅製尾鉈や大刀・鉄鉾などの遺物が発見されている。玉名平野の永安寺東古墳の時期に対比できる。

オブサン古墳の石室は、巨石で壁面を造り、その上にやや大きめの石を積み上げた横穴式石室であるが、石屋形は完全に破壊されてしまっている。装飾は玄室左側屍床の仕切石に赤の顔料で描いた連続三角文がかろうじて認められた。遺物は金銅製杏葉・轡・飾りの金具などの馬具や、金環などが発見されている。オブサン古墳は、玉名平野の永安寺西古墳の時期に対比できる。

弁慶ケ穴古墳は、山鹿盆地最後の装飾古墳で、六世紀末に位置づけることができる。主体部は、巨石で築いた横穴式石室で、各壁に装飾がみられる。装飾は赤・青・白の三色の顔料を用いて、同心円文・連続三角文・菱形文などの幾何学文のほか、舟や馬などの具象画も多数描かれている。特に舟に乗った馬や舟に乗せた棺に止った鳥などの絵画は、古代人の他界観を知る上で重要な手掛りを与えてくれるものである。遺物は、雲珠・飾り金具・鉤具などの馬具、鐔・鉄鏃などの武器、金環などが発見されている。

四　菊池平野の装飾古墳

菊池川の上流、菊池平野とそれを望む台地上にはいくつかの古墳が点在している。菊池郡七城町の蛇塚古墳は、装飾古墳出現以前の五世紀代の古墳とみられ、現状では小形の前方後円墳であるが、多数の形象埴輪を伴っており、有力な首長墓と考えられる。

六世紀代になると菊池平野にも装飾古墳が出現する。初頭のものは確認されていないが、菊池市の袈裟尾高塚古墳（円墳）は六世紀前半の装飾古墳である。袈裟尾高塚古墳の石室は、下部に腰石をすえて、その上に小型の石を積み上げて造った横穴式石室で、奥に石屋形を設けている。装飾は石屋形の奥壁にあり、靫と連続三角文が線刻されてお

玉名平野
山鹿盆地
菊池平野
（清原石製表飾）
江田船山古墳
岩原古墳
蛇塚古墳
500
塚坊主古墳
チブサン古墳
袈裟尾高塚古墳
大坊古墳
中村双子塚古墳
馬出古墳
臼塚古墳
木柑子フタツカサン古墳
550
永安寺東古墳
馬塚古墳
木柑子高塚古墳
永安寺西古墳
オブサン古墳
江田穴観音古墳
弁慶ケ穴古墳
600

図 4　菊池川流域の首長墓変遷図

り、元は彩色されていたと考えられる。このほかに靫の浮彫りのある石材が古墳の石材として用いられていたが、本来は古墳の上に立てるべき石製表飾の一種と考えられる。

六世紀中頃に造られた装飾古墳と考えられるのが、菊池市の木柑子《きこうじ》フタツカサン古墳（前方後円墳）である。主体部の調査は行なわれていないが、半壊した横穴式石室が見えている。玄室の腰石とみられる石に赤色の顔料が認められ、装飾古墳であった可能性が高い。墳丘上に立っていたと考えられる武装石人一体が知られていたが、最近の調査で二重にめぐらせた周濠内から石製蓋《きぬがさ》二個も発見されている。またコンマ状の文様を銀象嵌した鐔も出土しており、この古墳の重要性が再認識させられた。

同じく最近の調査で、木柑子フタツカ古墳のすぐ西にあたる位置で、墳丘が削平され存在さえもしられていなかった前方後円墳の周壕のくびれ部が検出された。木柑子高塚古墳と名づけられたこの古墳の周壕内からは、冠帽をかぶったような男性石人、ひょっとこのような石人の頭部、おなかで手を組んだ女性とみられる石人、裸の女性石人など奈良県飛鳥村の石造物を連想させるような特異な形態の石人が四体以上発見されている。また周壕内から金銅製杏葉などの遺物も出土している。

木柑子高塚古墳は、主体部が残っていないので装飾古墳であったかどうかは不明であるが、木柑子フタツカサン古墳の至近距離に造られていること、木柑子フタツカサン古墳と同じく前方後円墳であること、石人を伴うことなど共通する点が認められ、直系の首長の墳墓と考えられる。

玉名平野や山鹿盆地においては、六世紀の早い段階で前方後円墳が消滅するが、菊池平野においては六世紀の中程から後半に至る時期まで残り、しかも石製表飾を伴っており、このことが菊池平野の首長の性格を特徴づけるものであり、重要な意味を持っていると考えられる。

なお、菊池平野の北西端に横穴式石室を主体部とする御霊塚古墳と御霊隠穴古墳が二基並んであり、御霊塚古墳（円墳）、御霊隠穴古墳（墳形不明）の順で造られていると考えられる。御霊塚古墳の横穴式石室は、埋没のため詳細が不明であるが、御霊隠穴古墳の横穴式石室は、切石で壁面を造り、その上に持ち送りで割石を積み上げて天井石を乗せて造られており、内壁全体に渡って、赤と白の顔料で同心円文・靫・鞆・盾などが描かれている。より古い段階の古墳と考えられる御霊塚古墳も装飾古墳である可能性は高い。この二基の古墳が、木柑子フタツカサン古墳、および木柑子高塚古墳と同一系譜上の首長の墳墓であるのか、あるいは同時期に菊池平野の北西部一帯を支配していた別勢力の首長の墳墓であるのか今のところ不明である。今後の研究の進展を待ちたい。

五　おわりに

菊池川流域の玉名平野、山鹿盆地、菊池平野の三地域には、五世紀代において、それぞれ前方後円墳を築いた有力な首長の存在が想定される。六世紀代に入ると初期の段階から、それぞれの地域の首長が装飾古墳を造るようになり、ほぼ六世紀末まで装飾古墳が継承される。

この三地域の装飾古墳は、石室構造・装飾文様など連動して変遷し、三地域の首長が代々にわたって、同盟のようなものを結んで均衡を保っていたものと考えられる。しかし、玉名平野は幾何学文が中心であるのに対して、山鹿盆地には幾何学文に人物像が加わっているなど、一面では装飾文様における地域の特徴もみられ、連動しながらも独自性も兼ね備えた首長の性格の一端がうかがわれる。

次に墳丘などの変遷から三地域の動向をまとめてみたい。まず、墳丘の形態から見ると、玉名平野と山鹿盆地の装飾古墳が、六世紀前半代に前方後円墳から円墳へと変遷するのに対して、菊池平野では逆にその時期に小型の前方後円墳や円墳から大型の前方後円墳へと変遷している。

次に古墳の上に立てられる石製表飾（石の埴輪）を見ると、玉名平野では五世紀後半に見られるのに対して、山鹿盆地では六世紀前半にみられ、菊池平野では遅れて六世紀の前半から後半まで見られ、菊池平野の石人は従来の石人の形態とは大きく異なっている。

玉名平野・山鹿盆地の墳墓とも、前方後円墳から円墳へ変遷するものの、残された遺物から考えても、決して急激に首長層の勢力が劣ったとはみられず、従前の領域を支配し、勢力を保持していたものと考えられる。

これに対して、菊池平野の墳墓は、逆に大型化し、石製表飾で飾り立てている。このことは菊池平野の首長が広大な菊池平野や菊池台地の開発の進展による生産力の増大を背景として、財力と政治力が拡大したことを反映しているのではなかろうか。

なお、三地域の墳墓形態の変化の時期は、磐井の乱と重なるとみられ、一方では乱の前後における大和政権との関わりの変化を示しているものとみられる。おそらく、何らかの理由で大和政権との結びつきを強くした菊池平野の首長は、大和政権を背景に支配力を増して行ったものと考えられる。七世紀代に菊池に鞠智城《きくち》が築かれるのも、大和政権と菊池平野の首長系譜の強い結びつきがあったからにちがいない。

磐井の「乱」及びそれ以降について

島津義昭

磐井の「乱」及びそれ以降の時代について考古学からみて、どのようにみることができるか。この問いは、歴史上の出来事を考古学の方法でどのように把握できるかという問いと同義である。

一　「乱」の時期

『古事記』『日本書紀』によると、この「乱」は継体天皇二十一・二十二（西暦五二七・五二八）年のことであるという。この年代は史料批判の上では一〇〇パーセント確実とはみられていないが、大略、六世紀前半とすることができる。考古学の年代区分からみると、古墳時代を前・中・後期の三時期に区分する年代方式では、磐井の「乱」は古墳時代後期前半期の出来事となる。考古学の編年尺度は、一般的には土器や埴輪での編年である。熊本の古墳時代を須恵器での編年からみた場合、二五年が一単位となり、年・月・日を基礎とする暦年代とは異なる。このため、歴史的事象についての接近法が文献によるものと考古学とでは違ってくる。考古学的方法では、残された遺構や遺物から文化の動態を探ることが主題になる。

磐井の「乱」を挟んで、どのように古墳文化はかわったか。まず、磐井の勢力の広がりについては『日本書紀』では「磐井、火・豊、二つの国に掩い拠りて、使修職らず。外は海を邀えて、高麗・百済・新羅・任那等の国の年に職貢船を誘り致し」（磐井は佐賀県・熊本県・大分県にまで勢威をはり、外は海路を押さえて朝鮮諸国から朝廷への貢物を運ぶ船を自領まで運んだ）とある。つまり、海上を含めて中・北九州のほぼ全域に磐井の力は及んでいたことがわかる。

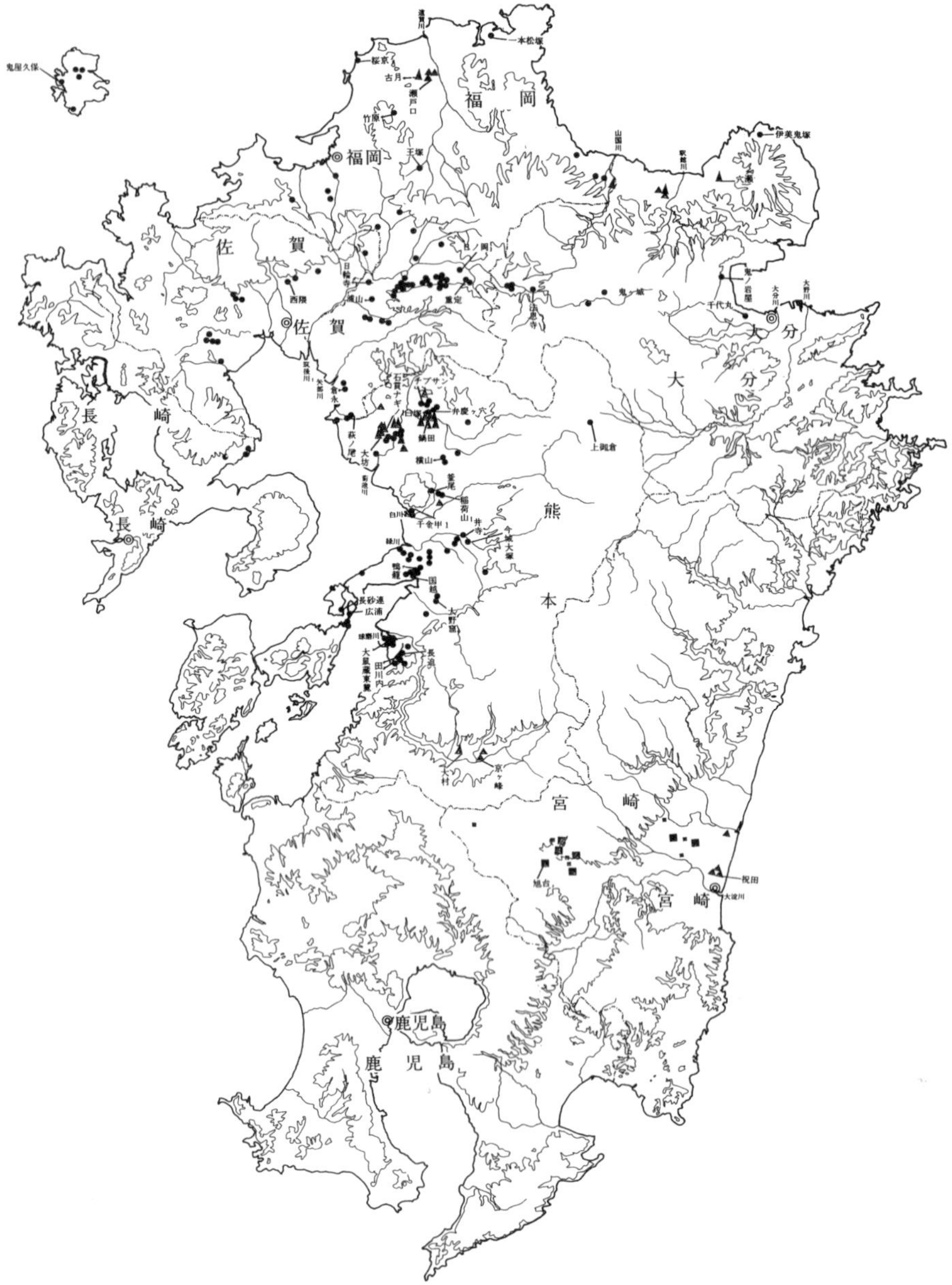

図1　九州地方の装飾古墳分布図（国立歴史民俗博物館『歴博10周年　装飾古墳の世界』による）

●装飾古墳　▲装飾横穴　■装飾地下式横穴

磐井の勢力の及んだ中・北九州は、紀元前三世紀頃から朝鮮の先進的文化をいち早く受け入れ、稲作を開始した地域である。生産力の高まりを背景として、優れた弥生文化が生み出された。四世紀に入ると前方後円墳が多く築造されているが、複数の前方後円墳の存在は各地に継続的に豪族がいたことを示し、各豪族の歴史的紐帯が強かったことを推測させる。菊池川流域の豪族も磐井の「乱」に参加したことは間違いない。『日本書紀』欽明十七年条には百済皇子・恵の帰国に際して津の守りを行なった「筑紫火君」の名前がみえ、「筑紫君の児、火中君の弟なり」とある。つまり、筑紫君と火君の間に婚姻関係があったと考えられている。

二　「乱」前後の変化

磐井の「乱」に先行する古墳時代中期に、磐井の勢威の広がった地域には、石人石馬、直弧文をもつ家形石棺など、独自の文化が見られる。磐井から二世代先行すると考えられている石人山古墳には、その後、磐井の勢威の広がった地域にみられるすべての要素がみられる。考古学からみて磐井の「乱」前後の変化には次の点がみられる。

① 石人石馬は磐井の「乱」後、次第に造られることがなくなり、やがて横穴の人物像に変化していく（原口長之氏説）。

② 古墳の施設として「横口式家形石棺」や「石屋形」が作られ、遺骸を収める石部屋を二つもつ複室の横穴式石室が造られる。

③ 装飾古墳は五世紀後半に出現し、六世紀前半に最も華やかなものがみられるが、次第に画風を変え、雑なものになっていく。

④ 前方後円墳は、地域により大型化のピークが異なるが基本的には、磐井の「乱」後、小型化していく。

シンポジウム2「磐井の乱をめぐって」

司会　井上智重

パネラー　白石太一郎

田中正日子

島津義昭

田邉哲夫

赤崎敏男

髙木正文

今田治代

井上　司会というより、会場の皆さんを代表する形でここが知りたい、聞きたいという好奇心でもって進行させていただきます。

実は私の郷里は福岡県八女市でして、岩戸山古墳のある地です。生家のすぐそばが八女公園で、ここは慶長年間、田中吉政が築いた福島城の跡地で、城の石垣のために岩戸山古墳から運んできた石人石馬が置かれていました。よくそれに乗ったりして遊んだものです。さらに大学を出て、十年ほど佐賀新聞社というところに勤務し、うち三年は鳥栖支局でした。ちょうど田中角栄の列島改造による開発行為で古墳や住居跡が盛んに発見され、かつ破壊された時期でもありました。若いころ、バイクで駈けめぐっていた土地の名が田中先生の講演の中に次々と登場し、とても懐かしく思いました。その田中先生の講演がいいところで時間切れとなりました。それは火の君についてです。この話をもう少し展開していただき、話を進めていけたらと思います。

「筑紫火君」

田中　午前中の時間配分がまずくて、大変多くの課題を残してしまいました。申し訳ございません。五五六年に百済王子が帰国するときに、勇士一〇〇〇人を率いて護衛した筑紫火君というのがいました。ところが今は失われて現存しないのですが、『日本書紀』が引用した「百済本記」に、筑紫火君は筑紫君の児で火中君の弟だと書かれています。ただ火中君の史料はここだけにしかありませんので、その実体を探るのは容易ではありません。火君だけなら問題ないのですが、「中」が何を指すのかはっきりしませんので、普通は筑紫君と肥君の婚姻関係を指摘するだけにとどめることが多いように思われます。

しかしその婚姻関係が磐井の乱の前か、それとも後なのか、それによって火君の評価も異なってくるのではないかと思います。磐井の乱は五二八年に終わりました。それから筑紫火君が勇士を率いたのは三〇年後になるわけです。つまり筑紫火君が磐井の乱以前に筑紫君と火君一族との間に生まれていれば、若くて三十歳の前半代で勇士を率いたことになるはずです。大変微妙ですが、私は今のところ菊池川水系に火中君を称する豪族がいて、乱の前に筑紫君と婚姻関係を成立させていたと考えています。従って筑紫火君はもちろん、母方の火中君は、磐井の乱に筑紫君側に加わっていたとみています。

火君と火葦北君はさっき申しましたが、系譜上違いがあります。全く同族ではなくて、ある時期には両氏の間に擬制的な同族関係が成立していたと思います。政治的な同盟関係といってもいいでしょう。そうすると菊池川水系にも葦北と同じように中という地域名を姓にする在地豪族がいて、それが火君と擬制的同族関係にあったのではないでしょうか。つまり火中君は、筑紫君と火君という大国造の中間にいて、その両氏との間で勢力の伸長を計っていたのだと思います。そのために磐井が敗北すると、火君との関係を強化することで一族の存続を計ったとみています。

しかし地元の田邉先生や高木先生のお考えは私とは違うようです。まだ詳しい論拠はお聞きしておりませんので何ともいえませんが、西田先生は「ナカツ」は、二番目・三番目の中ではないかとおっしゃっています。そうなると火中君は、火君の次男坊という意味にもなるわけで、結局、昨日田邉先生が問題提起されましたけれども、火中君がどの首長なのかはこれからの大きなテーマだというしかないと思います。

井上　本題の中に突然、入った感じがいたします。「火の中君」とは一体、何者か。その前に島津さん、黒板に磐井の乱の年を書いてくれませんか。ついでに三世紀も。なぜ、三世紀かと言いますと、邪馬台国とこの菊池川流域のことを知りたいと皆さん関心を持たれていると思うためです。

「磐井の乱」と船山古墳

島津　船山の一期が五世紀の一番末、二期が六世紀の初頭。その若干あと、磐井の前が船山の三期と考えております。

井上　昨日、船山古墳には実は一人ではなく、だいたい三代にわたって被葬者がいるという話でした。では、磐井の乱にかかわるのは三代目ということになるんでしょうか。

島津　磐井の乱よりもおそらくちょっと前と思います。

井上　それを葬った者が磐井の乱にかかわったということですね。

島津　そういうことです。

井上　では、この菊池川流域に一つのクニがあったとして、彼らは磐井の乱に加担したのかどうか、筑紫の君に味方して、ヤマトと戦ったかどうか。白石先生にぜひともご明言していただきたいと思います。

白石　私はこちらの古墳のことを地元の研究者の方のように詳しく知らないのですが、髙木さんがお作りになった肥後の古墳の編年表があります。これを見ると、稲荷山古墳の一一〇メートルというのは非常に大きいのですが、いずれにしても稲荷山古墳あるいは江田船山古墳など、五世紀の後半から六世紀の初めぐらいには、大きな古墳が菊池川の下流地域に造られている。ところがそのあとは、古墳はもちろん造られるのですが、あまり大きなものはなくなる。

それに対して肥後南部の氷川の流域、これは昨日もお話がございましたように、火君の一つの本拠地と考えられている地域です。六世紀になるとここに非常に大きな古墳が出てくるわけです。これは恐らく磐井の乱と関係するのだろう。従って、菊池川下流域の勢力は磐井の乱で磐井側に味方したために没落する。それに代わって、肥後南部の氷川の下流域の勢力が出てくると解釈することは十分可能ではないかと思います。

井上　田邉先生はどうお考えですか。

田邉　私は、肥筑あるいは豊後豊前のほうが磐井に加わっていることの中の、「火」というのは常識的には火だから火君と言われているのですが、宇土から八代にかけての「火君」は、この辺りは白石先生がご指摘になったように磐井の乱後にえらく発展しているのです。

ところが菊池川流域は磐井の乱後は様子がえらく違う。例えば菊池川流域における装飾古墳は、磐井の乱後に大発展をするわけです。しかもそのころになってくると、むしろ宇土半島の本場の装飾古墳をしのいで菊池川全流域に広まっている。

そうすると何か断絶があるようで、例えば六世紀の玉名地方の古墳の最も重要な地点は玉名であって、いわゆる大坊古墳、永安寺古墳という装飾古墳群を持つ、玉名の玉杵名です。船山古墳があります、清原古墳群では塚坊主古墳というのが六世紀に入るものとしてはありますが、ちょっと入らない。

ただ江田穴観音古墳という、横穴式ですが部屋が三つあって大きな石を使っている古墳が江田川の北側、江田の町の中ですがそこにある。これはちょっと離れているから、磐井の乱で清原・江田方面で古墳を造らなかったということにはならないのですが、それが一つ何か異様です。そういうことを考えますと、船山古墳まで、あるいはそのあとの塚坊主まで続いた伝統的な系といいますか、これは崩壊したのではないか。

要するに磐井の乱に味方して負けた、そして滅びた。それは実は菊池川流域の話なのであって、八代の火の国は実にうまいことをしたというか、これはひょっとすると磐井の側に荷担しなかったのかもしれない。あるいは荷担しても裏切ったというようなことなので、まじめに磐井の乱に荷担して滅びたのはまさに菊池川流域だけ。本家の本元の磐井にしても息子はちゃんと生き延びていますから、そういうふうに思います。

午前中の最後のころに田中先生がご紹介になりました「火中君」は、熊本大学の甲元眞之教授が菊池川の流域ではないかと論文でお書きになりました。私もその全体の意見には賛成です。菊池川流域の国の名前がわからないわけですから、菊池川流域の国が船山の原口までの辺は火中君かもしれない。しかしそうなってくると、火中君と言う以上は山鹿とかあの辺まで全部ひっくるめた統一政権みたいな、あるいは共同体みたいな政権が成立している必要性があると思います。

ただ、甲元教授が玉名市には中村があるではないか、山鹿市には中村があるではないか。「だから」とお書きになっているのです。地名研究会の有力会員である私としましては、それは納得できないのです。玉名市の中村とか山鹿市の中村は古代の名称ではなくて、中世の呼び名です。だから例えば中村というのは、大野の中村なり、大野の上村、大野の下村と言うのです。梅林にしても、梅林の上、梅林の下、玉名市下と言いますが、あれは梅林の下です。

南関町に肥猪《こえい》村と言う所がありますけど、この肥猪村には知られない所が中村なのです。その中村の横には二百石という地名があります。中村は、あとになって武士が自分の本拠にする。そして自分の本拠にした所が中心なんだ、中村だと言ったと思います。こんな古い時代に火中君のもとになる「中」ではないと思いますが、菊池川流域を火中君とすることについては賛成するのにやぶさかではありません。

井上　つまり「火中君」が菊池川流域に定着し、クニをつくっていた可能性があるという、まあ画期的な話です。菊池川流域のクニは磐井の乱ではどういう対応を取ったのか。磐井側に付いたのか、それとも様子をみていたのか、島津さんはどう考えられますか。

島津　私は果敢に加わって、戦闘があれば中心になったというイメージを持っています。田邉先生はご説明なさいませんでしたけど、実は菊池川流域には大きな古墳以外にも、六世紀ぐらいから横穴という形式のお墓が多いわけです。私は横穴のことも少しは関係があると思います。大きな古墳は確かに先生がご指摘されたような条件だと思います。やはり全国的に見ても横穴が多い地域であるということが重要だと思っています。

井上　筑紫のクニを代表してお見えになっている田中先生はいかがでしょう。

田中　磐井と一緒に立ち上がったのは、それぞれがヤマト朝廷の政策に不満を持ったからであって、単純に筑紫君にお手伝いするというような次元では考えておりません。なぜかといいますと、白石先生の史料を拝見しましても、船山古墳の被葬者などは非常に立派で、豪華な金ピカのものをたくさん持っています。このような高価なものは午前中にも話しましたが、百済王位に就く王子の帰国を助けて与えられたものだろうと思います。ところが雄略天皇などは宋皇帝のお墨付きで外交権の独占を目指し、首長層の独自の海外交流を押さえ込もうとしています。そこにもヤマト朝廷に対する不満のひとつがあったのではないでしょうか。

この辺りでは、百済とか伽耶のものは多く出土するけれども、磐井が賄賂をもらったといわれる新羅のものはあまり検出されていないと聞いています。しかしここで問題なのは、ヤマト朝廷のように百済と結ぶか、それに反して新羅交流を親密にするかの問題ではなくて、今まで航海技術で百済王家などから得られたものが、軍事的な負担だけ大きくなって、海外の文物や技術がヤマト朝廷を介してしか得られなくなるのです。そんな支配のあり方に不満が増幅し、磐井の乱に加担したものだと考えています。

遺物からみた当時の戦い

井上　磐井の乱には、当時の構造的な背景があったということですが、ただ船山古墳からは百済系の金ピカのものが出てきて、なぜ、新羅と組んだ磐井に味方して戦ったのか、と不思議に思います。実は国際的にも日本列島内にもいろいろと複雑なものが背後にはあったという話でしたが、さて、素朴な質問です。どんないでたちで彼らは戦争をしたのですか。あのころは馬はいますよね。石人石馬は残っているわけですから。馬上豊かに戦ったのか、あるいは水軍が登場したのか。ここは明治十年の西南戦争の戦場でもあります。古代と近代とを重ねるのはおかしなことかもしれませんが、地形的なことなど意外に共通するところがあるかもしれません。いかがですか、島津さん。

島津　なかなか難しい質問ですね。古墳の中から出てきますものに、馬具があります。どのくらい普及していたかは別ですけど、基本的に馬での戦いがあった。当然船の戦いもあった。ただ、具体的な戦闘の様子が考古学的な資料で復元できるかというと非常に難しいです。むしろ文献のほうでどう描かれているか、お尋ねしたいと思います。

井上　白石先生、いかがでしょうか。どういう戦いが展開されていたのでしょうか。

白石　島津さんがお答えになったこと以上のことは言えないわけですが、戦争の実態は具体的にはなかなかわからないのです。この時期、五世紀の終わりから六世紀の初めぐらいだと思いますが、朝鮮半島の伽耶と言っている地域ではなくて、もう少し西の、現在で言うと全羅南道、栄山江という川がありますが、この流域を中心に日本の前方後

図1　全羅南道の前方後円墳（海南長鼓山古墳）（髙木恭二氏提供）

円墳と全く同じ形の古墳がたくさん造られています。そしてその中には、筑紫や肥後辺りの横穴式石室によく似たものが造られています。

ですから、伽耶もそうですが、その西の全羅南道の栄山江流域などにも、筑紫あるいは火の人たちが相当行っていた。どういう関係で前方後円墳ができているのかよくわかりませんが、これは密接な関係があったと考えざるをえない。これは戦争のため、あるいは交易とか交渉のためといろいろあるでしょうけど、われわれが考えていた以上に密接な関係が当時の朝鮮半島の南部と筑紫・火の地域にあったことは間違いない。戦争の実態はわからないけれど、その戦争に際して倭の勢力の中で、中心的な役割を果たしたのがこの地域の人々であったことは間違いないと思います。

井上　いまの白石先生のお話は非常に面白く、想像力を刺激してくれます。九州の人間たちが朝鮮半島の戦に兵士として駆り出されているわけです。朝鮮半島でなされたと同じような戦の光景がこの地でも見られたのではないか、と考えてよろしいのでしょうか。なかなか難しいところとは思いますが、田中先生、いかがでしょう。

田中　磐井が敗れた御井郡の戦いは、『日本書紀』に具体的な記述がありません。両軍の旗と鼓が向き合って塵埃は止まず、両軍は勝機をつかもうと決死の戦いをつづけた。こんな戦いの描写で終わっているんです。しかも、この表現がそっくり中国の『芸文類聚』からの引用であることもわかっています。実際に、御井郡の戦いはあったのか。『風土記』がいうように、磐井は勢いの勝まじきを知って独り逃げたのかも知れない、そんな疑問がまだ私の中にもあります。

ただ白石先生が今おっしゃいましたが、朝鮮半島での戦いは参考になると思います。磐井の後になりますが、五五四年の欽明紀十五年条に、百済から三百口の斧が送られています。その前にヤマト朝廷は、援軍千人・馬百匹・船四十隻を送る約束をしていたことがわかります。これは軍船一隻に、どれぐらいの割合で兵士と馬を運んだのか、その推定ができる唯一の史料だと思います。聖明王には、もっと前にも良馬七十匹・船十隻、別に矢四十具・諸木船二隻・弓五十張・箭五十具などを送っています。

ところで、百済がなぜ三百口の斧を送ってきたのか。それは百済が求める船と、援軍・馬・弓箭などを大量に送り込む船を造るための道具だろうと考えています。そしてこれらの史料から、ヤマト朝廷の援軍が参加した朝鮮半島の戦いは、軍船や古墳から出土する直刀、そして大きな戦力となったのが騎馬と弓箭だったことがわかります。弓の名人だという筑紫国造は、雨のように放たれた矢の中で最も勇壮な新羅の騎馬兵を射落としたとか、日本兵の物部某が火箭を射るのがうまかったなどと、『日本書紀』に書かれています。そして日本から運ばれた船は、時期的にほぼ同じですから、弁慶ケ穴古墳の壁画の船に載った馬の絵で想像していただければよいと思います。

ついでに造船について申しますと、菊池川でもっと考えられないのか、そんな気がしています。『日本書紀』の一書によると、スサノヲノミコトが朝鮮半島に渡るのに船がなければ困るだろうといい残し、船材のクスとスギの木を残し、他界したとあります。実際にクスとスギ材が航海の船に使用されて構成された話だと思います。菊池川沿いの山々には、このクスとスギは豊富なはずです。私はまだ筑後川の方でしか話ができませんが、さかのぼりますと『豊後国風土記』に日田郡などの史料があります。日田盆地の西端で、川の南側に石井郷というのがあって、そこには土蜘蛛がいたと書かれています。ところが郷の中で阿蘇川と玖珠川が合流して日田川となり、その流れは筑前・筑後などの国を過ぎて西の海に入る。こんなすごく長い川の流れのなかで、閉ざされた盆地の石井郷を説明しているのです。そういえば『風土記』は玖珠郡条で、大きなクスがあって地名になったと説明してあります。そして石井郷には、船の絵を描いた六世紀後半代のガランドヤ一号墳と二号墳があります。

筑後川下流の大川市が、日田でイカダを組んだ木材で木工の町になったのはご存じだと思いますが、古代でも玖珠郡や阿蘇山から伐りだしたクス材を生葉郡で船を造り、それを水沼君が有明海からの航海に使った。もちろん朝鮮にも渡ったと思っています。

もうひとつ付け加えますと、小郡市では馬を丁寧に葬ったところがたくさん検出されていて、このことを研究されている市教委の宮田浩之氏が、六世紀代に馬を生産する牧があった可能性を指摘されています。そうすると吉井町の原古墳の壁画には、弁慶ケ穴古墳と同じように船に載せた馬の絵があります。有明海に浮かんだ船は、多くの兵士と馬と靫・弓箭、それに兵粮米を積んで港をでたのではないでしょうか。それが当時戦いに臨む男たちの、筑肥の港の風景であったと思います。

井上　当時の馬は戦車一台ほどの価値を持っていたのでしょうね。磐井の乱といえば、なんとなく石投げ合戦みたいなイメージが浮かんでくるのですが、今で言えば、ミサイルが飛び交うような激しい戦だったのだとだんだんそんなイメージも浮かんできました。そういう緊張感の漂う戦であった。田邉先生が何だかうずうずなさっておられるようです。田中先生の話を受けてお話いただけませんか。

田邉　私は玉名辺りでいろいろやっていますと、案外磐井の戦いはよそ事のように従来考えていました。具体的に考えることは少なかったわけです。例えば、石人石馬とかかなり理解したことはあるのですから、同盟では負けたというようなことで、近くにいるから同盟するかどうか。あるいは血縁関係でやるのかということもあります。

田中先生がお考えになっているような、朝鮮出兵にかんがみて非常に強制されている、その不満はもちろんあると思います。いわゆる貿易の利を大和朝廷に横取りされるということもあります。

遺物の面では、朝鮮半島の百済・新羅の遺物がかなり入っていますので、そちらのほうが非常に強調されております。中国の長江の下流域辺りと有明海との交流というか、これは歴史の前後を考えてみるとかなりあり得ると思います。古墳時代のこういう時期に長江流域との交流を示す兆候があまり見当たらないのが気になりますが、本来はそれもあるのではないか。

すなわち、北九州を中心とする朝鮮取引と、それと一味違った取引が有明海にはあるのかもしれないという感じがしております。当然、磐井の乱でお誘いがあれば、ともかく参加をすることには異論がないという感じでございます。

磐井の乱の背景

井上 磐井の乱の背景に有明海圏を中心とする交易利権があって、それをヤマト政権が奪うのではないか、そういう懸念が磐井の側にあった。ということは当時の有明海は交易の一つの拠点にもなっていた……とまあ、田邉先生の頭の中にはそう描いておられる感じを受けます。実は今回のシンポジウムの目的は「田邉ワールド」を楽しみながら、考古学、古代史学の最新情報で検証、解釈しようというところにあるのではないかと私は理解しているところがあります。白石先生は、有明海についてどうお考えになりますか。

白石 昨日も少しお話したのですが、弥生時代以来、古墳時代の少なくとも前半期には、日本は鉄資源とかいろいろな先進的な文物を全部朝鮮半島から、中国のものも朝鮮半島を経由して取り入れるわけです。先進的な文物を日本列島に持ってくるのに最も重要な役割を果たしていたのは、言うまでもなく玄界灘沿岸地域です。

ところが不思議なことですが、五世紀の中葉から六世紀の前半、もちろん玄界灘沿岸の人たちも交易活動に活躍するわけでしょうけど、有明海沿岸各地の人たちが日本列島の各地や朝鮮半島の各地との交易に活躍したことを示すような考古学的な資料が多くなります。有明海沿岸地方独特の肥後型の横穴式石室とか、髙木恭二さんが明らかにしておられますように、阿蘇の溶結凝灰岩で作られた舟形石棺とか、さまざまな古墳に関する要素が、瀬戸内海沿岸各地や山陰地方、さらに近畿地方にまで及ぶわけです。

これはいずれも海上の道を通じて日本列島各地にもたらされています。当然、この海上の道は朝鮮半島や中国にも延びているわけです。かつての玄界灘沿岸地域に代わって有明海沿岸地域の人たちが日本列島、さらに朝鮮半島との海運や交易に決定的な役割を果したことは間違いないと思います。

石人石馬の分布から、環有明海連合ともいうべき地域圏が存在したことを宮崎大学におられる柳沢一男さんが指摘しておられます。磐井戦争の時はそれに近い状況になるのかもしれませんが、五世紀後半からずっと長い期間を通じて、有明海沿岸が政治的に一つにまとまっていたことは考えられないと思います。ただ、むしろ文化的には非常によく似た古墳やさまざまなものを作っているわけでして、当然政治的にも密接な関係を持っていたと思います。

いずれにしても、少なくとも五世紀後半から六世紀にかけての、倭国と朝鮮半島との交渉を考える場合、有明海沿岸地域が中心的な役割を果たしていることは確実であって、そうした問題は有明海沿岸を抜きにして語れないということは間違いないと思います。

井上　島津さん、考古学的な視点からそのあたりはいかがですか。

島津　考古学から見た場合、一番関係が見やすいのは遺物です。確かに江田船山がありますし、菊池川流域にはまだまだ評価されておりませんが、百済系の遺物があります。それを評価していけば、朝鮮半島のどの地域と一番密接な関係にあったかがわかってくると思います。

配布の資料の五頁に六世紀中葉以降の装飾古墳の分布があります。これを見ますとわかりますように、基本的には流域と言いますと、白川・菊池川・筑後川・矢部川流域に古墳がございます。私も、白石先生がおっしゃったように政権的な同盟性ということはなくて、やはり文化的な同一性だと理解しています。これを政権的な同盟性と言ってしまうと、それは間違いだと私自身も思います。

つまり、共通の文化的な地盤があるわけです。これは当然装飾古墳もそうですが、その前の頁にありますように、時期は違いますけど、舟形石棺の分布、あるいはかつて磐井の非常に特徴的なものだと言われました、古墳の上に石製品を置くような風習も共通しております。なべて、有明海に面した地域に共通の文化、あるいは文化から生じるお互いの考え方の共通性が生じたことは間違いないと思います。

このことは、朝鮮半島のどこかに同じような格好であれば具体的に議論ができるのですが、今のところは考古学的な資料ではありません。ただ言いましたように、朝鮮半島から入ってきたものがございますので、これを考古学をやっている人間が紹介しまして、お互いにどういうふうなルートで入ってきたか、あるいは朝鮮半島のどの地域のどういう特徴が一番反映されているかということを調べる必要があるのではないかと思います。

岩戸山古墳および周辺の古墳群

図 2　岩戸山古墳（八女市教育委員会提供）

井上　さて、この会場には八女市の岩戸山歴史資料館学芸員の赤崎敏男さんがいます。ステージに上がっていただけませんか（拍手）。島津さんの友人でもあり、お二人でやりとりをしていただくと私は楽なんですが。

島津　岩戸山周辺の調査の最新情報を聞かせていただければありがたいです。

赤崎　突然のご指名で、私は今日はゆっくり客席のほうで皆さんのお話を聞こうと思ってお伺いしたわけです。

井上　赤崎という姓は八女市ではあまり聞きません。天草に多い姓のように思いますが。

赤崎　私は本家は天草の大江でございます。たまたまずっと回りまして今八女に落ち着いているわけです。

まず岩戸山古墳の本体について簡単にご説明いたします。実は、岩戸山古墳は今まで石室の内部などがよくわかっておりませんでした。なるべく掘らずに中が調査できないかということで、奈良国立文化財研究所で探査をやっておられる西村先生にお願いしまして、電気探査、レーダー探査などいろいろな調査をやりまして、ようやく岩戸山古墳の石室の様子がおぼろげながらわかってきたところです。

簡単に説明いたしますと岩戸山古墳の場合は周堤があります。このような前方後円墳です。東北の角に別区がございます。今回の調査では墳丘内部を発掘調査をせずに石室を探したわけです。

探査の結果、二通り出て参りました。一つは電気探査とレーダー探査では、ちょうど中心部分におぼろげながら石室が出てきました。そして後円部のほうからくびれ部、前方部に向かって、小型の石室が大体こんな感じであるのではないかということが電気探査の結果でわかって参りました。

もう一つは、超長波と言いますがVLFという探査があります。その結果は他の探査とは若干違います。方向は全く一緒なのですが、VLFの結果では石室が二つある、複室みたいなのが出てきています。石室の内部の構造までVLFで出てきたということです。あくまでもわかりませんが、中にどうも石棺とか石屋形があるのではないかということを、琵琶湖博物館の用田政晴さんと言う方が最近の論文に書かれております。ぜひ参考にご覧いただければと思います。

岩戸山古墳は一応このぐらいで終わりまして、最近は八女古墳群の調査が進んでおります。私は先程の皆さんのご意見をお聞きしましたけれど、私と意見が全く逆でございます（笑い）。私の考えでは、地元の人には悪いのですが、逆に磐井の乱で肥君が磐井に荷担しなかったのではないかと考えています。

島津　そういうことではないかと思っておりました。

赤崎　八女古墳群の調査を進める中で判りましたことは、磐井の乱後に肥後系の石室が八女の古墳群に入ってくるということです。それはなにかといいますと、石棚があったり、石屋形があったり、石棺があったりするわけです。典型的なものは三つ石棺が入った古墳があります。

八女古墳は東西に延びた丘陵上にありまして、ここに筑紫君磐井の岩戸山古墳があります、岩戸山古墳から続く筑紫君の系譜である乗場古墳・善蔵塚古墳というかたちで、筑紫君本宗家の古墳が三〇〇メートルぐらいの距離で並ぶわけです。八女古墳群の一番東側のこの部分に、童男山という古墳がございます。この周辺一帯の調査を進めていきましたが、現在三〇基ぐらいの古墳が見つかっています。この古墳の内部構造のほとんどが肥後系の石室ということです。

もう一つここにありますのが弘化谷古墳という装飾古墳で、石屋形と蕨手文という模様がありまして、この付近でそのような内容の古墳は弘化谷古墳しかないという非常に珍しいものです。

逆にもう一つ私が疑問を持っていたのは風土記の記事で、仮に肥国の北側、「北部火君」といたしますと、この付近の火君でもし磐井と協力関係があったとしますと、磐井はなぜ豊前の上三毛の辺りに逃れていたのであろうかと思います。筑紫君の本拠地から一番近いのはこの地域です。本来ですとこの地域に逃れていったであろうと考えています。

あと福岡県の北部にもたくさんの装飾古墳が六世紀の中ごろ以降入って参ります。安閑紀に屯倉が設置されました地域に集中的に入ってくる。そしてまた肥後にも春日部屯倉を設置しますけど、これは火君の本貫であります、野津古墳群を中心とした地域の勢力を抑えるために屯倉を設置したのではないかと考えております。ただ問題は、のちの日置氏がこの辺りに派遣されてきますけれども、その辺とのかかわりがどうなるのかが疑問に残ります。最近の調査から言いますと、このようなことを考えております。

井上　磐井の乱後、菊池川流域の人々が八女の方に進出していったということですね。

赤崎　磐井の乱後です。だから磐井の乱後に、くさびを打ち込むようなかたちであちこちに火君の勢力が入っていったのではないかと思います。

井上　ということは、加担せずに磐井の敗退後、これ幸いという格好で……。

赤崎　船山古墳の主が非常に百済系の要素が強いという。それから先程の大伴金村との関係も強いということがございまして、逆に荷担しなかったという可能性が強かったのではないか。荷担したのは火君の本宗家でありまして、前方後円墳が大きいということはやはり本宗家だからこそであったと思います。

井上　それは白石先生も著書に書かれていますね。

赤崎　それともう一つ、八女地方からは新羅系の遺物は発見されておりません。新羅系の遺物は一点だけ出ていまして、久留米市にあります御塚・権現塚古墳から土器が発見されただけで、あとはほとんどが伽耶系の遺物です。

島津　菊池川流域の豪族が荷担しなかったという理由をもう少し詳しく。

赤崎　荷担しなかったというのは、先程言いましたようにこの地域の装飾古墳が飛躍的に磐井の乱後に入ってくる。装飾古墳のある古墳はほとんどが肥後系の要素を持った古墳であると言えるわけです。そういうことからも、先程ございました肥君の猪手の問題にしても、火君の勢力の入り方が逆にこの地域からの入り方ではないかと考えております。

井上　実は装飾古墳は八女の方から肥後のこちらの方に移ってきたとずっと私など思っていました。いや、会場の皆さんもそう思われていた方が多かったのではと思います。逆だったんですね。そのあたりのことについてご専門の方にもう少し聞きたいところです。会場からどんどん舞台に呼び出しましょう。熊本の考古学界には、昨日、パネリストをした石棺の髙木さんともう一人、髙木さんがいまして、装飾古墳について詳しい髙木正文さん、こちらに出てきてください。

髙木　髙木です。突然呼び出されましたけど、何をすればいいのでしょうか。

井上　装飾古墳についてお話下さい。

図３　塚坊主古墳横穴式石室（熊本県教育委員会提供）

髙木　それでは装飾古墳の概要をお話したいと思います。装飾古墳は全国的にあるわけですけど、九州が特に多くて熊本に一番多くあります。いろいろと調べておりましたら、熊本県に古いのがあるのです。石棺の屋根に文様を施したのが一部ありますが、それとは別に熊本では独自に発生して発展したようです。

古いのは熊本の南の八代地域にあります。五世紀の初めぐらいに発生します。その装飾古墳の特徴は、特に円墳が多いのですが、彫刻を施して彩色は赤一色です。それがだんだん天草とかこの一帯に広がってきます。それが宇土半島のほうに広がりまして、熊本平野、さらに菊池川流域に広がってくるのです。

八代のほうでは五世紀の初めに発生したのですけど、菊池川流域では六世紀の初めになってやっと出てきます。途中の熊本平野付近に来た時に、彫刻に彩色を施すようになります。菊池川流域に達した時には、それがだんだん線刻に変わりまして、線刻に彩色、あるいは彩色だけになってきます。これがだんだん福岡のほうに、先程赤﨑さんが言われましたように六世紀代に広がっていくわけです。

菊池川流域も大きく分けますと、特に今日は菊池川流域の話ですから、大体下流域・中流域・上流域に分布しているわけです。下流域では、一番古いのは船山古墳がありますす台地の上の塚坊主古墳です。それは、船山古墳の家形石棺をちょうど横向きにして石室に入れたような構造です。このような感じで、前に小さな部屋がありまして奥に大きな部屋があります。ここの石棺の一番奥に突起があります。家形の石棺を横向きに置いたような形です。古いのは、この石棺の中に装飾を描いております。これがだんだん発展していきますと、部屋全体に広がっていくわけです。玉名で古いのは塚坊主古墳です。

先程田邉先生がおっしゃいましたが、その後これが川を越えて玉名のほうに移っていきます。それで大坊古墳、そのあと馬出古墳、永安寺東・西と、ずっと移って代々造られていきます。最後にはまた菊水の、先程言われました穴観音に返ってくるのではないかと思っております。これは、私は一体のものだと考えております。

船山古墳も前方後円墳ですけど、塚坊主古墳、玉名に移っての大坊古墳までは前方後円墳です。ところがそのあと、馬出古墳とか、円安寺東・西は円墳に変わってきます。ちょうどそれが磐井の乱のころにどうも変化するようです。

山鹿も同じように、チブサン古墳が一番古いのですが、これによく似た形の古墳です。チブサン古墳は前方後円墳です。ところがそのあと、臼塚古墳とか、馬塚とか、オブサンを入れて最後は弁慶ケ穴古墳があります。それは全部円墳に変わっていきます。それもちょうど磐井の乱を契機として変わるのかどうかわかりませんけど、変化するようです。

ところがもう一つ菊池川の上流域に装飾古墳があります。そこが袈裟尾高塚古墳という、六世紀の前半の円墳の装飾古墳があります。最近の調査で、菊池川の反対側の花房《はなぶさ》台地の上に前方後円墳が見つかりました。これは六世紀の半ばから後半にかけてのものだと思います。木柑子《きこうじ》フタツカサンという古墳と、木柑子高塚古墳です。二つとも大きな前方後円墳です。

玉名では前方後円墳がなくなりますが、逆に菊池のほうはそのあと勢力をつけまして、その上に石人を建てていたのが見つかったのです。それがこういうことであろうかと思っています。私は六世紀代に菊池のほうが勢力をつけまして、その後鞠智城《きくちじょう》につながる勢力になるのではないかと思っています。

井上　ありがとうございました（拍手）。非常に実りのあるシンポジウムになってきたのではと私、いま、勝手に思っているところですが、では火君の本拠、宇土半島のあたりはどうなっているのでしょう。今田治代さん、よろしかったら、出てきていただけませんか。

今田　竜北町教育委員会の今田と言います。ずっと昨日から今日まで、男性の方ばかり出られていきなり紅一点で出ています。うれしいというか、恥ずかしいという気持ちです。

井上　竜北町で発掘なさっている野津古墳群について説明していただけませんか。菊池川流域の古墳とどう違うのか、といったことです。

今田　わかりました。一応古墳を調査した担当者ということで簡単に古墳の概要を説明させていただきます。火君の本拠地とでも言うのでしょうか、それが氷川流域というふうに今なっているようです。氷川流域は宇土半島の少し南にあたります。

井上　熊本県外の方もいらっしゃると思いますので地図を描いてください。

今田　宇土半島がありまして、宇土半島の南に氷川が流れています。その氷川流域を挟みまして、北のほう、右岸が竜北町、南側の左岸が宮原町になっています。大体この辺りが肥伊郷《ひいごう》と言いまして、火の国の本拠地ではないかと言われています。

野津古墳群という四基の大型の前方後円墳があります。それが、ちょうどほとんど竜北町と宮原町との町境になる所に並んでいます。髙木恭二さんの編年表にありますが、「9期」の所に、「氷川下流域」という所で一〇〇メートル近くの前方後円墳が、ほとんど横並び状態、団子状態で並んでいるのがわかると思います。ここだけ見ると、非常に特異な所だなと思っています。

この四基の前方後円墳を調査する機会がありまして、一基は調査が途中で切れてしまったのですが、今のところ一番古く考えられている物見櫓古墳は石室が複式の横穴式石室です。物見櫓古墳の石室内から出てきたわけではないのですが、石室からかき出された土の中から、江田船山古墳で言いますと、耳飾りが長い鎖のものと短い鎖のものがあるのですが、その短い鎖の系統に入る耳飾りが片一方だけ出土しています。先日まで行なわれました、「火の国古代遺産展」に出品をしております。現在は、山鹿市立博物館に貸し出しております。もしよかったら見ていただければ

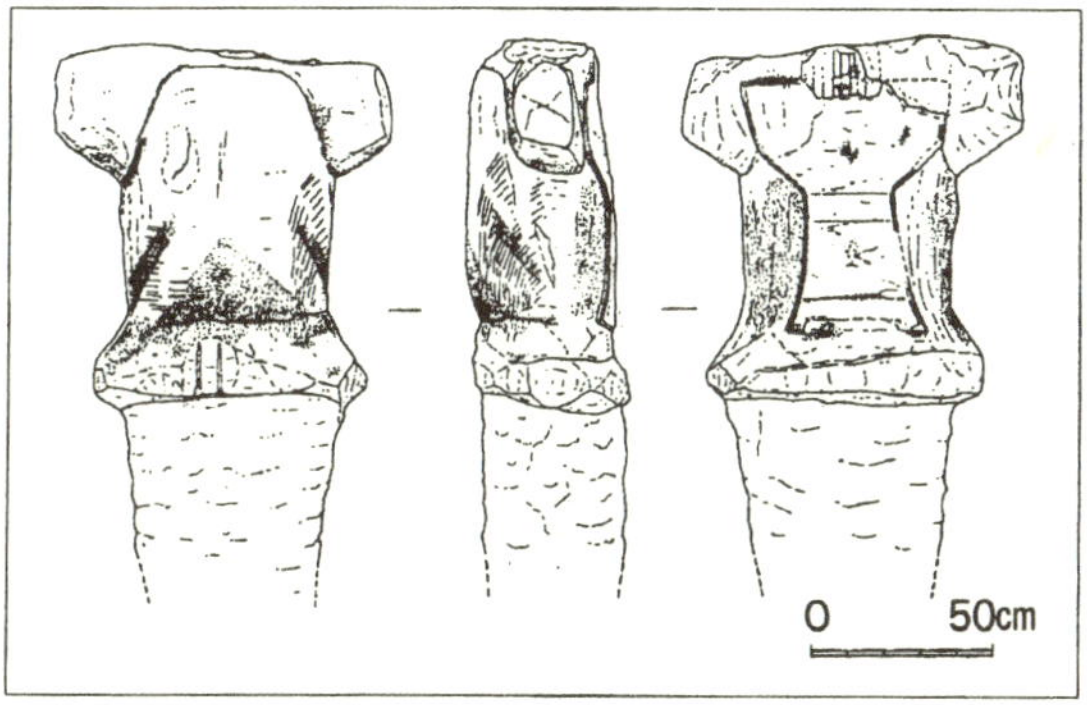

図５　臼塚古墳の石人
（本田博久氏原図・原口長之「臼塚古墳」県報告68、1984による）

図４　物見櫓古墳出土耳飾
（竜北町教育委員会提供）

と思います。

この耳飾りは韓国とのかかわりがあることがよくわかっているのですが、実は韓国とつながりを持つのではと思われるものがもう一種類出ております。これが江田船山古墳でも出ていますが、陶質土器という焼き物です。この破片が出ております。これも山鹿のほうに貸し出していると思います。

物見櫓古墳の次が姫ノ城古墳、そのあとに中ノ城古墳、それから端ノ城古墳、今のところ四つの古墳の築造時期はこのように考えております。ところがこの四基の古墳がほとんど団子状態で、ざっくばらんに申しますと五十年ぐらいの間にぽんぽんぽんと造られているのです。昨日白石先生がおっしゃっていたと思いますが、例えば江田船山の場合は三時期ありますが、野津古墳群の場合はもっと横のつながりを頭に入れて考えないといけないのかと思っています。

年代の順番を付けるのにいろいろなことを考えなければいけないのですが、この四つの前方後円墳がある中で、物見櫓古墳だけが埴輪を持っておりません。残りの三つは埴輪を持っています。この埴輪があまり時期差がないのです。特に端ノ城古墳と姫ノ城古墳の埴輪は破片だけを並べると、どっちがどっちだかわからないというぐらいに差を感じることができません。中ノ城古墳だけ若干違うかなという感じですが、ほとんど時期差がないかと思っております。

「石製品の分布図」（74頁）に姫ノ城古墳が一番南限の所で書いてあります。実は以前に姫ノ城古墳から数メートル南に離れた所にある古墳ですが、ここから同じように衣蓋《きぬがさ》の笠の部分が出土しております。天堤《あまづつみ》古墳ですが、現在は消滅しています。

石製表飾品が岩戸山のほうとつながりがあるとお話されていたのですが、実は石製装飾品も県南のほう、城南町辺りから南のほうは埴輪で言うと器財タイプ、衣蓋とか盾といったものしか出ていません。同じ石製装飾品の分布にはなりますが、県北の菊池川流域などとは若干意味合いが違っているかと思っております。

岩戸山古墳の被葬者である筑紫の君と火君とのつながりとか、菊池川流域とのつながりもどういうふうに考えたらいいのかを今一生懸命頭の中で考えています。先程言いました耳飾り、それから陶質土器が出土していることから、どういうふうなかかわりを持ったのかはわからないのですが、やはり船山古墳と同じように何らかのかたちで韓国とのつながりがあるのではないか。それが、例えば船山古墳との関係を持ってつながっていたのか、あるいは直接的につながりを持っていたのか。それとも、大和朝廷のほうとかかわりを持ってつながっていたのか。それがどういうふうになるかを今一生懸命考えているところです。

邪馬台国の所在地

井上　シンポジウムというのはなかなか結論が出ません。むしろだんだん謎が増えてきます。昨日の分を含めますと、延べ時間で九時間を超えています。

会場から質問をかなりいただいています。それをいま整理しているところですが、今回のシンポジウムのおまけといいますか、やはり会場の皆さんが興味を持たれているのは邪馬台国のことだと思います。折角、白石先生がお見えになっています。ぜひ、お話をお聞きしたいところです（拍手）。

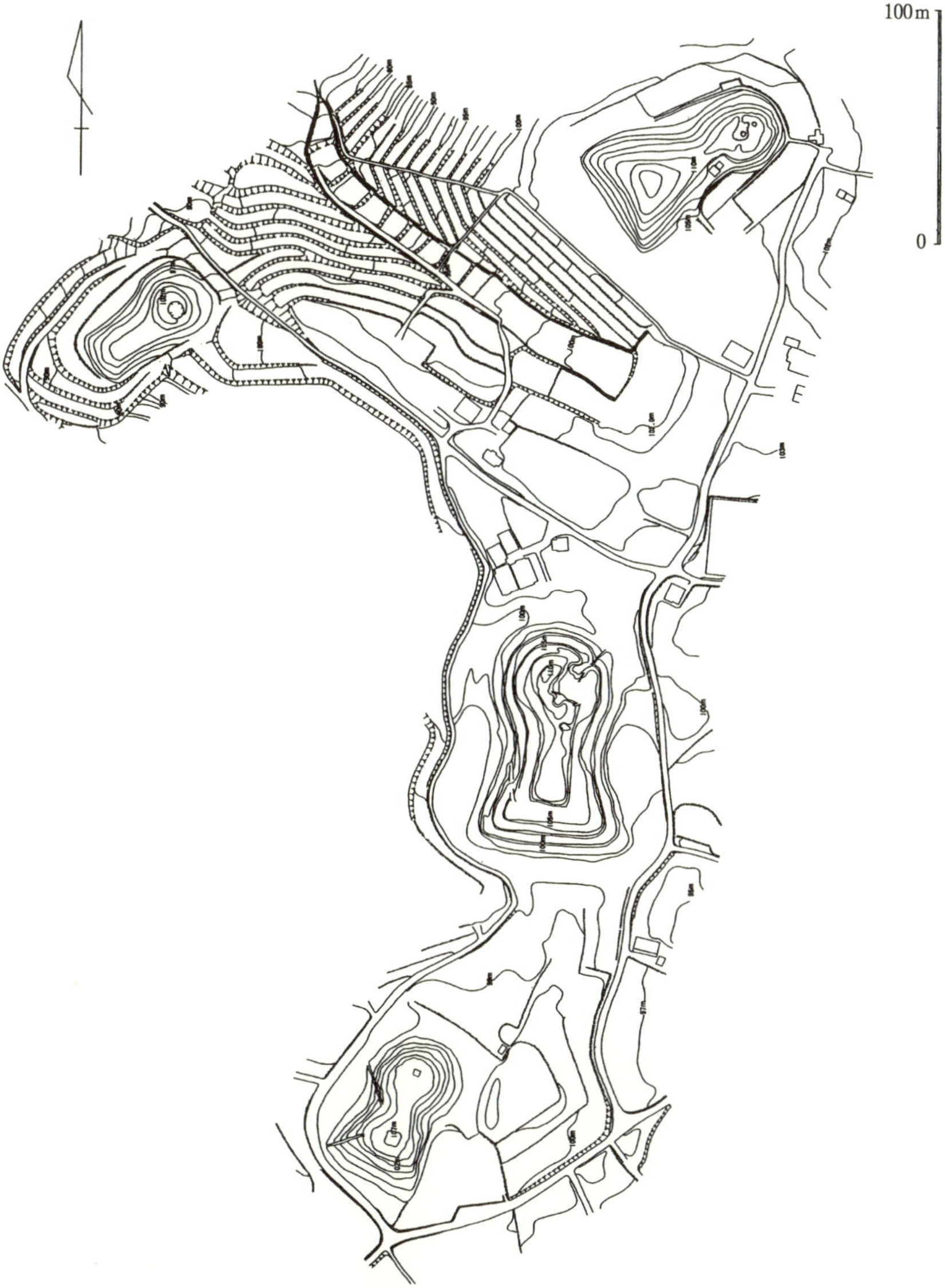

図６　野津古墳群古墳分布図（『野津古墳群』1994による）

白石　今回は邪馬台国の話はないと思っていたのですが……。私は大阪で生まれました。近畿地方で生まれたから大和説というわけでは決してないのですが、ただ最近の考古学的な研究成果から考えればやはり邪馬台国の所在地は大和と考えざるを得ないというのが、最近の私の考え方です。

それはどういうことかといいますと、いろいろ理由はありますが、一番重要なのは古墳の出現の年代です。古墳といっても、小規模な墳丘を持ったお墓は弥生時代から盛んに造られていました。ある段階から前方後円形の非常に大きな、いわゆる古墳が出てくる。近畿地方では奈良県の桜井市にある箸墓《はしはか》古墳であるとか、北部九州では豊前になりますが苅田町にある石塚山古墳が、一番古い段階の大型前方後円墳です。

そういう非常に大規模な大型の前方後円墳が出てくる年代については、従来、恐らく四世紀の初めぐらいだろうと一般に考えられていたわけです。邪馬台国の時代は大体三世紀の前半です。古墳が出てくるのが四世紀の初めぐらいだとすると、大型の前方後円墳が出てくる年代は邪馬台国の時代よりも五十年以上あとの話です。だから五十年も時代差があれば、その間に何があっても不思議ではないわけです。

早くに亡くなられましたが日本古代史の井上光貞先生も古墳の出現年代を非常に気にしておられました。考古学者が古墳の出現年代は四世紀の初めだと言うから、古墳の問題は邪馬台国の所在地論とは直接かかわらないということで、九州説を展開しておられました。

ところがどうもここ二十年ほどの研究の進展の結果、大型の前方後円墳の出現する年代は四世紀の初めではなくて、三世紀の中葉すぎまで遡るのではないかと考える人が多くなってきました。細かな話は省略しますが、その根拠は、出現期の古墳から大量に出てくる三角縁神獣鏡の年代研究が進んできた結果です。それが一つです。

もう一つは、年輪年代法という自然科学的な年代決定法があります。ご承知のように木の年輪は、毎年その年の雨量とか日照りとかいう気候条件でその幅が厚くなったり薄くなったりするわけです。考古学的な遺跡から出てくる木材を調べることによって、その木がいつごろ生えていたか。皮まで残っていれば、いつ切られたかが一年単位で出てくる、非常に精密な年代決定法です。

その年輪年代法の研究が進んできた結果、従来西暦紀元後一世紀ごろと考えられていた弥生中期の終わりの年代が実はもっと古くて、西暦紀元前一世紀までさかのぼるということがほぼ疑えなくなってきている。弥生時代の中期の終わりの年代が上がってくるということは、当然弥生後期の年代にも影響を与えざるを得ない。弥生後期の年代もずっと上がってくるわけです。そういうことを総合すると、最近では私どもは大規模な大型前方後円墳が出現する年代は三世紀の半ば過ぎ、西暦二六〇年頃まで遡るものと考えています。そう考える研究者も少なくはないわけです。

卑弥呼が亡くなったのは『魏志倭人伝』によりますと、はっきりわからないのですが二四七年か二四八年ぐらいです。箸墓古墳のような大規模な古墳の造営には当然十年あるいは十五年ぐらいかかっていると思われますから、奈良県の箸墓古墳が卑弥呼の墓である可能性は十分考えられることになるわけです。

もちろん古墳の出現年代については今でも新しく考えておられる研究者もいて、今後の研究に待たなければなりませんが、やはり大型の前方後円墳の出現年代は三世紀の中葉過ぎまで上がってくる可能性が極めて強くなってきている。この時期の古墳の分布の中心は明らかに畿内の大和にありますから、邪馬台国九州説が成り立つ可能性はほとんどなくなったのではないかというのが私の考え方です。

井上　実に明瞭なお話でした。あまりにも論理的なお話で、邪馬台国は九州だと思いたい私など、ウーンとなって黙ってしまうという感じなんですが、田中先生、いかがでしょう。

田中　最近の邪馬台国論には、考古学の新しい成果が多く取り入れられていて、考古学が専門でない私には、大変踏み込みにくい問題です。今日もどちらかというと律令時代から、背伸びしながら考古学に首を突っ込んで五世紀までさかのぼってきたわけですが、それを邪馬台国までたどりつくにはかなりの覚悟がいることです。

この前、吉野ケ里《よしのがり》遺跡で「市の跡」みたいな遺構がみつかったと、新聞記事で読みました。環濠集落の西側に、三グループに分かれる大小の掘立柱建物群があって、その真ん中に空き地、そしてさらにその南側に竪穴住居があるということのようです。大小の建物は異なる物品を入れる倉庫で、中の広場が交易の場所。竪穴住居が、外部から交易にきた者の宿泊施設ではないかと、確か邪馬台国九州説の高島忠平氏の談話も出ていたように思います。しかもその西側では、川沿いの微高地に荷物の積み降ろしをした施設らしい建物跡があって、県教委も市の施設であった可能性が高いといわれていたように思います。倭人伝にも「国々市あり」と書かれていますので、それはあってむしろ当然ですが、物の広がりはどうなっているのか、この問題の行方に大きな関心をもっています。

そこでいいたいのは、たとえば邪馬台国と狗奴国は対立関係にありましたが、もし邪馬台国九州説にたてば狗奴国はご当地熊本になってくるわけでしょう。その狗奴国がどこかという断定は私にはまだできませんが、クニとクニの間に首長間の政治的な対立があっても、庶民レベルの交易はありえたと考えています。例えば最近では北朝鮮、朝鮮民主主義人民共和国との正式の国交がなくて、ミサイル問題で緊張しました。ところが、日本の技術が北朝鮮のミサイルに使われていたという。知識というか文化というか、あるいは物といってもいいのかも知れませんが、そんなものは国家間に正式国交がなくても、どこか底辺のところで流れているわけです。江戸時代でいえば、藩では専売品の秘密などを外に漏らさないようにしても、お伊勢詣りなどを利用した庶民の交易や、情報交換はやっている。つまり庶民のしたたかさが、セクト的な政治的な枠を越えて物と情報を広げ、それが結果としてはより広域の政治集団、例えば明治国家などを誕生させる基盤をなすのではないか。

ですから極論すれば、畿内の遺物が九州から検出されて、それで直ちにヤマトに政治的な枠組みができた。そんな簡単なものではないように思います。より高度な文化・文物は、権力者の意志だけで伝播するものではないわけで、私自身、邪馬台国時代はまだその問題がひっかかったままで、申し訳ないのですが、ここで結論を申し上げられるような状況にはありません。お許しいただきたいと思います。

井上　田邉先生にはご休憩を取っていただこうと思っていますが、しかし、この問題についてはひとことおっしゃりたいところもあるようです。

田邉　困りましたね。私は熊本の者ですから、なるべくならば邪馬台国は九州にあり、そうなってくると九州だとするとどの辺が邪馬台国か。吉野ケ里ではちょっと北すぎるなという感じもしますが、狗奴国が球磨川では少し南すぎるのではないか。菊池川の上流域、先程お話をしました髙木正文さんが発掘した台《うてな》台地が狗奴国になって、当時新聞で「狗奴国、発見」ということで大々的に載ったこともあります。

しかしどうやら形勢は不利になっているようでありまして、古墳のことがこのようにだんだん細かに進んで参りますと、本当に困ったなと思っておるのが実態でございます。

井上　島津さんは、いかがですか。

島津　私は狗奴国は熊本だと思いますので、邪馬台国は筑後だと思います。恐らく吉野ケ里から見える所にあると信じています（拍手）。

井上　なんだか考古学者らしからぬお言葉みたいにも聞こえましたが（笑い）、しかし、心情というのも大切でしょう。有明海に面したこの周辺に豊かな文化があり、それが果敢に大陸と交易しながらやってきたということは、この二日間のシンポジウムで見えてきたのではないかと思います。

それでは結論めいたことは少しあとにしまして、質問が来ています。いくつか取り上げていきます。菊水町史談会の会長をなさっている蔵光さんから「朝鮮に再三出兵したのは、鉄とか文化が欲しいのではなく、任那が倭の古里であったためではないか」という質問です。

田中　任那が倭の故地というのは、向こうから倭人がきたという意味なのでしょうか。ちょっとわかりません、すみませんが。

蔵光　昨日からずっと聞いていたのですけれど、私は田邉先生よりも一年後輩で昭和十八年に玉名中学を卒業しました。神戸の高等商船今の神戸商船大学に入りまして、まるっきり畑違いですけど、今は菊水町史談会の会長をしております。

私の時は戦争中でもありましたし、万世一系の天皇をいただいているとか、いまだかつて二千年の間に外国の侮りを受けたことが一回もないと習いました。白村江の戦いでは惨敗したわけですけど、当時は隠されていたようなもので、歴史の先生がこっそり触れられただけでした。

私は三十五年間に世界中を歩いてきましたけど、この間宮崎に行きまして西都原古墳群も見ました。天孫降臨は高千穂の峰のニニギノミコトが降りてこられたと書いてありますけど、なるほどそうかなというような山でした。高い高い、上のほうが丸くて、昔の人がああいうことを言うような山だと感心しました。

白石先生にお伺いしたいのは、今の邪馬台国ですが、大和説の人は距離にこだわって、狗奴国が三千里も南に行くと太平洋に出てしまう。九州説の人はあくまでも熊本県か筑後にあるだろう。それで、『魏志倭人伝』に「南」と書いてあるのを、大和説の人はわざわざ「東」と書き換えて読んでおられます。そこはおかしいのではないかと思います。

私がそれを言いたいのは、『日本書紀』とか『古事記』とか、神話というのはただの作り話と思われるかもしれませんが、われわれの民族の先祖から長いこと言い伝えられている話であって、高天原がどこかということは隠してあるのであって、たった一つ絶対間違いないのは、われわれの先祖は西のほうから来たのだということが書いてあったわけです。

もう一つ、ギリシア神話のホメロスの叙事詩を信用して、ドイツのハインリッヒ・シュリーマンがトロイの遺跡を発見したのです。ああいうことも、神話に書いてあることがうそではないということです。そこら辺を説明していただきたい。

井上　ほかにも質問がきていますので……。今のご質問は広い話のようですが、白石先生の方から。

白石　いくつかご質問がありました。『魏志倭人伝』の記載で、畿内説は方位を大きく九〇度修正しないと成り立たないということは事実です。それは九州説も同じであって、邪馬台国を九州島内に求めるとすれば距離を修正しないと、『魏志倭人伝』の通りにずっと地図上で追い掛けていくと、これは九州のはるか南海上に邪馬台国があったということになってしまうわけです。これは史料の限界であって、九州説も畿内説も同じであろう。九州説を成り立たせるためには距離を修正しないといけない。距離に誇張があると考えざるを得ない。畿内説を主張するには、おっしゃるように方位を修正しなければなりません。

ただ方位の修正については、早くから多くの研究者が言っていることですが、当時の中国人の地理観では、日本列島は九州からさらに南のほうに長く延びていた。だから倭国の習俗は中国の南のほうと共通しているというようなことが、はっきり『魏志倭人伝』に書いてあります。当時の中国人の地理観が、今申し上げたように日本列島が九州島からずっと南の方に延びていると考えていた可能性が極めて高いことで、方位の問題は十分説明がつくのではないかと思います。

もう一つ、宮崎に非常に大きな古墳があるということですが、邪馬台国を中心とする連合があったことは、『魏志倭人伝』に明記されています。その連合には、北部九州、玄界灘沿岸地域の伊都国や奴国などが入っていたわけです。そして古墳時代になると、大和を中心とするヤマト政権という政治的連合ができあがります。

いずれにしても、そういう相当広い範囲のいくつかの政治勢力が連合するわけです。その連合ができあがるきっかけになったのは、鉄をはじめとする先進的な文物の輸入ルートの支配権をめぐる確執にあったものと考えています。弥生時代に鉄や先進的文物の入手ルートを独占していたのは、明らかに玄界灘沿岸地域です。従って、それより東の本州の各地は、スムーズに鉄資源とか先進的な文物を手に入れることができなかった。そこで、それまで玄界灘沿岸地域が独占していた鉄資源とか先進的な文物の入手ルートの支配権を奪い取るために、近畿地方あるいは瀬戸内海沿岸各地の勢力が連合して、玄界灘沿岸地域と戦うといった事態が恐らくあったのだと思います。それをきっかけにして、広域の政治連合ができあがった。それが邪馬台国連合であろう。

私はそういうふうに考えていますから、従って大和を中心とする邪馬台国連合、あるいはヤマト政権にとっては、北部九州の玄界灘沿岸地域はかつて戦争をした相手であったわけです。それは絶えず警戒しなければいけない地域であった。私は北部九州を牽制する意味で九州南部の勢力をヤマトの王権は特別扱いをした。そういうことで南九州には、北九州にもみられないような大きな古墳があるということではないかと思っております。まだいくつかのご質問があったのですが、時間の関係で……。

井上　次の質問です。「田中先生の文献で飽田郡の水門の説明が省かれているようですが、説明してください」とのことです。どこに港があったか、皆さん、関心を持たれているようです。水軍の話も出てきましたし。田中先生、よろしくお願いします。

田中　飽田郡の港、これは申し訳ないのですが、地元の方のほうがおわかりではないでしょうか。「水門」と書いて「みなと」というわけですが、海岸域のどこに比定されているのか。角川の『熊本県地名大辞典』でも調べてくればよかったのですが。何かその辺り……。

井上　飽田と託麻郡の境は白川ですね。白川の下流は今とは異なり、川尻の方に流れ、緑川と合流していたようですけど。質問をなさった方が自説をお持ちかもしれませんが……。ところで筑後の場合はどうでしょうか。

田中　水沼君はさきほどの話で申しましたが、県主で沖ノ島の航海神を祭っていました。多分これは筑後川の下流域をおさえていたと思います。海岸線が今よりちょっと中に入りますので、『風土記』を見ますと、三根郡の米多郷、つまり三潴郡の対岸になりますが、そこの井戸には海水が出て来るみたいなことが書かれています。有明海の上げ潮が久留米市のJR線のあたりまで上ってきますので、それよりも下の方です。御塚・権現塚古墳の西側に、石人山古墳の近くを流れる広川があり、それが筑後川に合流する辺りに考えられないか。そのように思っています。

井上　有明海の沿岸が中国大陸への港としての機能をもっていたということはありませんか。

田中　その可能性はあると思います。といいますのは、小野妹子が遣唐使として派遣されたのは聖徳太子のころですが、『隋書』（倭国伝）の中に出てくる彼の名は、阿蘇山の「蘇」、原因の「因」と高い低いの「高」が書いてあります。「蘇因高」で、妹子が「因高」です。「蘇」というのは、小野の「小」を「ショウ」と読めば「蘇」と書き直せるわけです。

もう一人例をあげますと、奈良時代に藤原清河という人が遣唐使として派遣されています。帰国の時に荒波にはばまれ、帰国できずに唐の高官になった詩人でもあります。彼は藤原の姓の一文字をとって「藤」、名前の清河は逆にして「河清」と自分でかえて、藤河清が唐人となった藤原清河の名前です。このように読み換えていく知識を持っていますので、その可能性は否定しきれないと思います。

井上　白石先生、いかがでしょうか。

白石　『宋書』に倭王の朝貢の記事があるわけですが、その中で大明六年、四六二年に倭の世子興が使いを送った。昇明元年、四七七年には倭国が朝貢し、さらに昇明二年、四七八年倭国王武が朝貢したということが書いてある。ですから、四七七年に興が朝貢しているわけだから、稲荷山鉄剣が四七一年だとすると、この時の倭国王は興であって武ではない。それにもかかわらず、稲荷山鉄剣の「ワカタケル大王」を武と考えるのはなぜか、というご質問です。

私は今史料を持ってきていませんが、ご指摘の昇明元年、四七七年に倭国が宋に朝貢したという記事は確かにあるのですが、「倭国が宋に使いを遣わして方物を献ずる」ということが書いてあるだけであって、倭国王の名前は書いてなかったと思います。従って、一般には四七七年の倭王は武であったというように理解されていると思います。今手元に史料がありませんが、その点は間違いないと思います。そういうことで稲荷山鉄剣の「ワカタケル大王」は雄略、すなわち倭王武であるという説が定説化しているわけです。

井上　あと幾つか質問が残っています。「江田船山古墳出土の有銘大刀はどこで作ったのか。中国か朝鮮か日本か。日本の場合だったら近畿か熊本か福岡か。」これは二日間論じられたことから推定していただくということで。時間もありませんので。

「五世紀後半から六世紀前半のころ、火の君はどこに住んでいたか。」これも大きな質問ですね。どうしましょうか。

宇土半島が火の君の中心だといわれていましたが、この菊池川流域にも「火の中君」がいたという話も出てきました。これを始めたら、時間が足りません。申し訳ありませんが。今回、肥前の方の話があまり出てきませんでした。「葦北の国造が在する基盤とは何か」。これは島津さんに簡単に答えてもらいましょう。

島津　一般的には、昨日のシンポジウムで髙木先生がおっしゃったように球磨川下流域を具体的に含む地域を考えておりますので、生産基盤はこれも恐らく海だろうと思います。これはまだわかっておりませんけど、塩を作ったり、何らかの海産物を作ったりすることは当然あったと考えられます。

井上　今回は有明海を中心に話を進めてきましたが、不知火海との関係はどうなのか、天草はどうなのか、もう少し一体化して考えるべきだったかもしれません。有明海だけでいいのかということです。「菊池川は古来より水上交通が盛んであったと聞いております。船山古墳など清原古墳群は菊池川に面しているので、水利権など何か関係ありますか」。これはまさにこの二日間のシンポジウムのテーマとなったものでした。「土蜘蛛という表現はヤマト政権から見ると、まつろわぬものの蔑称のような気がします。菊池川流域などには横穴が多く見られますが、それはどことなく土蜘蛛の生態を連想させます。関連はあるのでしょうか」。確かに横穴は土蜘蛛の墓みたいな気がいたしますね。

島津　ただ、土蜘蛛という言い方は横穴がない地域にもありますので、必ずしも生態的にクモが穴に入るから土蜘蛛ということではなくて、一般的に非常に悪いイメージです。熊本県外でも、横穴のない地域に土蜘蛛という具体的な名前が出てくる地域があります。

井上　熊本県には横穴が多いですね。ことにこのあたりには。あまり多いので当たり前みたいに思っているのですが、八女地方はどうなんですか。私の記憶ではそれほど多くはなかったように思うのですが。赤崎さん、いかがですか。

赤崎　矢部川から南の地域には多くの横穴墓が存在しています。

井上　そうなんですか。矢部川は八女平野の南側に流れていまして、近世では柳川藩と久留米藩との藩境になっている川です。岩戸山古墳は矢部川の北側です。そうしますと肥後を中心とする横穴の北限は矢部川ということになりますね。そうなりますと横穴を中心としたブロックがクローズアップされてきますね。矢部川は結構、大きな川なんですが、古代のころ、有明海からの水運になり得たのでしょうか。

赤崎　矢部川は船小屋から上は岩盤が多く、近世のころも水運の便が悪い。さあいかがでしょうか。

井上　となりますと筑紫君にとっての川は筑後川になりますね。どうもありがとうございました。私自身の興味にちょっと走り過ぎました。県境を超えたテーマにきちんと置いたシンポジウムは少ない気がいたします。島津さん、いかがですか。

島津　確かに県の中でのシンポジウムはありますが、こういうふうに県を越えてのシンポジウムは少ないです。特に熊本では少ないと思います。

井上　司会者である私が田邉先生にひどく親しみを感じますのは言葉なんです。失礼な話ですが、田邉先生は先生のことを「しぇんせい」と発音なされる。私も「さしすせそ」の「せ」がうまく発音できません。この年になっても。八女と玉名地方はアクセントとかよく似ていて、言語圏は同じではないか、と思ったりします。肥筑山地を背中合わせにしていますが、そんなに山は高くなく、この山塊を中世のころは自由に動きまわっていた武士たちがいた、と柳田国男が書いております。宇土半島と菊池川流域、菊池川流域と八女地方、どちらがより近いのかということを考えながら、司会をさせていただきました。まだまだ煮詰まらないところがありますが、このシンポジウム全体をプロデュースなさった立場で田邉先生、総括をしていただけませんか。

田邉　閉会のお礼のごあいさつを別途したいと思っておりました。それを兼ねることになるかもしれませんが、私ども玉名歴史研究会としてはこういう試みを初めてやったわけであります。昨日は六百名を超える方がお見えになりまして、実は私どもは三百ちょっとぐらいと思っておりました。しかしレジュメを一千部印刷しておきましたが、あまり残っていません。切符は買ってこなかった人もいて困ったという話もちらほら聞いています。

さて、中身であります。船山古墳が極めて重要であるということは、私ども地元の者としてはかねがね承知をしておるところでございます。十数年前に菊水町で船山古墳のシンポジウムがありました。あの時も感激しました。こんなにすごいことかと、中央の学者の先生方のお話を聞いて思いました。

その後また船山古墳について、たくさんの学者の方々がどんどんお書きになるし、研究がどんどん進みました。新しい知見がいっぱい出て参りました。本当は中央の学者の方々を五、六人お呼びして、各方面それぞれ第一線のお話をみっちりお伺いしたいと思っておりました。ところが、金の工面がつくかどうかという心配がありまして、今回のようなことでお茶を濁したわけであります。今になって考えてみますと、案外金も集まりまして、もうちょっとお招きすれば良かったと思っているような状態でございます（笑い）。

私どもといたしまして知りたいのは、中央の進んだ研究についてみっちりお話を承りたいということでした。白石先生のお話で日ごろの思いをかなえさせていただきまして、「中央の学者はやっぱり偉かばい、田舎とは違う」と思ったわけでございます。

先程から言いますように、白石先生のほかにたくさんの学者の方がご発言なさっておりますので、これを機会にいろいろそういうものもお読みいただければありがたいと思っております。また、私どもは地元でいろいろ考えているわけでございます。しかし田舎者が考えることでございますから当たっていないこともたくさんあろうかと思いますが、中央の先生方に地元の者は実はこういうことを考えているのだとお聞きいただきたいという思いもあったわけです。それで地元の先生方にも多数ご登壇いただいたような次第でございます。

知りたかったのは、船山古墳の主はジゴロの者であろうか。弥生式時代ごろから発生する豪族が全国的にいるわけですが、それがずっと船山古墳へつながっていくのであろうか。あるいは、途中で入れ代わるのではないかという心配もちょっとあったわけです。そのことについて承知をしたいと思っておりました。船山古墳の前辺りで空白がある。私どもがずっとジゴロではないかもしれないと思っていたのは、その空白です。その空白は、全国的なといいますか、よそもずっとそういう状況があるということを承知しました。これは大変な収穫でありました。そういうことか、またどうしてそうなるのかという問題ももちろんありますが、考え直す点もあるわけです。

さらに、船山古墳の主はどのくらいの大きさの所の殿様なのかということも知りたかったわけです。菊水町あるいは玉名郡北部方面だけか、あるいは菊池川全流域に及ぶのかという問題も知りたかったわけです。今回は、ちらりと聞いておりましたが、火中君の話についてもお伺いするチャンスがありました。

さらに、船山のご子孫がいったい磐井の乱で滅ぶのか、滅ばないのかという問題も大きな問題です。磐井の乱そのものについて本格的なお話を聞いたのは、玉名では初めてでございます。そういうお話も十分伺いました。

六世紀に入りまして、玉名郡の司《つかさ》日置氏というのが入ってくるわけですが、玉名郡に日置氏がいつごろ入ってきたか。それが磐井の乱直後のことなのか、あるいはもう少しあとのことなのかということも問題であるわけです。このことについて、田中先生はかなりご研究が進んでおられるようでありますので、私どもも玉名郡下の研究をずっと続けてきておりましたので、その辺もさらに今後詰めていかなければいけない。

できることならば、こういうシンポジウムをあと何年か先にまた開く機会があればと思っております。今回お寄せいただきました皆様方の絶大なご支援で、ひょっとするともう一回やりたいというわれわれの願いはかなうかもしれないと思っております。そういうときには、どうぞまたよろしくお願いを申し上げたいと思っております（拍手）。

井上　つたない進行でご迷惑をかけたところがあるかと思います。また、会場からステージに上がっていただき、示唆に富む話をしていただいた赤崎さんはじめ、ご協力ありがとうございました。昨日と今日と合わせますと実に十時間を超えるというシンポジウムになりました。これも田邉先生の情熱のたまものです。よくぞここまで持ってこられたと、感嘆いたします。ありがとうございました。

編集を終えて

今回の出版は、一昨年玉名市民会館で玉名歴史研究会発足十周年記念行事として企画したものでありました。その実現のためのシンポジウム実行委員会を組織し、準備に当たった次第でありました。まずは財源をどうするか委員一同計画の基本活動に入りました。

まず第一に心配しましたことは、どうすれば参加者の協力を得られるかであり、胸を痛めましたが、委員全員の参加呼びかけ活動と地域古代歴史ファンの理解により二日間の日程でありましたが、八百人収容の市民会館の席をほとんど埋めるほどの盛況ぶりでありました。

参加者のアンケートの結果も大変よかったと好評を戴きました。この状況を見て実行委員一同ほっとしたのでした。二日間の貴重なシンポジウムの記録を残すために書籍にしたいと、全員協議の結果意見の一致をみましたので、その準備にかかりました。まずは編集委員会を設けて実行に移しました。

執筆者は、シンポジウムの講師としてお願いしました方々に原稿を書いて戴くこととしました。そして国立歴史民俗博物館の白石太一郎先生に、全体の監修をお願い致しました。また刊行については㈱雄山閣に引き受けていただくことになり、記録集の題は、『東アジアと江田船山古墳』と致しました。

この題も興味あるものでありましたが、併せて「磐井の乱とその後の肥後」とした二つのテーマが古墳時代の国の盛衰をかけた戦いと、出土遺物の豪華な副装品など古代日本文化を象徴するもので、考古学ファンの魅力を引いたのであります。最近は、一般的に歴史ばなれの時代といわれていますが、一方学術的には考古学、歴史学は大変研究が進んでおります。

古代から日本人は先祖を尊び、地域社会の歴史、つまり郷土史を伝承し、秩序ある社会を育成してきました。最近は国際化の時代であります。

今回のシンポジウムで得た知識を次の時代への地域づくりに少しでも活用することが出来、地域の発展に新たな道が開かれれば幸いに存じます。

シンポジウムが終了しましてから、約二カ年を経過しますが、その間、監修に当たって頂いた白石先生を始め各講師の先生方には自分の仕事の外に時間をさいて原稿を書いて下さって大変感謝に耐えません。

今度の記録集の発刊に当たりまして、田邉前会長と県庁文化課当時から今日まで関わりの深かった山鹿市立博物館長の隈先生に編集作成の作業をご依頼致しましたところ快諾を頂きました。今日まで終始献身的に編集に当たって頂き、各講師間の原稿や図録の収集などの取り纏めにご尽力を賜わり、実行委員会一同感謝に耐えません。お陰をもちまして発刊の運びとなりました。

しかし記録集を発刊しなければ足跡は残りません。二日間も充実した基調講演やディスカッションが行なわれたのですから貴重な記録集の刊行は必要なことでありました。必ずや古代歴史ファンの方々の参考になろうと存じます。ご協力頂いた方々に心よりお礼を申し上げご挨拶と致します。

平成十四年三月吉日

玉名歴史研究会会長　国武慶旭

執筆者紹介

田邉　哲夫（故人）　前玉名歴史研究会会長
白石太一郎　国立歴史民俗博物館教授
西田　道世　玉名市教育委員会社会教育課審議員
隈　　昭志　山鹿市立博物館館長
髙木　恭二　宇土市教育委員会文化振興課課長補佐
田中正日子　第一経済大学教授
井上　智重　熊本日日新聞社編集委員室長
島津　義昭　熊本県教育庁文化課課長補佐
赤崎　敏男　八女市教育委員会生涯学習課文化財係長・八女市岩戸山歴史資料館学芸員
髙木　正文　熊本県教育庁文化課主幹
今田　治代　竜北町教育委員会主事

東《ひがし》アジアと江田船山古墳《えたふなやまこふん》

2002年5月20日　印刷
2002年6月5日　発行

監　修　白石《しらいし》　太一郎《たいちろう》
編　集　玉名歴史研究会《たまなれきしけんきゅうかい》
発行者　村上佳儀
発行所　株式会社　雄山閣
〒102-0071東京都千代田区富士見2-6-9
振替 00130-5-1685　電話 03(3262)3231
FAX 03(3262)6938
印刷・開成印刷　製本・協栄製本

落丁本・乱丁本はお取替いたします。　2002 Printed in Japan
ISBN4-639-01765-0